Buch

Dieses Buch zeigt, dass es nicht genügt, den Zugang für Frauen in Führungspositionen zu verbessern. Entscheidend ist es, eine Kultur zu entwickeln, in der Frauen gerne Karriere machen.

Mechthilde Maier, Leiterin Group Diversity Management, Deutsche Telekom AG

Barbara Streidl wirft einen gnadenlosen Blick hinter die Kulissen des Alltags einer berufstätigen Mutter. Dieses Buch begleitet eine Woche lang eine fiktive Frau, die alles hat, was viele sich wünschen: Sie ist im Job erfolgreich und Mutter eines reizenden Kleinkinds, und sie lebt in einer glücklichen Beziehung. Seit sie sich sowohl für eine Familie entschieden hat als auch für ihren Job, hetzt sie jedoch im Dauerlauf zwischen Kindergarten, Büro und Heim von Termin zu Termin, im ewigen Versuch, nichts zu kurz kommen zu lassen – und hat doch ständig das Gefühl, zu spät dran zu sein. Ist der Bus schon abgefahren? Oder gibt es eine Lösung für ihr Dilemma, das Millionen Frauen teilen?

Autorin

Barbara Streidl, geboren 1972 in München, studierte Germanistik und Komparatistik. Sie kooperiert mit Medien wie der *Süddeutschen Zeitung* und dem *Bayerischen Rundfunk (Zündfunk)*, ist Gründerin des Blogs www.maedchenmannschaft.net und der feministischen Initiative *Frau Lila* und Co-Autorin des Buches *Wir Alphamädchen – Warum Feminismus das Leben schöner macht*.

Barbara Streidl

Kann ich gleich zurückrufen?

Der alltägliche Wahnsinn einer berufstätigen Mutter

blanvalet

MIX
Papier aus verantwortungsvollen Quellen
FSC® C014496

Verlagsgruppe Random House FSC-DEU-0100
Das für dieses Buch verwendete FSC®-zertifizierte Papier
Holmen Book Cream liefert Holmen Paper, Hallstavik, Schweden.

1. Auflage
Originalausgabe Juli 2012 bei Blanvalet, einem Unternehmen
der Verlagsgruppe Random House GmbH, München.

Umschlaggestaltung: bürosüd°, München
Umschlagmotiv: bürosüd°, München
Redaktion: Margit von Cossart
ES · Herstellung: sam
Satz: Uhl + Massopust, Aalen
Druck und Einband: GGP Media GmbH, Pößneck
Printed in Germany
ISBN 978-3-442-37937-8

www.blanvalet.de

Let not in vain have been all these tears
If it takes a thousand years.
Derek Singleton, A Thousand Years

Für D.

INHALTSVERZEICHNIS

ÜBER DIESES BUCH HINAUS

Ich werde den Bus nicht mehr erwischen, egal, wie schnell ich renne. Dieses Gefühl ist mir sehr vertraut in meinem Leben als berufstätige Mutter. Es ist zentral im Leben der meisten berufstätigen Mütter.

Natürlich gibt es heute viel Verständnis für Frauen, die Karriere und Familie vereinbaren wollen: Es werden immer mehr Kinderbetreuungsangebote, immer mehr Männer, die ein paar Monate Elternzeit nehmen, und immer mehr Frauen, die mithilfe von Tagesmüttern und Kinderkrippen kurz nach der Geburt eines Kindes an ihre Arbeitsstelle zurückkehren können. Und doch erachte ich es nach wie vor als klüger, wenn ich mich für mein Zuspätkommen im Büro mit einem ausgefallenen Bus entschuldige als mit meinem Kind. Das nur langsam zur Kita laufen wollte.

Als das Buch *Wir Alphamädchen – Warum Feminismus das Leben schöner macht* 2008 erschien, ging es mir und meinen beiden Mitautorinnen darum, besonders die junge Frauengeneration aufzurütteln. Sie zu ermuntern, Gleichberechtigung zu fordern, sowohl im privaten Bereich als auch im öffentlichen, sprich beruflichen. Sich nicht zufriedenzugeben mit den geschlechterungerechten

Gegebenheiten. *Wir Alphamädchen* ist als Anfang zu verstehen.

Die gesellschaftliche Debatte zeigt heute, 2012, dass dieser Anfang in Sachen Gleichberechtigung gelungen ist. Und das nicht nur in der Debatte: Privatwirtschaftliche Unternehmen haben eine Frauenquote eingeführt, ein überparteiliches Frauenbündnis stellt sich in der *Berliner Erklärung* gegen die Quotenfeindlichkeit der Familienministerin. Das Elterngeld wurde trotz des Sparkurses der Bundesregierung nicht abgeschafft, sondern nur eingeschränkt, und sogar Spitzenpolitikerinnen bekommen in der Amtszeit Kinder. Doch es ist noch längst nicht alles geschafft.

Als ich anlässlich einer Feier zum 100. Internationalen Frauentag im vergangenen Jahr die Bemerkung einer Politikerin hörte, Frauen sollten möglichst schnell nach der Geburt eines Kindes wieder Vollzeit arbeiten, habe ich mich bestätigt gefühlt: Die Baustelle Vereinbarkeit von Beruf und Familie ist immer noch auf den Rücken der Frauen positioniert. In dieselbe Kerbe schlug das 2011 veröffentlichte Buch *Die Feigheit der Frauen* der Publizistin Bascha Mika, die besonders den gut ausgebildeten Frauen vorwirft, sich dem Arbeitsleben nicht zu stellen und stattdessen vom Geld ihrer Männer, der Väter ihrer Kinder, zu leben, solange es gut geht.

Nach wie vor wird dieses kritisierte konservative Lebensmodell aber auch von der Bundesregierung unterstützt. Denn deren Bemühungen, über flächendeckende Kita-Angebote und das geplante Betreuungsgeld den gestressten Frauen Entlastung zu bieten, sind bislang genau das: bemüht. Der Kita-Ausbau stockt, und das Betreuungsgeld ist eine Mogelpackung, weil es Frauen vom Berufsleben fernhalten wird. Ohne dabei auf die Risiken und Nebenwirkungen, nämlich Altersarmut, problematischen Wiedereinstieg ins Berufsleben nach zu langer Babypause und das heute gültige Unterhaltsrecht, hinzuweisen, das dafür sorgt, dass Kinder nach einer Scheidung unterstützt werden, Frauen aber nicht.

Wir alle wissen, dass es viel Kraft kostet, die eigenen Ideale zu erkennen und sie in der Partnerschaft oder in beruflichen Situationen zu verwirklichen und zu verteidigen. Vor allem, wenn die Ideale konträr zu den gültigen gesellschaftlichen Strukturen sind, die bei uns nach wie vor aus einer Zeit fern der Gleichberechtigung stammen. Vollzeit haben doch immer die Männer gearbeitet, während sich die Frauen zu Hause um die Kinder gekümmert haben. Nun dürfen, ja müssen Frauen beides: arbeiten und sich um die Kinder kümmern. Und die Männer sollen das bitte schön unterstützen.

Es ist zu spüren, dass wir gerade erst lernen, dieses gleichberechtigte Ziel zu realisieren. Denn es ist keinesfalls schon normal, dass sich Frauen und Männer sowohl im Beruf als auch in der Familie voller Ambitionen engagieren. Das zeigen etwa die Existenz des überholten Ehegattensplittings, der staatlich subventionierten Hausfrauenehe, auf der einen und die 23 Prozent Lohndifferenz zwischen Frauen und Männern auf der anderen Seite.

Wir machen das noch nicht so lange, deshalb fehlt es uns Frauen an Vorbildern. Doch beim Punkt der viel diskutierten Vereinbarkeit fehlt uns allen, Frauen wie Männern, auch der Common Sense: Kinder dürfen kein Handicap sein für berufstätige Menschen, sondern einfach nur Kinder. Denn neben all den strukturellen Schwierigkeiten, mit denen berufstätige Menschen mit Kindern zu kämpfen haben, sind es häufig ganz alltägliche Zeitpläne, die gegen sie arbeiten. Wir straucheln, weil der Bus schon abgefahren ist, der Aufzug auf sich warten lässt, die Konferenz im Büro außerhalb der Kinderbetreuungszeiten stattfindet.

Wie soll das neue Leben aussehen, das Frauen wie Männern beides ermöglicht – Karriere und Kinder? An dieser Stelle muss neu diskutiert werden, denn sonst steuern wir auf eine Zukunft zu, die uns, gestützt von Betreuungsmöglichkeiten, im Alltag kinderlos macht. Wir werden uns in Fulltime arbeitende Teilzeitmütter und Wochenendväter verwandeln, staatlich unterstützt. Abhängig von perfekt ausgetüftelten Terminplänen, in denen es kaum Spielraum gibt. So sieht der derzeitige Plan mit Krippenausbau und Stärkung des Elterngeldangebots nämlich aus: Kinder werden keinen sichtbaren Platz mehr haben in unserer Gesellschaft. Weil sie die Arbeitszeit ihrer Eltern stören.

Von der Realität der gängigen Kita-Schließzeiten einmal abgesehen möchten nicht alle Frauen eine 40-, 45-Stunden-Vollzeitwoche haben, wenn ein kleines Kind zu Hause wartet. Und sicher wollen das auch nicht alle Männer. Frauen, die kurz nach der Entbindung eines Kindes wieder ins Berufsleben einsteigen, machen das häufig auch deshalb, weil sie fürchten, den beruflichen Anschluss zu verpassen. Doch sich einzugestehen, dass das eigene Kind ein Karrierekiller ist, weil es durch seine bloße Existenz die zeitliche Flexibilität torpediert, ist schmerzhaft. Schuld an der Angst zu versagen hat aber nicht das Kind, sondern die gängige Meinung, dass nur wer Vollzeit arbeitet in unserem Land Karriere machen darf.

Die Unvereinbarkeit von Bekennen zur eigenen Familie auf der einen Seite und der Angst vor dem beruflichen Versagen auf der anderen führt unweigerlich zu einem Burnout vieler Frauen – und auch Männer. Die Bemühungen der Bundesregierung und anderer Organisationen werden also nicht ausreichen, um das Bus-Nachlauf-Gefühl aus dem Leben einer berufstätigen Mutter zu verbannen. Auch die Visionen, die Vorstellungen, wie wir Menschen in diesem Land leben wollen, müssen verändert werden. Wir müssen sie verändern.

München, im Januar 2012
Barbara Streidl

MONTAG

Ich stehe am Aufzug und drücke zum dritten Mal auf den Nach-unten-Knopf. 14:50 Uhr. Seit drei Minuten warte ich hier und bombardiere mich mit Fragen: In welcher Geschwindigkeit kann ich fünfzehn Stockwerke nach unten laufen, ausstempeln, über die Straße hetzen, dabei natürlich die Ampel ignorieren, um rechtzeitig die Bushaltestelle zu erreichen? Und dann noch weiter zum Bahnhof, weil der Bus nicht kommt und ich doch die U-Bahn nehmen muss. Selbstverständlich habe ich alle Abfahrtszeiten im Kopf. Um 14:52 Uhr fährt der Bus. Bei normalem Verkehr bringt er mich in sieben Minuten zur Haltestelle am Kindergarten. Um 14:57 Uhr fährt die U-Bahn; sie braucht elf Minuten zur selben Haltestelle. Wie Bus und Bahn hat auch der Kindergarten klar geregelte Zeiten: Komme ich nach 15:30 Uhr an, wird mir mein Kind mit Mütze und Schal von einer Erzieherin entgegengeschoben, die mich auf die vereinbarte Abholzeit hinweist. Ich ziehe die Rüge der Pädagogin in jedem Fall einem weinenden Kind auf der Türschwelle des Kindergartens vor. Und entscheide mich gegen fünfzehn Stockwerke im Treppenhaus. Es gibt überall geregelte Abfahrtszeiten in meinem Großstadtleben – außer bei Aufzügen. Und deswegen stehe ich jetzt immer noch hier.

Aufzüge sind die natürlichen Feinde berufstätiger Mütter. Eine Kindergartenmutter hat mir erzählt, dass sie letzten Winter mehrere Stunden in einem Aufzug verbringen musste. Der Lift war zwischen zwei Stockwerken stecken geblieben – abgeschnitten vom Mobilfunknetz. Als sie endlich von einem Servicetechniker aus dem Aufzug befreit worden war, hatte ihre Schwiegermutter den fünfjährigen Jungen schon vom Kindergarten abgeholt. Die Leitung des Kindergartens hatte eine Viertelstunde gewartet. Weder die Kindergartenmutter noch ihr Mann waren telefonisch zu erreichen. Also wurde die Schwiegermutter, deren Telefonnummer zum Glück bei der Leitung für Notfälle hinterlegt worden war, benachrichtigt. Allerdings wohnte sie eine Stunde Autofahrt entfernt. Im Folgemonat wurden dann die Gebühren angehoben. Die Leitung des Kindergartens bestand darauf, einen einstündigen Sicherheitspuffer zwischen geplanter Abholzeit und realer Abholzeit einzubauen.

Ich will mein Kind nicht später abholen, weder geplant noch real. Ich will es jetzt abholen. 14:52 Uhr. Noch einmal drücke ich auf den Nach-unten-Knopf. Schnell kontrolliere ich meine Tasche. Turnschuhe, Sporthose, die blaue Flasche, gefüllt mit Wasser und Saft, ein Apfel. Eine Brezel werde ich noch kaufen, in der Bäckerei gegenüber vom Kindergarten. Endlich kommt der Aufzug, nach fünf Minuten Wartezeit.

Meine Reise aus der Berufstätigkeit ins Leben mit einem dreijährigen Kind beginnt. Ich habe Glück und komme ohne Zwischenstopp in einem anderen Stockwerk am

Bürohausausgang an. Und ich weiß: Den Bus habe ich bereits verpasst. Am U-Bahnhof, den ich im Laufschritt erreiche, muss ich wieder warten. Eine Betriebsstörung hat den normalen Fahrplanablauf verändert. 15:07 Uhr. Die nächste U-Bahn kommt, ich steige ein und bleibe neben den Türen in Fahrtrichtung ganz vorne stehen. Um 15:18 Uhr stürze ich aus dem Abteil. Zwei Stufen auf einmal nehmend renne ich die Treppen hinauf zum Ausgang. Für die Rolltreppe bleibt mir keine Zeit, schließlich muss ich noch eine Brezel kaufen. Die Frau in der Bäckerei lächelt mich mitfühlend an, als ich ihr »Eine Brezel, bitte, wenig Salz« entgegenkeuche und eine Handvoll schweißnasser Münzen auf den Tresen lege. Abgezählt natürlich – dafür hatte ich während der U-Bahn-Fahrt ja Zeit.

Ich komme um 15:25 Uhr im Kindergarten an, mit Schweißflecken unter den Armen und völlig außer Atem. Ich weiß, warum ich bei meinem Büro-Outfit in Sachen Schuhe eher auf »Kann ich damit rennen?« achte und nicht auf »Kann ich mich damit sehen lassen?«. Das Gefühl, zu spät zu sein und rennen zu müssen, ist allgegenwärtig in meinem Leben. Seitdem ich eine Mutter bin. Seitdem ich dieses Handicap habe – ein Kind.

»Meine Mama!« Mein Sohn läuft mir entgegen, in Mütze und Jacke. Weil er im Garten gespielt hat, sagt die Erzieherin. Doch an ihrem Blick erkenne ich, dass sie gedanklich bereits auf dem Heimweg ist. Es sind noch zwei andere Kinder da. Beide werden von ihren Müttern erst um Viertel vor fünf abgeholt. Für ihr Wohl reicht eine Betreuungsperson – die Erzieherin meines Kindes hat jetzt Feierabend.

Ich habe noch nicht Feierabend. Meine Arbeitszeit hat zwar vor fünfundvierzig Minuten geendet, doch es stehen noch einige außerberufliche Termine an: Kinderturnen, Abendessen, Kind ins Bett bringen, Haushalt. Und natürlich Partnerschaftspflege.

Ich bin fünfunddreißig und seit drei Jahren Mutter. Seit zwei Jahren bin ich eine berufstätige Mutter, bin ich eine der Frauen in Deutschland zwischen fünfundzwanzig und neunundvierzig, die Kinder haben und eine Arbeit.* Ich arbeite dreißig Stunden pro Woche in dem Büro, in dem ich vor meinem Muttersein Vollzeit gearbeitet habe, kümmere mich um die interne und externe Firmenkommunikation eines großen Medienhauses, wie es so schön heißt. Nach einem Jahr Elternzeit habe ich meine alte Stelle wieder angetreten. Seitdem reagiere ich auf gut gemeinte Sätze aus dem Familien- und Bekanntenkreis wie »Jede Mutter kennt das Gefühl, vom betrieblichen Informationsfluss ausgeschlossen zu sein« oder »Nach der Babypause sehen sich viele Mütter beruflich in einer Sackgasse« anders als früher: Ich habe die Seiten gewechselt, bin von der Sprechenden zu der geworden, über die gesprochen wird. Noch mehr ärgere ich mich darüber, wenn ich höre, dass ich ja »nur Teilzeit« arbeite. Berufstätige Mutter sein ist ein Fulltime-Job.

Mein Kind an der Hand gehe ich vom Kindergarten zur U-Bahn. Um 15:42 Uhr steigen wir ein, drei Minuten spä-

* Nachzulesen in einer Studie zur Erwerbstätigenquote, veröffentlicht von Statista: 72 Prozent der Mütter im Alter von fünfundzwanzig bis neunundvierzig Jahren mit Kindern unter fünfundzwanzig Jahren haben in Deutschland im Jahr 2009 gearbeitet.

ter wieder aus. Die Sporthalle ist fünf Minuten von der U-Bahn-Station entfernt. Weil mein Sohn gerade nicht laufen möchte, trage ich ihn. Er schmiegt sich in meinen Arm und spielt mit meinen Haaren. Um 15:53 Uhr kommen wir an der Turnhalle an. In der Umkleidekabine ziehe ich ihm Mütze, Jacke, Schuhe, Hose, Socken, Pullover aus und T-Shirt, Turnhose, Socken, Turnschuhe an. Fertig umgezogen trinkt er noch etwas aus der blauen Flasche. Ich ziehe mich auch um: Turnschuhe statt Slipper; die Jacke meines Hosenanzugs hänge ich an einen Garderobenhaken. Mein Portemonnaie und meine Ohrringe sperre ich in einen kleinen Schrank.

Um 15:59 Uhr betreten wir gemeinsam die Turnhalle. Mein Sohn rennt zu einem großen Korb mit bunten Gymnastikbällen. Es geht los: Ballspielen zum Aufwärmen. Dann werden alle Eltern und Kinder gebeten, einen großen Kreis zu bilden. Während ich mit meinem Sohn an der Hand in die Mitte des Kreises hüpfe und wieder zurück, bemerke ich, dass ich einen Anruf auf meinem Handy erhalte: Es vibriert in meiner Hosentasche. Sechsundachtzig Minuten nach Ende meiner heutigen Arbeitszeit ruft das Büro an, genauer gesagt, eine junge Kollegin. Meine Assistentin.

Die junge Kollegin hat mich während meiner Elternzeit vertreten. Seit meiner Rückkehr arbeitet sie mir zu. Wir teilen uns mein Büro; dort, wo früher eine große Zimmerpflanze stand, steht jetzt ihr Schreibtisch. Es war der Wunsch meines Vorgesetzten, dass sie bleibt und mich unterstützt. Mit einer 30-Stunden-Woche arbeite ich Teilzeit und kann das gesamte Pensum nicht mehr wie früher allein erledigen. Ich habe nun die junge Kollegin als Verstärkung, bin eine Teilzeitkraft mit einer Assistentin.

Die junge Kollegin engagiert sich sehr. Sie bleibt häufig länger im Büro als ich, obwohl sie seit meinem Wiedereinstieg keinen befristeten Vollzeitvertrag mehr hat, sondern einen Jahresvertrag auf Teilzeitbasis, der bereits einmal verlängert wurde. Und sie ist an vielen Tagen schon da, wenn ich morgens um 8:40 Uhr das Büro betrete. Ich arbeite gerne mit ihr zusammen, komme gut klar mit ihr. Es gibt kein Konkurrenzdenken zwischen uns, nicht von meiner Seite. Ich fälle die Entscheidungen, hole aber immer ihre Meinung vorher ein. Denn ich finde, dass sie was kann. Sie kommt frisch von der Uni, ist Mitte zwanzig und hat noch nicht viel Betriebserfahrung. Das macht sie mit Ausdauer wieder wett. Sie sagt nie: »Das habe ich aber noch nie gemacht« und hat mich in meiner Elternzeit passabel vertreten, wie mir die anderen aus der Abteilung erzählt haben.

Heute habe ich die junge Kollegin gar nicht gesehen, weil sie an einer Schulung der IT-Abteilung teilgenommen hat. Die Schulung ist jetzt, um 16:11 Uhr, wohl vorbei. Während ich auf beiden Beinen hüpfe, meinen Sohn an der Hand, gehe ich ans Telefon. »Ich bin's«, sagt die junge Kollegin. Wir sind per Du. »Ist's gerade ungünstig?«, fragt sie. Sicher hört sie die vierzig Paar Beine, die zeitversetzt mit mir auf dem Turnhallenboden landen. »Geht schon«, sage ich etwas außer Atem.

Sie informiert mich in wenigen Sätzen darüber, dass der Vorgesetzte sie auf eine Präsentation angesprochen hat, die ich am kommenden Tag abgeben soll, und fragt, ob ich dabei Unterstützung benötige. Ich hüpfe weiter und verneine. Dann ist das Telefonat beendet. Ich schiebe das Handy zurück in meine Hosentasche und hebe meinen Kleinen hoch: Wir drehen uns schnell im Kreis, erst links herum, dann rechts herum.

Mein Vorgesetzter ist Anfang fünfzig. Er ist verheiratet, hat zwei Töchter im Teenageralter. Ihre Fotos stehen auf seinem Schreibtisch. An seinem Geburtstag im Juni bringt er jedes Jahr einen vorzüglichen Rhabarber-Baiser-Kuchen mit ins Büro, gebacken von seiner Frau. Einmal im Jahr fährt er für drei Wochen in Urlaub – meistens nach Österreich zum Wandern. Jedes Mal schickt er an seine Sekretärin eine Postkarte mit herzlichen Grüßen an die gesamte Belegschaft. Wir haben ein gutes Arbeitsverhältnis, nicht sehr persönlich, aber freundlich und auch respektvoll. Ich arbeite seit insgesamt sieben Jahren für ihn, die Elternzeit mitgerechnet. Gleich nach Abschluss meines Studiums habe ich in seiner Abteilung angefangen, mich von der Marketingassistentin zur Projektmanagerin hochgearbeitet.

Heute ist mein Vorgesetzter fünf Minuten vor Dienstschluss in mein Büro gekommen. Ich hatte gerade meinen Computer heruntergefahren. Meine Assistentin war nicht da, wegen der IT-Schulung. Also legte der Vorgesetzte die blaue Mappe auf meinen Schreibtisch. »Sie sind ja noch ein bisschen da. Da können Sie das für mich erledigen. Bis morgen, bitte.«

Das, was ich da für meinen Vorgesetzten erledigen soll, lässt sich aber nicht in fünf Minuten erledigen. In der blauen Mappe ist eine Übersicht aller Projekte, die meine Abteilung im vergangenen Jahr durchgeführt hat. Die Übersicht soll dem Vorstand Ende der Woche präsentiert werden. Eine solche Präsentation kann nicht in ein paar Minuten gestrickt werden. Das weiß mein Vorgesetzter, und ich weiß es auch. Trotzdem habe ich nichts gesagt, als er mir die Unterlagen auf den Tisch gelegt hat, sondern nur genickt. Die blaue Mappe steckt jetzt in meiner Tasche, neben der Flasche, der Brezel und dem Apfel.

Pünktlich um 17:00 Uhr verlassen mein Sohn und ich die Turnhalle, beide mit hochroten Wangen. Die Schweißflecken unter meinen Armen sind mittlerweile handflächengroß – meine Bürobluse ist eher schick als atmungsaktiv. In der Umkleidekabine gibt es Gedränge; die nächste Turngruppe, Mädchen im Teenageralter, hat sich bereits umgezogen. Es kostet mich zweieinhalb Minuten, Schuhe und Mütze meines Sohnes zu finden, die unter den Kleidern der Teenies vergraben liegen. Mein Kleiner möchte etwas trinken. Und die Brezel essen. Vom Apfel aber nur einen Bissen. Nach mehrmaligem Bitten geht er auch mit mir zur Toilette. Um 17:10 Uhr laufen wir los, Richtung U-Bahn. Der Kleine ist müde, ich trage ihn wieder. Die U-Bahn fährt pünktlich um 17:16 Uhr ab; sie ist übervoll – Rushhour. Eine junge Frau bietet mir ihren Sitzplatz an, dankbar setze ich mich und nehme mein Kind auf den Schoß.

Es kommt nicht oft vor, dass jemand freundlich zu mir ist in der U-Bahn oder im Bus, wenn ich mit meinem Sohn unterwegs bin. Ich kenne eine Menge böser Bemerkungen. Die Leute schimpfen, dass ich gerade dann mit einem Kleinkind einsteigen möchte, wenn die U-Bahn am vollsten ist – und auch noch Platz brauche für Kinderwagen, Buggy oder Laufrad. Es passt ihnen ebenso wenig, dass ein Baby schreit oder ihre »Kuckuck!«-Angebote ignoriert. Und so mancher Fahrer schließt die Bustüren so schnell, dass der Kinderwagen eingeklemmt wird. Dann wird wieder geschimpft – die Fahrgäste wollen nicht warten, vor allem nicht auf eine Mutter mit einem Kind. Ich erzähle immer meinem Mann von diesen Erlebnissen, abends, wenn er heimkommt aus dem Büro. Wir schimpfen dann gemeinsam auf die Rücksichtslosigkeit von Busfahrern und U-Bahn-Fahrgästen.

Nach sechs Minuten und zwei Haltestellen ist unsere U-Bahn-Fahrt vorbei. Wir steigen aus. Mein Sohn geht an meiner Hand die Treppe hinauf und sagt, dass er noch rutschen will. Ich willige nach kurzem Überlegen ein, der Spielplatz liegt auf dem Heimweg. Während mein Sohn rutscht, nehme ich um 17:39 Uhr wieder einen Anruf entgegen. Wieder aus dem Büro. Eine der beiden Grafikerinnen, es ist die jüngere, fragt ein wenig gelangweilt nach der Fotoauswahl für die Bebilderung einer Broschüre. Ich höre, wie sie Kaugummi kaut, während sie sagt, dass der Drucktermin vorverlegt worden ist: Schon morgen, Dienstag, zehn Uhr, ist Annahmeschluss. Der Entwurf ist noch nicht vom Vorgesetzten abgesegnet. Ich entscheide schnell. Ich rufe bei der Druckerei an, um mehr Zeit für das Layout der Broschüre zu haben – die Nummer habe ich in meinem Handy eingespeichert. Glücklicherweise erreiche ich meinen Ansprechpartner und vereinbare einen neuen Annahmeschluss. Morgen um 14:30 Uhr müssen alle Druckunterlagen vorliegen.

Mein Sohn rutscht zum vierten Mal, und ich rufe die Grafikerin wieder an. Sie kaut immer noch Kaugummi.

Ich nenne ihr den neuen Termin und bitte, dass sie den Entwurf bis elf am kommenden Morgen fertig macht. Ich nenne ihr noch den Speicherort der von mir ausgewählten Fotos und wünsche einen schönen Feierabend.

Ich schiebe das Handy in meine Tasche und gehe zu meinem Sohn, der gerade die Leiter zur Rutsche hochklettert. Eine Nachbarin kommt auf mich zu. Sie hat beobachtet, dass ich sechs Minuten ohne Unterbrechung telefoniert habe. Wahrscheinlich hat es ihr nicht gefallen. Sie zeigt auf eine kleine Schürfwunde auf der Stirn meines Sohnes, die fast vollständig verheilt ist und fragt, wie das passiert ist. Ich sage, dass mein Sohn vergangene Woche im Kindergarten über einen Ball gestolpert ist. Die Nachbarin ist entsetzt. »Bist du da nicht stinksauer auf die Kindergärtnerinnen gewesen, dass die nicht besser aufpassen?«, will sie wissen. Ich schüttle den Kopf. Sage, dass der Kleine auch stolpern kann, wenn ich genau danebenstehe. Hier sind das Verständnis meiner Nachbarin und auch unser Gespräch beendet. Sie sagt, sie würde ihre Kinder nie weggeben, und lässt mich stehen.

Ich würde mein Kind auch nie weggeben, denke ich, verkneife mir aber jeden Kommentar. Ich winke meinem Sohn, der immer noch rutscht, und klopfe Sand von meiner Hose. Ich treibe den Kleinen sanft an, mit mir nach Hause zu gehen. »Noch einmal rutschen, dann gehen wir heim!«, rufe ich. Er rutscht noch dreimal, dann gehen wir wirklich nach Hause.

Kurz vor sechs kommen wir zu Hause an. Während mein Sohn auf dem Küchenboden einen großen Turm aus Lego baut, schäle ich Kartoffeln für eine schnelle Suppe.

Dann räume ich den Wäschetrockner aus und sauge Gang, Küche und Bad – nach jedem Spielplatzbesuch verwandelt sich die Wohnung immer in eine Sandwüste. Um 18:10 Uhr decke ich den Tisch für unser Kind, meinen Mann und mich. Zehn Minuten später ist die Suppe fertig. Mein Sohn haut den Lego-Turm um und verteilt die Bausteine überall auf dem Küchenboden. Er möchte Würstchen in die Suppe. Ich habe aber keine Würstchen gekauft. Er murrt, will lieber erst baden und nicht essen. Ich lasse Badewasser für ihn ein und räume die Lego-Steine auf, einigermaßen widerwillig unterstützt von meinem Sohn. Vergnügt klettert er dann in die Badewanne und spielt mit einem Waschlappen, einer Gummiente und einer leeren Shampooflasche. Ich sitze auf der Wäschekiste neben der Wanne und ermahne ihn, nicht zu sehr herumzuspritzen. Ich erkläre ihm, dass ich nicht genügend Zeit habe, ständig alles sauber zu machen.

Gerade, als ich zu einer weiteren Mahnung ansetzen will, sagt er: »Das macht doch die Sofa.«

Mein Sohn hat recht. Ich beschäftige eine Putzfrau, seitdem ich eine berufstätige Mutter bin. Sie heißt nicht wirklich Sofa, sondern Zsófia, ein ungarischer Name, der schwer auszusprechen ist für ein dreijähriges Kind. Die Putzfrau kommt jeden Dienstag und erledigt zwei Stunden lang das, was ich nicht schaffe und mein Mann auch nicht: Bad und Toilette sauber machen, die Bücherregale abstauben, die Böden wischen, ab und zu die Fenster putzen. Am Monatsanfang legt die Putzfrau ihre Rechnung auf den Küchentisch. Ich bezahle immer am selben Tag per Online-Überweisung – weil ich ein schlechtes Gewissen ihr gegenüber habe. Denn obwohl sie nun schon einige Zeit meine Wohnung putzt, ist das für mich immer noch nicht selbstverständlich. Das fällt mir besonders auf, wenn ich mit anderen darüber spreche.

Ich beteuere dann jedes Mal, dass ich wegen meiner Arbeit nicht mehr genug Zeit für den ganzen Haushalt habe. Auch wenn mein Mann am Wochenende oft einkauft, die Spülmaschine ausräumt und den Müll wegbringt. Ich bin mit Wäsche, Staubsaugen, Einkaufen, Kochen und den anderen täglich zu erledigenden Dingen ganz schön beschäftigt – auch weil ich meinen Sohn nicht vor dem Fernseher parke. Ich verschweige aber konsequent, dass ich nicht nur eine Putzfrau habe, sondern auch meine Büroblusen und die Hemden meines Mannes nicht mehr selbst wasche und bügle. Ich bringe sie in eine Reinigung. Ein Hemd, gewaschen und gebügelt, für 1,60 Euro. Da kann ich nicht mithalten – auch weil mein Ehrgeiz in Sachen messerscharfe Bügelfalten nicht sonderlich ausgeprägt ist.

Ich bin froh, dass ich eine Putzfrau habe. Und ich glaube fest daran, dass ich ihr Leben besser mache, indem ich sie bei uns putzen lasse. Ganz offiziell, mit Rechnung, ohne Umsatzsteuer wegen der Kleinunternehmerregelung. Darauf bestehe ich. Die Steuerkanzlei, die die Einkommensteuererklärungen für meinen Mann und mich erledigt, hat uns darauf hingewiesen, dass es sogar ein finanzieller Vorteil ist, eine Putzfrau zu haben: Ich kann einen Teil der Kosten für sie steuerlich geltend machen. Ebenso wie die Kindergartengebühren. Es beruhigt mich, dass das alles so geregelt ist.

Ich habe der Putzfrau, die ich über die Empfehlung einer Kindergartenmutter gefunden habe, zu Weihnachten

Glühwein und Christstollen geschenkt. Ich bin immer sehr freundlich zu ihr – auch wenn wir uns eigentlich so gut wie nichts zu sagen haben. Was hauptsächlich daran liegt, dass sie eben aus Ungarn kommt und ihre Deutschkenntnisse über »Hallo« und »Es ist kalt draußen« kaum hinausgehen. Deswegen und auch, weil ich denke, es ist ihr bestimmt lieber, wenn sie meine Wohnung in Ruhe und ohne Publikum putzen kann, kommt sie morgens, wenn mein Mann schon weg ist und ich mit meinem Sohn zum Kindergarten aufbreche. Ich bin also nie da, wenn sie putzt. Das liegt auch daran, dass ich ihr nicht gerne dabei zusehen möchte, wie sie meine Wohnung putzt. Nicht weil sie putzt, sondern weil ich eben dieses schlechte Gewissen habe. Weil ich es nicht schaffe, selbst zu putzen.

Mein Sohn wringt den nassen Waschlappen am Badewannenrand aus – die Hälfte des Wassers tropft auf den Boden. Ich wische mit einem Handtuch trocken und ermahne ihn, Sofa nicht zu viel Arbeit zu machen.

Eine Bekannte hat kürzlich zu mir gesagt, dass sie keine Putzfrau haben möchte. Sie empfindet eine starke Verbundenheit mit ihrer Wohnung, die sie dadurch am Leben hält, dass sie alles sauber macht. Diese Verbundenheit ist ihr zu wichtig, als dass sie sich beim Wischen und Staubsaugen helfen lassen würde. Ich empfinde wenig Verbundenheit mit meinen fleckigen Armaturen oder meinem sandigen Parkettboden, auch wenn ich sehr gern in meiner Wohnung lebe. Ich meine auch nicht, dass ich es besser könnte, das Putzen – selbst wenn ich die kritischen Stellen besser kenne als eine, die nur einmal pro Woche für zwei Stunden da ist und nicht immer, so wie ich.

Mir ist die Verbundenheit mit meinem Kind wichtiger als die Verbundenheit mit meiner Wohnung. Ich hole meinen Kleinen erst am Nachmittag vom Kindergarten ab. Oft gehen wir dann zum Spielplatz, je nach Jahreszeit zum Schlittenhügel oder ins Schwimmbad. Jeden Montag gehe ich mit ihm zum Turnen. Wir machen Besuche oder setzen uns an den Fluss und werfen Steine ins Wasser. Gegen sieben gibt's Abendessen, bei dem mein Mann leider nicht immer dabei ist. Danach spielen wir noch, schauen Bücher an oder hören Musik. Oder der Kleine geht in die Badewanne. Wenn er schläft, ist es meistens schon nach acht. Zu spät, um noch Böden zu wischen oder Fenster zu putzen. Und den Samstag zum Putztag zu machen, das widerstrebt mir auch. Ist das Wochenende doch sowieso schon so voll mit Verabredungen, Ausflügen oder Großeinkaufsplänen.

Es gibt also viele Gründe, die dafür sprechen, dass ich eine Putzfrau beschäftige. Und trotzdem habe ich ein schlechtes Gewissen.[1]

Weil es mir wie ein Systemfehler vorkommt: Für all das, was ich aufgrund meiner Berufstätigkeit nicht mehr machen kann – mein Kind betreuen, das Bad putzen, Blusen bügeln, die Steuererklärung machen –, beschäftige ich jemanden. Und bezahle mit dem Geld, das ich mit meiner Berufstätigkeit verdiene. Nicht mein ganzes Gehalt investiere ich in Putzfrau und Kindergarten. Aber doch einen großen Teil davon.

Kurz vor sieben kommt mein Mann heim – er kommt immer kurz vor sieben, wenn es keinen Stau gibt. Seine Arbeitszeit endet um sechs, mit dem Auto braucht er etwa fünfundvierzig Minuten nach Hause.

»Papa! Ich bin im Bad«, ruft der Kleine, als er meinen Mann an der Tür hört, und ich freue mich auch. Mein Mann kommt zu uns ins Bad und geht dann in die Küche. Er wärmt die Suppe auf. Und fragt auch nach Würstchen. »Die Ente sagt, ich soll Suppe essen«, erklärt mein Sohn.

Ich hebe ihn aus der Badewanne und trockne ihn ab. Wir gehen in die Küche, wo mein Mann am Tisch sitzt und Zeitung liest. Zu dritt essen wir die Suppe, und statt Würstchen tunken wir geröstetes Brot ein. Unser Sohn legt als Erster den Löffel zur Seite und steht auf. Er schiebt ein Auto auf dem Küchenboden herum und gähnt.

»Hast du das gelesen?«, fragt mein Mann. »Die Frau, die ihren Arbeitgeber verklagt hat, weil er sie nicht befördert hat: Sie hat den Prozess gewonnen.«* Er legt mir die Zeitung hin, nimmt unser Kind auf den Arm und geht mit ihm aus der Küche. Ich höre sie im Wohnzimmer, sie werfen sich einen Ball zu. Und lachen dabei laut. Ich sehe auf die Uhr, 19:20 Uhr. Ich nehme die Zeitung und beginne zu lesen.

Eine Juristin hat einen Prozess gegen einen großen Konzern gewonnen, der eine offene Stelle in der Personaldirektion nicht ausgeschrieben, sondern einfach mit einem Mann besetzt hat. Mithilfe einer statistischen Rechnung hat sie nachgewiesen, dass das kein Zufall war. Sie wurde

* Wegen Diskriminierung hat sich eine Mitarbeiterin der Verwertungsgesellschaft Gema eine Entschädigung in Höhe von 20.000 Euro erstritten. Sie fühlte sich bei einer Beförderung wegen ihres Geschlechts übergangen und klagte aufgrund des Allgemeinen Gleichbehandlungsgesetzes. Den Beweis für die Benachteiligung erbrachte sie mithilfe der Statistik.

als Abteilungsleiterin übergangen, obwohl sie die Qualifikationen einer Personaldirektorin vorweisen kann.

Eigentlich habe ich gerade Feierabend, wenigstens vom Büro. Aber jetzt denke ich zwangsläufig daran, dass auch ich in den letzten Jahren nicht befördert worden bin. Ich kann mir noch nicht mal vorstellen, dass es in den nächsten zehn Jahren geschieht. Weil ich schlecht verhandelt habe.

Kurz vor dem Ende meiner Elternzeit hatte ich einen Termin mit meinem Vorgesetzten vereinbart. Ich wollte alle Punkte, von der exakten Arbeitszeit über meine Gehaltsvorstellungen bis zu den zehn Krankheitstagen[2], die mir zustehen, wenn mein Kind krank wird, durchgehen. Und natürlich wollte ich auch meine Perspektiven besprechen. Bevor ich Mutter geworden bin, habe ich die externen und internen Präsentationen unserer Abteilung eigenverantwortlich betreut. Ich habe ein kleines Budget für Grafik, Webdesign und Bildmaterial verwaltet und konnte aus einem Pool freier Mitarbeiter auswählen, wenn ich bei einzelnen Projekten Unterstützung benötigte. Eine Beförderung, mehr Verantwortung und eine Gehaltserhöhung hätten mir schon vor der Elternzeit zugestanden. Doch als ich dem Vorgesetzten von meiner Schwangerschaft erzählte, wollte er diese »Karriereleiterdinge« auf die Zeit nach der Elternzeit verschieben. Schließlich würde ich fast sechzehn Monate nicht arbeiten, meinte er damals, und man müsse erst mal sehen, ob ich wirklich so schnell wiederkäme, wie ich geplant habe.

Ich kam tatsächlich so schnell wieder, wie ich geplant hatte. Doch bis heute bin ich in Sachen Perspektiven und Beförderung nicht weitergekommen.

Obwohl das Verhältnis zu meinem Vorgesetzten immer angenehm gewesen war, verlief das Gespräch kurz vor meinem Wiedereinstieg eher unangenehm. Ich glaube, er hatte mich längst in eine Schublade gesteckt. Zu all den Müttern, die etwas dazuverdienen wollen, für die Kindergartenkosten und die Putzfrau. Die Sorte berufstätige Mütter, die nicht ernsthaft an Karriere interessiert ist, die bis zum Abitur der Kinder in Teilzeitstellen verharrt und damit zufrieden ist. Als es um mein Gehalt ging, sagte er tatsächlich: »Na, Sie müssen Ihre Familie glücklicherweise nicht ernähren. Das macht ja Ihr Mann.« Ich war entsetzt. Natürlich wusste er, dass ich verheiratet bin. Natürlich wusste er, dass mein Mann einen lukrativen Job hat. Und sicher rechnete er damit, dass ich aufgrund unseres guten Arbeitsverhältnisses wegen einer flapsigen Bemerkung keinen Streit vom Zaun brechen würde. Er hatte Recht. Ich lächelte und sagte nichts. Deswegen arbeite ich heute ein Viertel weniger als früher und verdiene auch ein Viertel weniger als früher. Ich habe keine Zuschüsse, keine Extras und keine Fortbildungen vertraglich vereinbaren können. Ich habe keine berufliche Zukunftsvision für mich geschaffen.

Heute hasse ich mich dafür. Weil ich seitdem eine der Frauen bin, die wegen ihrer Zurückhaltung, ihrer Feigheit, ihrer Höflichkeit bei einer Gehaltsverhandlung schlechter abgeschnitten hat als nötig. Davor hat mich auch das Gesetz nicht bewahren können, das Frauen vor Diskriminierung aufgrund ihres Geschlechts schützen soll. Menschen finden immer Möglichkeiten, andere Menschen kleiner zu machen. Weil die anderen Menschen es zulassen.

Mittlerweile ist es 19:30 Uhr. Im Wohnzimmer ist es still geworden. Mein Mann steht am Fenster, unser Kind auf dem Arm. »Tika ist müde«, sagt der Kleine. »Bist du Tika?«, frage ich. Er nickt. Mein Mann lächelt. »Tika klingt irgendwie nach Tiger, sehr geheimnisvoll«, sagt er. Ich lächle auch. »Tika geht jetzt ins Bett«, sage ich.

Der Kleine umarmt meinen Mann noch einmal und springt dann aufs Fensterbrett. Er streckt mir die Arme entgegen und gähnt. Ich hebe ihn hoch und trage ihn in sein Zimmer. Er nimmt drei Bücher aus dem Regal. Damit legt er sich ins Bett und kuschelt sich an seinen Plüschhasen. »Vorlesen!«

Ich lese Geschichten über kurzsichtige Hexen, wundersame Katzen und ein trauriges Schaf vor. Langsam fallen die Augen meines Kleinen zu. Er dreht sich zur Seite und schläft ein: Ich schaue auf die gelbe Uhr: Es ist kurz nach acht.

Meine Mutter hat diese Uhr gebaut. Sie hat bunten Draht verwendet, Messingstücke und Bernsteine. Das Uhrwerk hat sie, unterstützt von meinem Großvater, der Uhrmacher war, zusammengebaut. Ich muss die Uhr alle zwei Tage aufziehen, dann läuft sie ziemlich genau. Mein Sohn mag die gelbe Uhr – gelb wegen des Messings und der Bernsteine.

Ich habe noch nie eine Uhr gebaut; ich weiß auch gar nicht, wie so etwas geht. Die Liste der Dinge, die ich nicht selbst machen kann, ist lang. Manches davon habe ich nie gelernt, für einiges fehlt mir die Zeit. Vieles davon betrifft auch mein Kind: Ich bastle keine fantasievollen Handpuppen. Ich gehe mit meinem Sohn in den Zoo, verbringe aber nie einen Tag mit ihm auf einem Bauernhof. Und ich backe nur Blechkuchen. Ich kenne Mütter, die die aufwändigsten Indianergewänder und Tierverkleidungen für ihre Kinder nähen. Die abfällig über Freibäder reden – weil der Besuch eines Weihers mitten im Wald pädagogisch sinnvoller ist, wegen der Natur und damit kein Chlorwasser an die empfindliche Kinderhaut kommt. Diese Mütter backen mehrstöckige Geburtstagskuchen, wahre Kunstwerke in Form von Zügen, Piratenschiffen, Märchenschlössern, erstklassig mit weißer oder brauner Bioschokolade überzogen, auf der vegane Smarties in Reih und Glied kleben. Sie fördern ihre Kinder von früh bis spät – mit Bambinischwimmen, musikalischer Früherziehung, kreativem Kindertanz und *English Lessons for Toddlers*. Die wenigsten dieser Mütter sind berufstätig. Ihre Kinder geben sie frühestens zum Kindergarten aus der Hand, am liebsten erst im Jahr vor der Einschulung. Im schlimmsten Fall entwickeln sie sich zu Hockey-Moms à la Sarah Palin – allerdings in der Regel ohne die problematische politische Orientierung.

Eine dieser Mütter ist die Nachbarin, die mich heute Nachmittag auf dem Spielplatz angesprochen hat. Sie hat zwei Kinder, fünf und dreizehn Jahre alt. Sie hat ihr Studium nicht abgeschlossen. Sie hat nie in ihrem Beruf gearbeitet – und sie hat es auch nicht vor, wie sie mir mal gesagt hat. Weil ja dann ihre Kinder auf der Strecke blieben. Dass sie meine Berufstätigkeit missbilligt, zeigt sie ziemlich offen.

Ich schaue wieder auf die gelbe Uhr – gleich Viertel nach acht. Ich sitze immer noch am Bett meines Kindes, lausche seinen Atemzügen und fühle mich müde. Zu gerne würde ich jetzt auch einschlafen, mich neben den Kleinen legen und einfach die Augen schließen. Doch da steckt ja noch eine Mappe in meiner Tasche – Büroarbeit. Von wegen Feierabend. Also stehe ich auf und gehe in die Küche. Mein Mann hat aufgeräumt, die Spülmaschine angeschaltet und liest Zeitung.

»Wie kam er denn auf Tika?«, frage ich. »Dreijährigenfantasie«, sagt er. »Mir gefällt's.« »Mir auch«, sage ich. Dann schenke ich uns ein Glas Wein ein. »Wie kann ich etwas, für das ich normalerweise drei Stunden brauche, in dreißig Minuten fertig kriegen?«, frage ich meinen Mann. Er nimmt mich in die Arme. »Indem du es einfach machst.«

Ich bin geübt darin, zu wenig Zeit für eine Aufgabe zu haben. Mein üblicher Trick ist es, voll auf Effizienz zu setzen. Ich vermeide Dinge wie ein kurzes Gespräch am Kaffeeautomaten mit einer Kollegin ebenso wie allzu ausschweifende Eingangsfloskeln bei Telefonaten. Doch hier, zu Hause, habe ich keinen Kaffeeautomaten, sondern eine Wohnküche. In der ich nicht auf eine Kollegin treffe, sondern auf meinen Mann. Mit dem ich gerne lange Gespräche führe.

Es ist erstaunlich: Ich habe nicht nur ein Berufsleben und ein Mutterleben, sondern auch ein Privatleben. Ich führe eine glückliche Beziehung, schon seit Jahren. Die aber auch gepflegt werden möchte. Die mit eigenen Bedürfnissen daherkommt. Das lasse ich aber meistens unter den Tisch fallen. Ich lebe mein Traumleben. Gemeinsam mit einem Partner, der mich versteht, und einem Kind, das ich mir immer gewünscht habe. Ich habe einen Beruf, der mich interessiert. Doch meistens fehlt mir die Zeit, mich wirklich über all das zu freuen. An manchen Tagen vergesse ich fast, dass ich glücklich bin, in meiner Beziehung und mit meinem Kind. Ich vergesse es, weil ich so atemlos bin. Und gehetzt.

Es ist 20:25 Uhr. Ich lege mein Handy neben den Laptop und hole die blaue Mappe aus meiner Tasche. Ich gehe die einzelnen Seiten durch und beginne, die Präsentation für meinen Vorgesetzten zusammenzustellen. Als ich um 23:35 Uhr ins Bett gehe, liegt mein Mann schon auf seiner Seite und schläft. Ich lege mich dazu, kann aber nicht einschlafen, obwohl ich sehr müde bin. Ich bin unruhig, gehe mit geschlossenen Augen die Seiten der Präsentation noch einmal durch.

Ich wälze mich hin und her. 23:45 Uhr. Vor siebzehn Stunden bin ich vom Klingeln des Weckers aufgewacht, sehr müde, weil die Nacht von Sonntag auf Montag vom Husten meines Sohnes durchbrochen worden war. Weil ich am frühen Abend schon müde war, bin ich kurz nach neun schlafen gegangen. Meine Schicht am Bett des Kleinen begann dann um Mitternacht: Um kurz nach zwölf, um Viertel nach zwei und um halb fünf habe ich gestreichelt, Hustensaft gegeben oder einen Schluck Wasser. Trotzdem habe ich ihn heute pünktlich im Kindergarten verabschiedet – mit schlechtem Gewissen wegen des Hustens. Doch ich muss gut haushalten mit den Tagen, die ich wegen meines kranken Kindes zu Hause bleiben kann. Es sind nur zehn.

Im letzten Jahr, dem ersten Berufsjahr nach der Elternzeit, haben diese zehn Tage ausgereicht. Ich bin an insgesamt acht Tagen völlig ohne schlechtes Gewissen zu Hause geblieben und habe mich ausschließlich meinem kranken Kind gewidmet: einmal wegen Bindehautentzündung, zweimal wegen Magen-Darm-Infekt. Ich habe mich vor dem Besuch des Kinderarztes vom Büro abgemeldet und danach noch einmal, das Handy ausgeschaltet und auch keine E-Mails gelesen. Ich war nur daran interessiert, meinem Sohn das Kranksein so angenehm wie möglich zu gestalten. Und ihn gesund zu pflegen. Zum Glück bin ich selbst in den letzten zwei Jahren nicht krank geworden, von kleinen Erkältungen mal abgesehen. Paracetamol sei Dank habe ich es bislang immer geschafft zu funktionieren. Und mich am Wochenende, unterstützt von meinem Mann, erholt.

23:55 Uhr. Ich drehe mich von der einen auf die andere Seite und betrachte meinen schlafenden Mann. Er hat zwei Monate Elternzeit genommen, als ich wieder angefangen habe zu arbeiten. In dieser Zeit hatte unser Sohn die Hand-Fuß-Mund-Krankheit und eine Erkältung. Diese ewigen Krankheiten. Es ist noch nicht mal Mai, und ich musste schon neun Tage wegen diverser Erkältungen mit meinem kranken Kind zu Hause bleiben. Neben weiteren Erkältungen werden irgendwann trotz aller Impfungen auch die großen Kinderkrankheiten kommen: Windpocken, Röteln, Mumps, Scharlach – hoffentlich nicht alle in diesem Jahr. Da werden meine zehn Tage nicht ausreichen, allein bei Windpocken rechne ich mit vierzehn Tagen Quarantäne. Und meine Urlaubstage sind natürlich auch schon verplant.

Mein Mann atmet schwer. Vielleicht träumt er. In diesem Jahr muss er sein Kontingent an Kinderbetreuungstagen anbrechen. Das hat er bisher noch nicht gemacht, weil er sagt, es würde mir leichter fallen, einen Tag oder zwei nicht ins Büro zu gehen. Ich habe ihm bislang zugestimmt, bin mir aber inzwischen nicht mehr sicher, ob er wirklich Recht hat. Tatsächlich arbeite ich dreißig Stunden in der Woche und er vierzig. Verbringe ich einen Tag am Krankenbett meines Sohnes, versäume ich sechs Stunden Arbeitszeit, bei ihm wären es acht Stunden. Plus Mittagspause, die er in der Betriebskantine verbringt. Er verpasst faktisch pro Tag 8,75 Stunden Bürozeit, wenn er unser krankes Kind pflegt.

Mitternacht. Ich drehe mich auf den Rücken. In nicht mal sieben Stunden klingelt der Wecker. Diese Woche gibt es keine Frühtermine, hat mein Mann beim Abendessen gesagt. Ich bin froh, weil Meetings um acht sehr viel Unruhe in einen normalen Tagesablauf bringen. Das habe ich in den letzten Wochen gemerkt, als mein Mann häufig zu Terminen sehr früh am Morgen musste. Seine Firma, ein großer Automobilkonzern, steht kurz vor der Fertigstellung einer neuen Limousine. Deshalb war mein Mann in der vergangenen Woche bei zwei Acht-Uhr-Terminen und einem Businesslunch mit seinem Abteilungsleiter.

Mein Magen knurrt. Was habe ich heute gegessen? Kartoffelsuppe am Abend, Frühstück und das Pausenbrot am Schreibtisch. Zwischendurch eine Banane. Da es in meiner Firma keine Kantine gibt, fällt ein tägliches Mittagessengehen für mich aus. Weder zeitlich – die meisten besuchen ein italienisches Restaurant, das zwei Straßen entfernt ist, sie sind mit Hin- und Rückweg etwa eine Stunde außer

Haus – noch finanziell. Trotz wechselnder Mittagstischangebote kostet ein warmes Gericht plus Getränk in diesem Restaurant um die 13,00 Euro. Es gibt Betriebe, die das Mittagessen ihrer Angestellten bezuschussen, ebenso wie sie Fahrtgeld zahlen oder Werkswohnungen stellen. Ich weiß nicht, ob das in meiner Firma üblich ist. Ich weiß nur, dass ich keinen Mittagessenzuschuss bekomme. Weil ich schlecht verhandelt habe.

Mein Magen beruhigt sich wieder. Ich überdenke kurz meinen Tag. Einiges kann ich abhaken: das Telefonat mit der Putzfrau auf dem Weg ins Büro, meine Arbeit. Ich war rechtzeitig im Kindergarten und pünktlich mit dem Kleinen beim Turnunterricht. Eine Kartoffelsuppe zu kochen habe ich auch geschafft. Leider ohne Würstchen. Die Präsentation für meinen Vorgesetzten habe ich zusammengestellt, während mein Mann lange mit einem alten Schulfreund telefoniert und eine Talkshow im Fernsehen angesehen hat. Nichts ist liegen geblieben. Sogar den Wäschetrockner habe ich ausgeräumt.

Worauf ich aber gar nicht stolz bin, ist, dass ich den ganzen Tag so atemlos war. Dass ich den Kleinen ständig angetrieben habe, am Morgen auf dem Weg in den Kindergarten, am Nachmittag zum Turnen und danach wieder nach Hause. Dass ich meinem Mann ständig ins Wort gefallen bin, beim Frühstück, zwischendurch am Telefon und auch am Abend. Mein Mann sagt, dass es ihn ärgert, wenn ich ihn unterbreche und seine Sätze vervollständige. Vor allem wenn ich in die falsche Richtung komplettiere. Ich glaube aber, dass es Zeit spart, nicht zu ausführlich zu sein, sondern abzukürzen.

Oft fühle ich mich, als wäre ich nur eine Abkürzung meines wahren Ich. So als würde ich aus vielen farbigen Mosaiksteinen bestehen, hätte aber aus Zeitgründen auf einige verzichtet, sodass jetzt Teile von mir fehlen. Dieses Gefühl übertrage ich dann auf mein Umfeld, und natürlich bekommen mein Mann und unser Kind am meisten davon mit.

Ich drehe mich wieder zur Seite. 0:10 Uhr. Immer noch kein Schlaf möglich. Dabei ist doch jetzt Zeit dafür, Zeit, die mir so oft fehlt. Ich kann mich nicht erinnern, immer schon unter Zeitnot gelitten zu haben. Langsam gesprochen habe ich wohl nie. Aber es gibt Kinderfotos von mir, auf denen ich im Garten sitze und nichts Erkennbares tue. Und dabei nicht unglücklich aussehe. Auch als Studentin habe ich oft aus dem Fenster der Institutsbibliothek gesehen, einfach nur um des Rausschauens willen. So etwas kann ich mir heute nicht mehr vorstellen. Wenn ich im Bus sitze, jeden Tag insgesamt eine Viertelstunde zwischen Büro und Kindergarten, gehe ich meinen Terminkalender durch, führe Telefonate oder vereinbare Arzttermine – das geht ja alles mit dem Handy. An manchen Tagen trinke ich auch einen Cappuccino, den ich mir in der Bäckerei gegenüber vom Kindergarten geholt habe. War der Morgen so hektisch, dass keine Zeit für ein Frühstück geblieben ist, esse ich ein Croissant im Bus. Und aus dem Fenster schaue ich nur, um zu sehen, ob es regnet und ich dem Kleinen Gummistiefel und Regenjacke anziehen muss.

Als mein Sohn noch kleiner war, erst ein paar Monate alt, war das anders. Da stand ich oft am Fenster mit ihm, so wie mein Mann heute Abend. Ich hielt mein Baby fest im Arm und erzählte ihm, was ich sah, dort draußen, auf der anderen Seite der Glasscheibe. Himmel, Wolken, Bäume, Häuser. Manchmal habe ich auch etwas erzählt, das ich mir spontan ausgedacht habe: dass ein Drache vorbeifliegt oder ein Heißluftballon. Das mache ich heute fast gar nicht mehr. Obwohl ich meinem Sohn auch jetzt noch ausgedachte Geschichten erzähle. Aber eben nur ab und zu.

Und es gibt nach wie vor Momente, in denen ich tagträume. An Sonnentagen, auf dem Spielplatz, da gelingt es mir. In den Minuten, in denen der Kleine zufrieden im Sand gräbt, stelle ich mir gerne vor, wie gut ich mich fühlen werde, wenn ich endlich Ferien habe. Urlaub am Meer. Mit viel Sandstrand. Da kann mein Sohn in Badehose graben. Immer wenn ich mich durch meinen Handykalender klicke, bleibe ich bei dem Monat mit den Ferien hängen. Zwei Wochen Elba. Die ganze Familie.

0:15 Uhr. Ich drehe mich noch einmal auf die andere Seite und betrachte wieder meinen schlafenden Mann. Aus dem Kinderzimmer höre ich Husten. Ich lausche, doch mein Sohn beruhigt sich von allein. Ich bin froh. Eine zweite Nacht wie die vergangene würde mich ganz schön fertigmachen. Obwohl man ihn mir wohl nicht ansieht, den dauernden Schlafmangel. Ein Kollege hat mich erst letzte Woche angesprochen, am Morgen nach einem sonnigen Nachmittag auf dem Spielplatz: »Du hast ja richtig Farbe. Urlaub *to go* oder was?« Ich habe einfach nur freundlich gelächelt. Denn wie Urlaub kommt es mir nicht vor, wenn ich mit meinem Kleinen auf dem Spielplatz bin. Aber auch nicht wie Arbeit. Sie sind schwer zu beschreiben, diese beiden Gefühle, die ich gleichzeitig empfinde. Einmal ist es sehr schön, wie die Zeit verrinnt. Ich bin mit meinem Sohn zusammen und muss gerade mal nirgendwo hinrennen. Laufe nicht Gefahr, zu spät zu kommen. Andererseits erscheint mir die Zeit auf dem Spielplatz auch als Zeitverschwendung. Was könnte ich alles erledigen in diesen Stunden: Diese E-Mail beantworten, jenes Angebot überdenken oder einfach nur in Ruhe die Wäsche zusammenlegen. Keines der beiden Gefühle überwiegt. Deshalb stört es mich auch, wenn mein Handy klingelt. Ich beantworte aber trotzdem jeden Anruf. Das Handy klingelt fast immer am Nachmittag: Die junge Kollegin braucht meine Meinung, eine Grafikerin fragt nach einem Entwurf, die Sekretärin des Vorgesetzten möchte einen Termin abstimmen. Eigentlich endet meine Arbeitszeit jeden Tag um 14:45 Uhr. Wenn ich später auf dem Spielplatz eine Frage beantworte, werde ich dafür nicht extra bezahlt. Und doch gehen meine Kolleginnen und Kollegen ganz selbstverständlich davon aus, dass ich verfügbar bin. Dass ich weiterarbeite, nachdem ich das Büro verlassen habe. Ohne Bezahlung. Auch hier habe ich schlecht verhandelt.

Es tröstet mich nicht, dass andere Frauen ebenfalls schlecht verhandeln – auch nicht, wenn es die sind, die kein Kind haben. Die junge Kollegin hat mir neulich von ihrem Einstellungsgespräch erzählt. Besonders in Erinnerung ist ihr der Satz »Sie haben also Germanistik studiert« geblieben. Damit hat unser Vorgesetzter die Gehaltsverhandlung eingeläutet. Dass sie Germanistik studiert und ihr Studium mit einem Bachelor beendet hat, steht auch in ihrem Lebenslauf. Was der Vorgesetzte nicht ausgesprochen, aber durchaus gemeint hat, so die junge Kollegin, ist: Und Sie wollen sich in einer Marketingabteilung bewerben. Als Bücherwurm. Also hat sie sich beim nächsten Punkt beeilt. Als der Vorgesetzte sagte, in ihrem Lebenslauf würden keine Kinder erwähnt, hat sie genickt und gesagt, sie sei Single. Ohne Kinder. Und so solle es bleiben.

Auch wenn unser Vorgesetzter selbst zwei Töchter hat, sind die Kinder seiner Angestellten für ihn doch hauptsächlich unbequem. Bei mir beispielsweise: Jeden Tag kann es sein, dass ich ausfalle. Besonders Kindergartenkinder werden ständig krank – eine Erkältung hier, ein Magen-Darm-Infekt da. Ich kann keine Überstunden machen. Ich muss jeden Tag pünktlich ausstempeln, kann meine Arbeitszeit kaum um ein paar Minuten überziehen. Ich stehe für außerplanmäßige Termine nicht zur Verfügung. Und wenn mein Sohn dann zur Schule geht, kommen auch noch zwölf Wochen Schulferien auf meine Handicap-Liste.

All das weiß der Vorgesetzte. Auch wenn er es mir niemals vorwerfen würde. Ich gehe jeden Tag mit einem schlechten Gewissen ins Büro, weil ich nicht genügend Dankbarkeit zeige für ein Unternehmen, das mir doch so viel zugesteht. Ich drehe mich ein letztes Mal auf die andere Seite. Um 0:20 Uhr schließe ich die Augen und denke noch: Hoffentlich hustet Tika nicht mehr.

DIENSTAG

In sechzehn Minuten müssen wir los. Mein Sohn sitzt im Schlafanzug am Küchentisch. In der linken Hand hält er seinen Plüschhasen, in der rechten ein Honigbrot. Er isst nicht. Er sitzt einfach nur da. Der Honig läuft langsam über seine Finger. Ich sage jetzt zum dritten Mal, er soll endlich das Brot essen, endlich seinen Kakao trinken, endlich fertig werden mit dem Frühstück, damit ich ihn endlich anziehen kann. »Wir müssen bald los«, sage ich, »und Zsófia wird auch gleich klingeln.« »Tika«, sage ich, betone jede Silbe besonders deutlich und lächle ihn aufmunternd an. Doch er sitzt einfach nur da und macht nichts.

Dienstags erwache ich immer mit einem Gefühl von Anspannung. Eigentlich kommt dieses Gefühl schon am Montagabend: Ich habe Angst zu verschlafen – trotz Wecker und kindlichem Frühwarnsystem. Die Vorstellung, von der Putzfrau geweckt zu werden, ist mir wahnsinnig unangenehm. Ihr Arbeitstag beginnt morgens um fünf. Sie muss die Böden einer Zeitarbeitsfirma vor Bürobeginn reinigen. Da will ich ihr über drei Stunden später kein Guten Morgen entgegengähnen. Und ich will auch kein verschlafenes Kind mit Honigfingern am Tisch sitzen haben. Ein Kind im Schlafanzug ist für mich nur dann in Ordnung, wenn es wirklich krank ist. Ist der Kleine aber tatsächlich krank, sage ich der Putzfrau ab – sie möchte sich sicher nicht anstecken. Und kranke Kinder brauchen Ruhe, keine emsigen Putzgeräusche.

Ich ziehe den Kleinen auf meinen Schoß, lege das Brot auf den Teller und den Hasen daneben. Ich wische ihm Hände und Mund mit einem feuchten Waschlappen sauber, ziehe ihm den Schlafanzug aus und Unterhemd, Unterhose, Socken, Hose, Hemd an. Er wehrt sich nicht, reagiert eigentlich gar nicht richtig. Ob er etwas ausbrütet? In der Nacht hat er nicht gehustet, und seine Stirn fühlt sich nicht heiß an. 8:02 Uhr. Mein Mann kommt in die Küche, um sich zu verabschieden. Auch er befühlt die Stirn des Kleinen, drückt einen Kuss drauf und streichelt meine Wange. Dann ist er weg.

Um 8:14 Uhr klingelt es. Ich öffne der Putzfrau die Tür, mein Sohn steht fertig angezogen neben mir. Wir gehen Hand in Hand zum Kindergarten. Der Weg erscheint mir heute doppelt so lang wie sonst. Der Kleine geht langsam und reagiert nicht auf mein Antreiben. Ich will ihn nicht ziehen, weil ich mir dann vorkomme, als wäre er ein störrisches Maultier. Also nehme ich ihn auf den Arm und trage ihn. Ich will pünktlich sein. Als wir im Kindergarten ankommen, bin ich ganz schön außer Atem, fünfzehn Kilo Kind plus Tasche sind kein Fliegengewicht. Mein Sohn will runter. Er gibt mir einen Kuss auf die Wange und läuft den anderen Kindern entgegen.

»Tschüss, Tika«, sage ich und schaue ihm hinterher, nur

für einen Moment. Die Zeit drängt. Ich laufe zur Haltestelle und erreiche gerade noch den Bus. Wieder außer Atem lasse ich mich auf einen Sitzplatz am Fenster fallen.

Was ist mit dem Kleinen? Ich sehe im Handykalender nach, wann er das letzte Mal krank war. Husten hatte er letzte Woche, Bauchweh vor sechs Wochen. Es könnte gut sein, dass sich eine Frühlingserkältung anbahnt. Ich wähle die Nummer des Kindergartens und informiere die Leitung über den möglichen Zustand meines Sohnes. Ich bitte sie, mich im Falle einer Verschlechterung – Weinen, Husten, Fieber – zu benachrichtigen. Nach dem Telefonat behalte ich das Handy in der Hand. Ich bin nervös, rechne mit einem sofortigen Rückruf vom Kindergarten.

Der Bus hält an. Eine Frau mit einem Kinderwagen steigt aus, die obligatorische Bananenschale in der Hand. Ein junger Mann in Anzug drängelt sich an ihr vorbei aus dem Bus. Sie sagt nichts, wahrscheinlich passiert ihr das nicht zum ersten Mal. Wohin sie wohl unterwegs ist, frage ich mich, und ob sie ein Ziel hat oder einfach einen Spaziergang macht mit ihrem Kind. Jetzt erst bemerke ich den blauen Himmel.

»Hermannswetter« nannte meine Großmutter Tage wie diese. Das waren die Tage, an denen sie sich Zeit nahm, nach dem Frühstück einen Strauß Wiesenblumen zu pflücken, den sie dann auf den Friedhof brachte und an das Grab ihres jüngsten Kindes legte: Hermann. Der nur ein paar Wochen alt wurde. Blumen für Hermann pflücken, das hat meine Großmutter auch als ganz alte Frau noch gemacht. Ich habe sie manchmal begleitet.

Der Bus fährt an. Kein Anruf auf dem Handy. Ich sehe

aus dem Fenster und stelle mir meine Großmutter vor: graue Haare, klein und immer eine bunte Schürze über dem Rock. Sie hat fünf Kinder zur Welt gebracht, das erste mit achtzehn, das letzte mit dreißig. Meine Mutter war die Zweitjüngste, zwei Jahre älter als Hermann. Meine Großmutter hatte keine Ausbildung, sie heiratete sehr früh und war dann zu Hause. Sie hat gekocht, geputzt und ihren Garten gepflegt. Wenn ich sie besuchte, stand sie in der Küche, backte Kuchen oder weckte Obst aus dem Garten ein. Sie saß niemals auf dem Sofa. Meine Großeltern hatten einen Fernseher, aber meine Großmutter sah nie fern. Zu viel zu tun, sagte sie, ohne jammernden Unterton. Ich glaube, meine Großmutter liebte ihr Leben als Hausfrau und Mutter.

Ganz anders meine Mutter. Sie hasste das Leben in einem Dorf mit Eltern, Geschwistern, Onkeln, Tanten, Großeltern. Überall Familie und sich den ganzen Tag um den Gemüsegarten, die Hühner und die Wäsche kümmern – so hat sie ihr Elternhaus mal beschrieben.

Meine Mutter ist 1943 geboren. Im selben Jahr wurde mein Großvater eingezogen, kam aber bald schwer verletzt zurück. Er hatte ein Bein an der Front verloren und lag lange im Bett. Meine Großmutter pflegte ihn und kümmerte sich um seine Werkstatt, den Haushalt und die Kinder. Die mussten zu Hause immer auf Zehenspitzen laufen und durften niemals laut reden, um den Heilungsprozess nicht zu stören, hat meine Mutter über diese Zeit gesagt.

Der Bus hält wieder an. An der nächsten Haltestelle muss ich aussteigen. Ich kontrolliere kurz den Inhalt meiner Tasche: Sandeimer, Bagger und zwei Schaufeln habe ich dabei, ebenso die blaue Flasche mit Saft und Wasser. Ich möchte nach der Arbeit mit dem Kleinen auf den Spielplatz, ihm von einer Schatzsuche erzählen und gemeinsam ein großes Loch graben. Heute Morgen habe ich zur Bluse einen weiten Cordrock angezogen, der sich gut waschen lässt, das klassische Spielplatz-Outfit einer berufstätigen Mutter. Geschichten erzählen und Löcher graben – so was hätte mein Großvater nie mit seinen Kindern gemacht, wenn ich den Erzählungen meiner Mutter glaube. Als er nach Kriegsende gesund genug war, um aufzustehen, übernahm er wieder die Chefposition in der Familie. Die Zeit, in der er das Bett nicht verlassen konnte, wurde zum Tabuthema. Meine Großmutter musste ihr Mitspracherecht in wichtigen Dingen wieder abtreten und ihm die Kinder vom Hals halten. Denn: Er war der Mann. Er war wichtig. Er verdiente das Geld. Und er sagte, was zu tun war.

Meine Mutter hat nie viel über die Ehe meiner Großeltern gesagt, aber ich denke, sie sah meine Großmutter als Gefangene meines Großvaters, die ihm bereitwillig die Socken wusch und die Taschentücher bügelte. Mein Großvater hatte zu seinen Kindern ein ähnliches Verhältnis wie zu seinen Uhren: Sie sollten hübsch aussehen und möglichst nicht kaputt gehen, sprich, sie sollten seinen Vorstellungen entsprechen und möglichst nicht davon abweichen. Dass meine Mutter mit ihm zusammen die gelbe Uhr, die bei uns im Kinderzimmer hängt, gebaut hat, ist wohl eine Ausnahme gewesen in Sachen Vater-Kind-Aktivitäten. Und ich bin mir sicher, der Vorschlag stammte von ihm.

Ich mag keine Uhren – die gelbe Uhr ist eine Ausnahme –, ich trage auch keine Armbanduhr. Dafür habe ich mein Handy. Das gleichzeitig mein Kalender und mein Notizblock ist. Ich notiere: Uhr aufziehen. Das habe ich heute Morgen vergessen, vor lauter Kind antreiben und pünktlich loskommen. Dann klicke ich in meinen Handykalender. Nichts vergessen, nur die Uhr.

Meine Mutter hat die Uhr mit siebzehn Jahren gebaut, mit achtzehn ist sie von zu Hause ausgezogen und hat studiert. Als sie schwanger wurde mit mir, war sie dreiunddreißig, hatte längst Fuß gefasst im Berufsleben. Sie wollte nie Kinder haben, hat sie mir mal gesagt, wurde dann aber durch mich eines Besseren belehrt. Sie wollte auch nie heiraten. Da ist sie konsequent geblieben: Sie hat zwar mit meinem Vater zusammengelebt bis zu seinem Tod im vergangenen Jahr, geheiratet hat sie ihn aber nie. Sie nennt Ehen »den von Romantik getriebenen Verlust von Freiheit«. Auch meine Ehe. Obwohl sie meinen Mann schätzt.

Der Bus hält vor dem Bürohaus. Ich stecke das Handy in meine Tasche. Es hat nicht geklingelt. Irgendwie bin ich erleichtert und enttäuscht zugleich. Erleichtert, weil mein Kleiner doch nicht krank ist. Enttäuscht, weil ich insgeheim eine Möglichkeit gesehen hatte, auszubrechen aus dem Büroalltag, auf den ich heute keine Lust habe. Mein krankes Kind zu pflegen wäre die perfekte Ausrede dafür gewesen, nicht zur Arbeit zu gehen. Tika, fällt mir da wieder ein. Klingt wirklich geheimnisvoll. Warum er sich wohl so genannt hat? Ich mag den Namen, denke ich, und steige aus dem Bus. 8:37 Uhr. Ich muss auf die andere Straßenseite, aber die Ampel ist rot. Ich drücke auf den Knopf und warte. Mir fällt ein, dass mir meine Mutter immer Schokoladenkekse brachte, wenn ich krank war. Oder Kummer hatte. Als ich mit sechzehn meinen ersten Liebeskummer hatte, hat sie mich auch mit Keksen getröstet.

Meine Mutter hat sich früh von ihrer großen Familie abgenabelt. Sie hat sich noch als Schülerin um ein Stipendium bemüht, weil sie ihre Familie nicht um Geld fürs Studium bitten wollte. Auch als mein Vater krank wurde, hat sie mit der Krankenkasse gestritten, um die maximale Unterstützung herauszuholen. Sie sagt oft, sie will nur das haben, was ihr zusteht. Nicht mehr.

Trotzdem hat meine Mutter nie Netzwerke gebildet. Die waren ihr immer zuwider, weil sie sie an ihre große Familie erinnert haben. Und sie wollte eben nie heiraten. Ich bin da anders, sehe meinen Mann nicht nur ganz romantisch als meinen Geliebten, sondern auch als meinen Partner. Wir sind ein Team, auf Augenhöhe.

Sind wir das wirklich?, frage ich mich, als ich auf das große Bürohaus zugehe. Haben wir die Putzfrau auch in seinem Interesse? Oder nur, weil ich aufgrund meiner Berufstätigkeit keine Zeit mehr habe, die Böden zu wischen und die Toilette zu putzen? Ich kann mich nicht erinnern, wie wir uns den Haushalt vor der Geburt meines Sohnes aufgeteilt haben. Einen festen Putztag gab es nicht. Und einen geregelten Putzplan auch nicht. Wahrscheinlich hat jeder das gemacht, was gerade als dringend notwendig erkannt wurde. Ich habe mehr gewischt. Mein Mann hat mehr Staub gesaugt, glaube ich. Teamplay halt.

8:40 Uhr. Ich warte auf den Aufzug, den Nach-oben-Knopf habe ich schon zweimal gedrückt. Neben mir stehen zwei Kolleginnen aus der Grafikabteilung. Ich begrüße sie, bin aber so in meine Gedanken vertieft, dass es mir erst im Aufzug auffällt, dass sie tuscheln. Und zwar über meine junge Kollegin. Um 8:42 Uhr bin ich in meinem Büro, zwei Minuten zu spät. Die junge Kollegin sitzt bereits an ihrem Schreibtisch. Ich wünsche einen guten Morgen und schaue sie dabei etwas genauer an: Ist etwas anders an ihr? Sie wirkt wie immer, ein wenig blass vielleicht. Ich kontrolliere mein Handy. Keine Anrufe. Ich lege meine Tasche auf den Tisch und schalte meinen Rechner an. Dann bringe ich die Präsentation, die ich am Abend zuvor zu Hause fertig gemacht habe, in die Grafik. Das Handy nehme ich mit.

Gegen neun kommt die ältere der beiden Grafikerinnen in unser Büro. Sie ist Ende fünfzig, hat eine erwachsene Tochter, die in Frankreich lebt, und ein klares Feindbild: Frauen mit Kindern in glücklichen Beziehungen. Ihr Mann hat sie verlassen, als sie dreiundzwanzig war und ihre Tochter drei. Erst als die Tochter mit neunzehn als Au-pair nach Paris gegangen ist, hat die Grafikerin wieder angefangen zu arbeiten. Vorher hat sie von den Unterhaltszahlungen ihres Exmannes gelebt. Die sie heute noch als ein paar lausige Kröten abtut. Sie ist gut im Nörgeln, aber nicht so gut am Computer. Ihre Layouts sind konservativ, vielleicht sogar altmodisch, treffen aber fast immer den Geschmack des Vorgesetzten. Unser Vorgesetzter ist nicht ihr erster Chef hier, sie ist seit fast zwanzig Jahren in der Abteilung, die dienstälteste Mitarbeiterin. Die andere, die jüngere Grafikerin, ist ihr unterstellt. Sie ist seit etwa fünf Jahren hier. Und bewältigt eigentlich die ganze Arbeit, vor allem die am Computer. Was das gute Verhältnis der beiden aber nicht stört.

Die ältere Grafikerin hat einen Becher Kaffee aus dem Automaten in der Teeküche dabei; der Duft erfüllt den Raum. Sofort steht meine Assistentin auf und verlässt das Büro. Die Grafikerin lächelt und beugt sich zu mir. »Wenn eine Frau plötzlich keinen Kaffee mehr mag, dann ist eigentlich alles klar.« »Wieso?«, frage ich ganz unbedarft. »Na, ein Braten in der Röhre.« Die Grafikerin grinst. Ich sehe sie an: »Mir ist da nichts bekannt.« Dann frage ich nach den Entwürfen für die Präsentation, die ich am Abend zuvor fertig gemacht habe. »Die Textvorlage liegt auf Ihrem Schreibtisch. Ich brauche bis heute Mittag ein paar Skizzen«, sage ich kurz.

Die Grafikerin geht aus dem Raum. Ich kontrolliere mein Handy. Keine Anrufe. Dann nehme ich mir die Abrechnung einer Fotografin vor, die eine Imagekampagne für ein Firmenprojekt gestaltet hat. Ich muss mehrere Telefonate führen, mit der Fotografin, der Honorarabteilung und dem Sekretariat des Vorgesetzten, da die Abrechnung das von mir kalkulierte Budget sprengt. Zwischendurch kontrolliere ich immer wieder mein Handy, ob nicht doch ein Anruf aus dem Kindergarten gekommen ist, den ich vielleicht verpasst haben könnte.

Um 10:27 Uhr kommt die jüngere Grafikerin in mein Büro und will Details für den Druck der Broschüre besprechen. Sie kaut wieder Kaugummi. Und hat einen Becher Kaffee in der Hand. Die Szene von zuvor wiederholt sich: Meine Assistentin verlässt den Raum. Die Grafikerin grinst. Ich weise sie darauf hin, dass wie am Vortag vereinbart bis 14:30 Uhr alle Druckunterlagen vorliegen müssen und dass ich das fertige Layout für die Broschüre spätestens in einer halben Stunde haben will. Wir gehen ihren Entwurf gemeinsam durch, ich bitte sie um Detailänderungen an einigen Stellen. Pünktlich um 11:00 Uhr kommt sie mit dem fertigen Layout wieder zu mir. Ich überprüfe noch einmal die Rechtschreibung und bringe die Unterlagen dann zum Vorgesetzten. Er ist nicht am Platz, ich hinterlasse eine Nachricht bei seiner Sekretärin. Auf dem Rückweg in mein Büro kontrolliere ich wieder mein Handy. Keine Anrufe vom Kindergarten.

Zwei Stunden später, als die meisten aus dem Büro in der Mittagspause sind, packe ich mein Pausenbrot aus. Die junge Kollegin sitzt an ihrem Schreibtisch und kaut an einer Reiswaffel. »Geht es dir heute nicht so gut?«, frage ich. »Doch, doch, alles in Ordnung«, sagt sie.

Ich frage nicht weiter. Die Reiswaffeln sprechen Bände – in den ersten Wochen meiner Schwangerschaft habe ich mich fast ausschließlich davon ernährt, weil ich unter starker Übelkeit litt. Aber abgesehen von der Übelkeit war ich so glücklich, dass ich dachte, alle Menschen müssten bemerken, wie sehr ich strahle. Ein Kind, ein Kind, ein Kind! Trotzdem war ich oft gehemmt, meine Freude mit anderen zu teilen. Aus Angst vor einer Fehlgeburt, habe ich mir immer gesagt – vor der dreizehnten, vierzehnten Woche kann ja so viel passieren. Doch eigentlich war die Angst davor nur vorgeschoben. Tatsächlich hatte ich damals viel mehr Angst, abgestempelt zu werden. Auch eine von »denen« zu sein, eine dieser werdenden Mütter, die sich von Fenchel-Kümmel-Anis-Tee und eben diesen geschmacksneutralen Reiswaffeln ernähren. Die nur noch an Stillbüstenhalter und Erstausstattungsangebote denken können. Und ob die über Ebay gebraucht gekaufte Maxi-Cosi-Babyschale wirklich unfallfrei ist. Ich habe tatsächlich viel Tee getrunken. Aber Cappuccino ebenso. Sogar mal alkoholfreies Bier – das jedoch nur einmal.

Ich schlucke den letzten Bissen meines Pausenbrotes runter und spüle mit einem Schluck Mineralwasser nach. Ein Apfel ist noch in meiner Tasche, den ich mir aufheben möchte für den Endspurt. Ich überprüfe ein letztes Mal die Abrechnung der Fotografin und lege die Rechnung dann in den Hauspostausgang, damit die Honorarabteilung das Geld anweisen kann. Erledigt. Die Sekretärin des Vorgesetzten ruft an, Freigabe für den Broschürendruck. Ich bestelle einen Kurier, der die Unterlagen sofort in die Druckerei bringt. Auch erledigt.

Jetzt habe ich Lust auf einen Kaffee, den ich aber aus Rücksicht auf die junge Kollegin in der Teeküche trinken will. In der Teeküche steht die ältere Grafikerin. Ich hole mir einen Latte macchiato aus dem Kaffeeautomaten. »Ah«, sagt die Grafikerin, »'ne Latte-Mama.« Bevor ich antworten kann, ist sie weg. Und ich ärgere mich über mich selbst, ihr ins Messer gelaufen zu sein.

Ich hasse es, Latte-macchiato-Mutter* genannt zu werden, selbst im Spaß. Es ist mir so was von zuwider, dieses Abstempeln von Frauen, die angeblich ständig Milchkaf-

* Für die Bezeichnung »Latte-macchiato-Mutter« zeichnet die Berliner Journalistin Simone Schmollack verantwortlich, die für die *taz* arbeitet. Und dass Latte-macchiato-Mütter auch außerhalb von Berlin, Prenzlauer Berg, keine Lobby haben in Deutschland, ja sogar in der Literatur abgewatscht werden, zeigt die Erzählung *Carlottas Spaß* von Ulrike Draesner, erschienen 2011 im Erzählband *Richtig liegen – Geschichten in Paaren*.

fee schlürfen, ihre gute Ausbildung wegwerfen und, statt zu arbeiten, Kinder großziehen. Finanziert vom Einkommen ihrer Männer.

Ganz anders sieht das meine Freundin, die ich noch aus der Schulzeit kenne. Sie hat zwei Kinder, eine fünfjährige Tochter und einen achtjährigen Sohn. Seit einem Jahr ist sie nur noch Hausfrau und Mutter – und nennt sich selbst »Latte-macchiato-Mutter aus freiem Willen«. Das Geld für die Familie bringt ihr Mann nach Hause, der für einen Pharmakonzern arbeitet. Eigentlich ist meine Freundin promovierte Übersetzerin für französische Literatur und hat lange in einem kleinen Verlag gearbeitet. Bis die Kinder kamen. Nach der Geburt ihres Sohnes blieb ihr Mann drei Wochen zu Hause, sie wollte drei Jahre in Elternzeit gehen und dann wieder arbeiten. Aber meine Freundin wurde wieder schwanger und nahm nach der Geburt ihrer Tochter erneut drei Jahre Elternzeit – drei Wochen Urlaub ihr Mann. Als die Tochter dann in den Kindergarten kam, ging meine Freundin wieder in den Verlag. Fünfzehn Stunden pro Woche. Mehr war nicht möglich, weil sie keinen Mittagsbetreuungsplatz für ihren Sohn bekommen konnte. Der war gerade in die Schule gekommen. Durchschnittlicher Unterrichtsschluss in der ersten Klasse: 11:30 Uhr.

Am Anfang war meine Freundin hoch motiviert. Sie hat ein Farbsystem eingeführt, das ihre Arbeitszeit koordieren sollte – mich hat es an die Stundenpläne aus unserer Schulzeit erinnert. Rot markiert waren die Stunden, in denen sie tatsächlich im Verlag war (die sogenannte *face time*). Grün markiert waren die Stunden, in denen sie telefonisch erreichbar war (die sogenannte *home office time*). Und gelb markiert waren die Stunden, in denen sie nicht zur Verfügung stand (die sogenannte *family time*).

Diese Aufteilung hat aber nicht funktioniert. In den drei Stunden, die sie täglich ins Büro ging, fühlte sie sich immer wie zerrissen. Sie nahm an keiner Konferenz teil, teilweise aus Termingründen, teilweise aber auch aus Angst, dann gar nichts mehr zustande zu bringen. Und für das eigentliche Übersetzen reichten drei Stunden am Stück auch nicht aus. So beschloss sie, ihren Beruf an den Nagel zu hängen. Wenigstens bis auf Weiteres. Im Verlag wurde ihr endgültiger Weggang bedauert, unterm Strich war man aber auch froh.

Seitdem meine Freundin nicht mehr arbeitet, sitzt sie nicht etwa den ganzen Tag im Café und schlürft Latte macchiato. Sie ist viel unterwegs, liest im Kindergarten ihrer Tochter französische Bücher vor, engagiert sich ehrenamtlich in der Nachbarschaftshilfe und kümmert sich um ihre demenzkranke Mutter. Natürlich unternimmt sie auch viel mit ihren Kindern, fährt sie zum Turnen, zum Musikunterricht oder zu Treffen mit anderen Kindern. Sie geht auch zum Sport und ist häufig im Kino. Und zwischendurch hat sie noch Zeit für mich.

Sie war dabei, als ich in meiner Schwangerschaft ein besonderes Erlebnis hatte. Wir waren im Kino und gingen anschließend noch etwas trinken. Ich bestellte ein alkoholfreies Bier. Als die Getränke auf dem Tisch standen, kam einer der anderen Gäste zu uns. Mein dicker Bauch in Kombination mit einer Flasche Bier hatte ihn angelockt. Ob ich nicht wisse, dass Alkohol für Schwangere verboten sei, fragte er. »Klar weiß ich das«, antwortete ich gut gelaunt. »Deswegen trinke ich ja alkoholfreies Bier.« Ob ich nicht wisse, dass in alkoholfreiem Bier Restalkohol sei, fragte der Fremde weiter. Als ich nichts mehr sagte und auch meine Freundin nicht, ging er kopfschüttelnd an seinen Tisch zurück. Eine Weile später kam die Bedienung bei ihm vorbei, er redete auf sie ein und deutete mit dem Finger auf mich. Ich habe mein Bier nicht mehr weitergetrunken. Wir sind bald nach Hause gegangen. Der Abend war kaputt, meine Freundin und ich konnten kein Gespräch mehr führen, ohne immer wieder auf den Fremden zurückzukommen.

Als ich zu Hause meinem Mann von diesem Erlebnis erzählte, regte er sich fürchterlich auf. Über den Gast, der sich einfach in das Leben anderer einmischte, aber auch über mich, die das zugelassen hatte. Meine Schulfreundin tröstete mich bei unserem nächsten Telefonat. »Du willst halt nur das Zweitbeste für dein Kind«, sagte sie mit einem Lächeln. »Weil du auch ein Leben hast.« Sie hat Recht. Leider. Ich trinke den letzten Schluck Milchkaffee, kontrolliere mein Handy und gehe zurück in mein Büro.

Die Grafikerin liefert pünktlich. Gegen zwei Uhr drucke ich die Präsentation für den Vorgesetzten aus und lege die blaue Mappe auf seinen Schreibtisch. Nummer drei erledigt, freue ich mich. Ich beantworte noch einige Mails und gehe den Abteilungsterminkalender durch. Alles im Zeitplan, ich habe nichts übersehen. Ich schalte meinen Computer aus und verlasse das Büro um 14:45 Uhr.

Wahrend der Fahrt zum Kindergarten steht ein Telefonat mit meiner Mutter an. Ich gehe zur Bushaltestelle und wähle ihre Nummer. Sie ist zu Hause. Ich frage sie, wie es ihr geht. Sie klingt etwas müde, vielleicht hat sie geschlafen. Ich bitte sie, am Donnerstagnachmittag für eine Stunde mit dem Kleinen auf den Spielplatz zu gehen, da ich einen Termin bei meiner Friseurin vereinbart habe. Meine Mutter verspricht zu kommen. »Ich freu mich«, sage ich und beende das Gespräch. Hungrig beiße ich in den Apfel, den ich noch in meiner Tasche habe. Noch eine Haltestelle, dann muss ich aussteigen. Ich suche in meinem Geldbeutel die Münzen für eine Brezel zusammen und beschließe, mir für den Spielplatzbesuch ein Schokocroissant zu kaufen. Mir fällt mir auf, dass ich mich nicht daran erinnern kann, was meine Mutter gesagt hat, als ich sie gefragt habe, wie es ihr geht. Hat sie überhaupt geantwortet? Ich weiß es nicht.

Fünf nach drei, der Bus hält an. Ich steige aus, werfe den Apfelrest in den Müllkorb an der Haltestelle und überquere die Straße. Mein Handy klingelt. Eine Kindergartenmutter ist dran. »Kannst du meinen Sohn mitnehmen?«, fragt sie, »ich hab die U-Bahn verpasst.« Wenn sie die nächste nimmt, schafft sie es nicht mehr rechtzeitig, ihre Tochter aus der Kinderkrippe abzuholen. Die ist zwei U-Bahn-Stationen vom Kindergarten entfernt. »Um halb vier fangen die mit der Nachmittagsbrotzeit an und lassen die Kinder dann nicht vor vier gehen«, erklärt die Kindergartenmutter. »Um vier kommt aber ein Handwerker zu uns, den ich nicht verpassen will. Das Klo ist verstopft.« Sie ist völlig aufgelöst. Wahrscheinlich ist sie nicht rechtzeitig von der Arbeit weggekommen. Sie hat mir mal erzählt, dass sie da sehr unter Druck steht, weil ihre Chefin sie nicht mag – die gerne kurz vor Dienstschluss mit Aufgaben kommt, um sie, die berufstätige Mutter von zwei Kindern, zu schikanieren. »Ich nehme deinen Sohn mit, wir gehen auf den Spielplatz mit dem Klettergerüst und der Schaukel«, sage ich. Sie ist erleichtert. Und ich muss mich beeilen, es ist schon 15:12 Uhr. In der Bäckerei kaufe ich zwei Brezeln und ein Schokocroissant und haste weiter.

Im Kindergarten läuft mir mein Sohn entgegen. »Mama«, ruft er, »ich habe gerade Streusel gegessen!« Er will auf meinen Arm. Ich nehme ihn hoch und drücke ihn an mich. Angekommen, denke ich. Dann fühle ich seine Stirn. Er ist nicht heiß. Trotzdem frage ich die Erzieherin, ob ihr etwas aufgefallen ist. Ob er gehustet hat. Nein, sagt sie, er war wie immer, vielleicht ein bisschen ruhiger. Und dann erklärt sie, dass ihre Kollegin heute einen Kirschstreuselkuchen mitgebracht hat, um auf der Teamsitzung bekannt zu geben, dass sie schwanger ist und in vier Monaten in Mutterschutz geht. Die Erzieherin ist Anfang zwanzig und hat gerade erst im Kindergarten angefangen. Ich freue mich für sie, aber nicht für meinen Sohn, der nun darunter leiden wird, dass eine Vertrauensperson geht. Und durch eine fremde, neue Person ersetzt wird. Ich hoffe, dass der Übergang fließend ist. Vorsichtig frage ich die Erzieherin, ob schon Ersatz gefunden ist. Nein, sagt sie, so schnell sind wir nicht.

In der Kinderkrippe, in der mein Sohn früher war, konnte eine Stelle einen Winter lang nicht besetzt werden, weil es keine Bewerbungen gab. Seitdem die Bundesregierung den Kinderbetreuungsausbau vorantreibt und das ehrgeizige Ziel »Alles wird gut ab 2013« sogar mit einem Rechtsanspruch auf einen Krippenplatz kombinieren möchte, können sich Erzieherinnen – und Erzieher, sofern es welche gibt – ihre Arbeitsplätze aussuchen. Unsere Krippe war wohl nicht so beliebt; vielleicht lag es aber auch an den hohen Mieten, die man in unserer Stadt gerade für Ein-Zimmer-Appartements zahlen muss. Die meisten Erzieherinnen sind jung, viele ungebunden, sie suchen eine Wohnung für sich allein, wenn sie wegen eines neuen Jobs in die Stadt ziehen. Ganz klar sind Mieten dabei ein Entscheidungsfaktor.

In unserer Krippe mussten die drei übrig gebliebenen Erzieherinnen die Lücke schließen und sich die zwei Gruppen à zwölf Kinder teilen. Es gab Praktikantinnen, die einmal pro Woche kamen, und Berufsschülerinnen, die mehrere Wochen am Stück da waren. Das war schon eine Unterstützung – auch wenn manche Windel meines Sohnes zu locker zugeklebt war, was für nasse Hosen sorgte. Unterstützung gab es auch von den Müttern, die nicht berufstätig waren. Sie kamen zum Vorlesen in die Krippe, auch mal zum Weihnachtsplätzchenbacken. Die drei Erzieherinnen mussten trotzdem viele Sonderschichten einlegen – was manchmal zu einer gedämpften Stimmung führte.

Mein Sohn hat klebrige Hände, was ich auf die Streusel zurückführe. Ich gehe mit ihm in den Waschraum und bitte ihn, seine Hände zu waschen. Ich erkläre ihm, dass wir noch einen anderen Jungen mitnehmen auf den Spielplatz. Ich gebe der Erzieherin Bescheid, die schon informiert ist – die Kindergartenmutter hat bei der Leitung angerufen. Der andere Junge ist schon fünf und reagiert sehr ruhig auf die Nachricht, dass seine Mutter ihn erst auf dem Spielplatz abholt. Ich nehme noch eine Mitteilung von der

Leitung aus dem Garderobenfach meines Sohnes. Die Zeit reicht nicht, um die Mitteilung zu lesen, da mein Kleiner an meiner Hand zieht. Ich stopfe Zettel und T-Shirt in meine Tasche.

Wir verabschieden uns von der Erzieherin und gehen zu dritt zum Spielplatz. Wir wollen zu der Anlage mit dem Klettergerüst und der Schaukel, nicht zu der mit der Rutsche, wo wir am Tag zuvor waren. Als ich um 15:38 Uhr das Tor zum Spielplatz öffne, klingelt mein Handy. Der größere Junge rennt los und setzt sich auf die Schaukel. »Geh doch auch zur Schaukel«, sage ich zu meinem Sohn. Er geht nicht, sondern bleibt neben mir stehen. »Dein Telefon klingelt«, sagt er. Ich nicke und nehme den Anruf entgegen. Es ist meine Assistentin. »Kann ich gleich zurückrufen?«, frage ich und beende das Gespräch. Erneut bitte ich meinen Sohn, zur Schaukel zu gehen. »Tika, komm schon.« Und als er sich immer noch nicht bewegt, gehe ich vor, zur Schaukel. Er läuft mir nach. Ich setze ihn auf die Schaukel neben den anderen Jungen und schubse ihn an.

Ich wähle die Nummer der jungen Kollegin und erkläre, dass ich auf dem Spielplatz bin. Sie sagt, dass es Probleme mit der Druckerei gibt. Die Broschüre ist schon um 14:00 Uhr in Druck gegangen, weil wir so pünktlich geliefert haben. Schon eine gute Stunde später war der Proof im Büro. Weil ich nicht da war, hat der Kurier ihn bei unserem Vorgesetzten abgeliefert. Der hat sich dann fürchterlich aufgeregt. Die Farben sind, so die junge Kollegin, total »abgesoffen«. Der Vorgesetzte hat den Druck gestoppt. Und nach mir verlangt. Was sie nun tun soll, fragt sie mich.

»Mehr!«, ruft mein Sohn. »Bis in den Himmel!«

Ich erbitte mir kurze Bedenkzeit und schubse die Schaukel wieder an. Soll ich den Vorgesetzten anrufen und nach seiner Einschätzung fragen? Oder erst die Druckerei? Oder die junge Grafikerin, die die Druckunterlagen fertig gemacht hat? Nur kurz kommt mir der Gedanke, alles auf den kommenden Tag zu verschieben.

Mein Sohn jauchzt auf der Schaukel, und mein Handy piept, ich habe eine Kurzmitteilung erhalten. Mein Mann schreibt, dass er am Abend später kommen wird. Und große Neuigkeiten hat.

Ich atme durch und wähle die Nummer der Sekretärin meines Vorgesetzten. Das Telefon zwischen Kinn und Schulter geklemmt, schubse ich meinen Sohn wieder an. Vielleicht sollte ich mir eine Freisprechanlage kaufen für den Spielplatz, denke ich, um endgültig bei den nicht berufstätigen Müttern wie meiner Nachbarin unten durch zu sein. Irgendwie gefällt mir die Vorstellung, vor allem, weil ich dann das zickige Gerede nicht mehr hören muss. Ich schubse wieder die Schaukel an. Dann verbindet mich die Sekretärin mit meinem Vorgesetzten.

Der Vorgesetzte ist kurz angebunden. Er ist nicht zufrieden mit dem Druck und benötigt die Broschüre Ende der Woche. Mehr Geld wird er nicht ausgeben, schneidet er mir das Wort ab, als ich andeute, dass eine kürzere Druckfrist mit höheren Kosten verbunden ist. Finden Sie eine Lösung, sagt er. Er fügt nicht hinzu, na ja, Sie sind halt nicht immer hier, da kann so was schon passieren. Aber ich weiß, dass er es denkt. Ich verspreche, das Problem zu lösen. Er wartet das Ende meines Satzes nicht ab und beendet das Gespräch ohne Gruß.

»Ich will nicht mehr schaukeln«, sagt mein Sohn und lässt sich von der Schaukel in den Sand fallen. »Tika hat ein Aua«, jammert er und beginnt zu weinen. Er will auf meinen Arm. Ich nehme ihn hoch und tröste ihn. Streichle sein Haar, das im Nacken ganz verschwitzt ist. Der andere Junge schaukelt weiter. Ich sage zu ihm, dass wir zur Bank gehen. Und dass ich eine Brezel für ihn habe. Dann trage ich meinen Kleinen zu der Bank gegenüber dem Klettergerüst. Er jammert immer noch, ganz leise. Ich setze mich hin und halte ihn im Arm. Da klingelt mein Handy wieder.

»Dein Telefon klingelt«, sagt mein Sohn. Ich hole es aus meiner Tasche, zusammen mit der blauen Flasche. »Magst du was trinken?«, frage ich und drücke auf »Anruf annehmen«. Es ist die junge Kollegin. Mein Sohn schiebt meine Hand, die die blaue Flasche hält, weg und sagt: »Du sollst nicht telefonieren.« Ich ignoriere ihn und gebe meiner Assistentin das Gespräch mit dem Vorgesetzten kurz wieder. Ich bitte sie, in der Grafik nachzufragen, ob der Fehler in unseren Druckunterlagen liegt. Dann soll sie sich noch mal melden. Ich lege das Telefon neben mich auf die Bank und biete meinem Sohn ein Stück Brezel an. Er will es nicht und das Schokocroissant auch nicht. Nur trinken will er. Mein Handy piept. Eine Kurzmitteilung von der Kindergartenmutter. Sie ist jetzt zu Hause mit ihrer Tochter, wartet auf den Handwerker und kommt dann zum Spielplatz. Ihr Sohn schaukelt immer noch.

»Ich muss noch mal kurz telefonieren«, sage ich und wiege den Kleinen auf meinem Schoß. Dann rufe ich die Druckerei an und lasse mich mit meinem Ansprechpartner verbinden. Ich stelle fest, dass ich mit meinem Sohn auf dem Schoß nur schwer hart verhandeln kann und bitte deswegen nur um die Fakten. Der Farbfehler im Druck liegt an einem Kalibrierungsfehler, der inzwischen behoben ist. Mein Sohn windet sich auf meinem Schoß und versucht, meine Hände festzuhalten. Also klemme ich das Telefon wieder zwischen Kinn und Schulter und umarme ihn mit beiden Armen. Auch wenn ihm der Fehler sehr leidtut, muss er mir den zeitlichen Mehraufwand in Rechnung stellen, sagt mein Ansprechpartner. »Darüber müssen wir noch mal sprechen«, sage ich und bitte ihn, einen neuen Proof anzufertigen und bis 18:00 Uhr ins Büro zu schicken, zu Händen der jungen Kollegin. Ich drücke Ohr und Wange auf das Telefon, und hoffe, das Gespräch mit der Druckerei beendet zu haben. Dann löse ich langsam einen Arm aus der Umarmung und lege das Telefon neben mich auf die Bank.

Der andere Junge ist jetzt am Klettergerüst. »Tika, hast du auch Lust zu klettern?«, frage ich betont heiter. Er antwortet nicht, was auch eine Antwort ist. Ich bin mir sicher, dass er weiß, dass ich noch mal telefonieren muss. Er merkt, dass ich nicht bei der Sache bin, weder bei der Umarmung noch beim Schaukelschubsen. Und das stört ihn.

Ich seufze. Sehe auf das Handy, das neben mir auf der Bank liegt. 15:55 Uhr. Die Arbeitszeit in der Druckerei endet um sechs, aber mir wurde versprochen, dass der neue Proof heute noch per Kurier in mein Büro gebracht wird. Das ist Vereinbarkeit von Kind und Karriere, denke ich, Businesstelefonate auf dem Spielplatz führen. Ich streichle meinen Sohn mit der einen Hand und greife mit der anderen Hand nach dem Handy. Die junge Kollegin ist sofort in der Leitung. Ich bitte sie, den Proof entgegenzunehmen, zu kontrollieren und mir dann Bescheid zu geben. Eine Druckfreigabe werden wir erst am kommenden Morgen erteilen – vorher wird in der Druckerei sowieso nichts passieren. Meine Assistentin ist einverstanden. Dann fragt sie, wann denn mit dem Proof zu rechnen ist. »Spätestens 18:00 Uhr«, sage ich. Kurze Pause. »Geht klar«, sagt sie dann und dass sie mich anrufen wird.

»Klettern?«, frage ich. Mein Sohn schüttelt den Kopf. »Schaukeln?«, frage ich dann. Nein, sagt er. Auch das Sandspielzeug in meiner Tasche will er nicht haben. Der andere Junge sitzt auf dem Klettergerüst. Ich winke ihm zu. Er winkt nicht zurück. Wahrscheinlich ist er genervt, dass seine Mutter noch nicht da ist. Wegen ihrer Arbeit.

Bevor ich Mutter wurde, habe ich alle paar Wochen unangekündigte Überstunden gemacht, weil ich auf eine Freigabe, einen Entwurf oder den Ausgang einer Besprechung warten musste. Meine Arbeitszeit, die damals laut Vertrag vierzig Wochenstunden betrug, dehnte sich deshalb oft auf fünfundvierzig, in seltenen Fällen sogar auf fünfzig Wochenstunden aus. Diese Überstunden wurden mir nie ausgezahlt, aber mein Vorgesetzter war immer außergewöhnlich zufrieden mit mir, wenn ich ein Projekt mit Erfolg zu Ende brachte. Er lobte mich oft vor versammelter Mannschaft auf dem allwöchentlichen Jour fixe. Und ich dachte damals, seine öffentliche Anerkennung wäre Entgelt genug, ebenso dass er in mich und meine Fähigkeit, Aufgaben in seinem Sinne zu erledigen, Vertrauen hatte. Heute bin ich mir nicht mehr so sicher. Ich hätte nach jedem abgeschlossenen Projekt einen kleinen Bonus einfordern können. Oder mehr Verantwortung.

Vor einiger Zeit habe ich ein Interview mit einer Spitzenpolitikerin gehört, die gerade Mutter geworden war.[3] Vor der Entbindung hatte sie in einer Frauenzeitschrift gesagt, dass sie ein gewisses Unbehagen verspüre, wenn sie an ihre Rückkehr nach dem Mutterschutz in ihr Amt denke.[4] Auch deswegen, weil es ja immer Leute gebe, die einem den Job neiden. Darüber haben sich ihre Parteigenossen fürchterlich aufgeregt. Wie heuchlerisch – denn jede Frau, die in den Mutterschutz geht, fragt sich: Ist meine Stelle noch da, wenn ich zurückkomme? Was, wenn ich nicht mehr so viel Zeit habe wie zuvor, weil ich neue Interessen habe – zum Beispiel mein Kind? Diese Fragen habe ich mir auch gestellt vor der Geburt meines Sohnes. Und ich kann mich an eine Studie erinnern, die dem nachgegangen ist – mit dem Ergebnis, dass fast jede fünfte Frau nach der Elternzeit einen neuen Job suchen muss.[5]

Einen Vorteil habe ich gegenüber der Politikerin: Für mich gibt es die Elternzeit. Für sie nicht. Darüber hat sie nach der Geburt gesprochen, dass sie als Bundestagsabgeordnete keine Möglichkeit hat, eine Elternzeit zu nehmen. Dass sie nach Ablauf der achtwöchigen Mutterschutzfrist gezwungen ist, ihr Baby in die Obhut anderer zu geben. Und dafür natürlich als »karrieregeile Rabenmutter auf dem Egotrip« beschimpft wurde.[6] Dann hat sie noch die Einführung von »politikfreien Abenden« gefordert, also die Abschaffung von Spätterminen, die das letzte bisschen Familienleben zerstören. Sie hat als Beispiel Schweden genannt, wo es nach fünf keine Parteitermine geben darf.

Der andere Junge kommt zu uns. »Wo bleibt meine Mutter?«, fragt er. Er würde sicher für die Einführung arbeitsfreier Nachmittage stimmen. Ich sage ihm, dass es nicht mehr lange dauern wird. Dass seine Mutter mit seiner Schwester zu Hause auf einen Handwerker wartet. Ich sehe auf mein Handy. 16:07 Uhr. »Wahrscheinlich ist sie schon auf dem Weg hierher«, sage ich und biete dem Jungen eine Brezel an. Er nimmt sie und setzt sich damit in den Sand unter das Klettergerüst. Jetzt will mein Sohn auch eine Brezel. Er beißt einmal ab, dann gibt er sie mir zurück. »Tika mag keine Brezel«, sagt er. Aha, denke ich.

Diese Spitzenpolitikerin war die erste, die in ihrer Amtszeit Mutter geworden ist. Mir hat sie aus dem Herzen gesprochen: Wie furchtbar, das eigene Baby acht Wochen nach der Geburt fremdbetreuen lassen zu müssen. Und dann noch keine Aussicht auf einen pünktlichen Feierabend zu haben. Umso überraschter war ich über Reaktionen aus meinem Umfeld. Ein Bekannter schimpfte, dass Politiker doch eh schon so viel Geld von ihm, dem Steuerzahler, bekämen. Da solle diese Politikerin wenigstens das Elterngeld sausen lassen, wenn sie schon alles andere hinten reingeschoben kriege. Und im Büro meckerte eine Kollegin, dass besagte Politikerin ganz schön faul sei, wenn sie nach fünf nicht mehr arbeiten wolle. Der habe ich dann einen Satz des Firmenchefs vorgesetzt, der eine Frauenquote für seine Führungsetage als erstes deutsches DAX-Unternehmen eingeführt hat: »Vielleicht sollten die Männer einfach mal diesen Quatsch lassen.«[7]

Weder der Bekannte noch die Kollegin haben verstanden, um was es der Politikerin geht. Nämlich um ein Arbeitsklima, in dem Zeit mit der Familie etwas ist, das wertgeschätzt wird. Das nicht einfach beiseitegeschoben wird, weil Termine, die den Arbeitgeber betreffen, vorrangig sind. Der Bekannte hat keine Kinder – wahrscheinlich hat er sich deswegen über die Politikerin aufgeregt. Weil es ihm so vorkommt, als würde ihm etwas weggenommen von seinem Stück des Staatskuchens, wenn Menschen Elternzeit nehmen. Und Elterngeld erhalten. Im Geheimen fände er vielleicht sogar eine Ausgleichszahlung angebracht, für Menschen, die keine Kinder haben, aber trotzdem gerne mal eine vom Staat finanzierte Auszeit nehmen möchten. Ich glaube auch, er hat nicht begriffen, dass Menschen kein Gehalt beziehen, während sie Elterngeld erhalten. Dass das Elterngeld keineswegs so hoch ist wie das Gehalt, sondern nur 65 bis 67 Prozent davon. Und dass man in der Zeit, in der man das Elterngeld als Lohnersatz bekommt, nicht im Urlaub ist, sondern sich Vollzeit um ein Kind kümmert.

Der Bekannte kennt das Wort »Solidarität« nicht, da bin ich mir sicher. Ähnlich wie die Kollegin, die die Politikerin als faul bezeichnet hat. Sie macht regelmäßig Überstunden. Ihr Engagement hat aber mehr mit ihrem Zeitmanagement als mit ihrem Fleiß zu tun: Sie steht mindestens einmal pro Stunde auf dem Balkon und raucht; holt sich rund acht Tassen Kaffee pro Tag aus der Teeküche und freut sich über jeden, den sie dabei in ein kleines Gespräch verwickeln kann. Ihre Mittagspause beginnt sie pünktlich und kombiniert sie gerne mit einem anschließenden Work-out im Pilates-Studio gegenüber. An sich ist es mir egal, wie die Kollegin es schafft, ihre Arbeit zu erledigen. Mir stinkt nur, dass sie ihr Modell als maßgebend nimmt.

Mein Handy piept. Bin um halb fünf da, schreibt die Kindergartenmutter. Mein Sohn greift nach meiner Hand. »Du sollst nicht telefonieren«, sagt er leise. Ich lege meine Arme um ihn. »Ist gut«, sage ich.

Ich glaube, viele wissen gar nicht, was für ein Aufwand es ist, Elterngeld oder Mutterschaftsgeld zu beantragen. Ich habe beides gemacht. Und musste beide Male warten und streiten und wieder warten. Habe mich gefühlt wie meine Mutter, die auch mit der Krankenkasse um Geld gestritten hat, nachdem mein Vater krank geworden war. Zuerst habe ich mich bei meiner Krankenkasse um Mutterschaftsgeld beworben.[8] Eine sogenannte besondere Leistung der gesetzlichen Krankenkasse für mich als berufstätige Frau: Für jeden Tag, den ich aufgrund der Schutzfrist – sechs Wochen vor der Entbindung und acht Wochen danach – nicht arbeiten konnte, sollte ich 13,00 Euro erhalten. Die Differenz zwischen diesen 13,00 Euro und meinem durchschnittlichen Nettogehalt der letzten drei Monate vor der Schutzfrist sollte mein Arbeitgeber bezahlen.

Der errechnete Geburtstermin meines Sohnes war der 10. März. Demnach begann meine Schutzfrist am 27. Januar und endete am 5. Mai. Ich habe das Attest über meinen mutmaßlichen Entbindungstermin wie von der Krankenkasse verlangt eine Woche vor Beginn der Schutzfrist bei meiner Frauenärztin geholt und an meine Krankenkasse geschickt. Nach der Entbindung habe ich noch eine Geburtsurkunde nachgesandt. Das Mutterschaftsgeld habe ich dann im Mai erhalten, am Ende der Schutzfrist.

Zwischen März und Mai habe ich immer wieder bei der Krankenkasse nachgefragt, telefonisch, per Mail und per

Brief, wo denn nun meine besondere Leistung bleibe und bekam zu hören »Der Vorgang ist in Bearbeitung«, »Es fehlen Unterlagen vom Arbeitgeber«, »Eine andere Stelle hat noch eine Nachfrage« usw. Ich wurde hingehalten. Und gleichzeitig mit anderen Informationen und Angeboten versorgt, etwa mit dem Hinweis, baldmöglichst zur Rückbildung zu gehen. Die Krankenkasse versprach, alle Kosten vollständig zu übernehmen. Ich habe dann einen entsprechenden Kurs besucht und die Quittung eingereicht – eine weitere Geldstreitbaustelle. Zuerst schrieb man mir auf meine Nachfrage, die Kosten würden nur übernommen, wenn ich ein Attest vorlege, das bestätige, ein Rückbildungskurs sei für mich aus gesundheitlichen Gründen notwendig. Als ich antwortete, die Krankenkasse selbst habe mich in die Rückbildungsgymnastik gedrängt, mit dem Versprechen der Kostenübernahme, bekam ich die Mitteilung, dass in meinem Fall eine einmalige Ausnahme gemacht werde. Die Kasse übernehme die Hälfte der Kosten für die Rückbildungsgymnastik.

Ich habe wegen der anderen Hälfte nicht weitergestritten. Schließlich musste ich ja noch auf das Mutterschaftsgeld warten. Und das Elterngeld – das erst ab dem Tag der Geburt beantragt werden kann. Und obwohl mein Mann und ich alle Unterlagen zusammenhatten und wir gut auf das Anforderungsprozedere vorbereitet waren, zehrte auch dieser Vorgang stark an meinen jungen Mutternerven. Gefühlt haben wir die Steuererklärungen der letzten fünf Jahre kopiert und zahlreiche Extrainformationen von der Schuhgröße meines Sohnes bis zur Farbe unseres Autos nachgereicht.

Wäre ich in dieser Zeit auf Mutterschaftsgeld und Elterngeld angewiesen gewesen, um Miete davon zu bezahlen oder die Windeln meines Neugeborenen, ich wäre verrückt geworden. Denn das letzte Gehalt hatte ich Anfang Februar erhalten, seitdem waren die Zahlungseingänge auf meinem Girokonto zum Stillstand gekommen. Ich konnte ab April meine Handyrechnung nicht mehr bezahlen, ohne meinen Mann anzupumpen. Und das hat mich neben dem ganzen Hickhack mit den Kassen auch wahnsinnig genervt. Ein Kind zu bekommen darf doch nicht bedeuten, finanziell ruiniert zu werden.

Da kommt die Kindergartenmutter. Noch eine Frau im Businessoutfit auf dem Spielplatz. Sie trägt zu ihrem Kostüm Pumps und schiebt ihre Tochter im Buggy erstaunlich trittsicher durch den Sand. Vielleicht lernt man das mit dem zweiten Kind. Ich winke ihr und zeige auf das Klettergerüst, unter dem ihr Sohn sitzt und die Brezel isst. Sie ruft ihn, er steht auf und läuft auf sie zu. Die Kindergartenmutter kommt zu mir und bedankt sich. »Wir müssen heim, der Handwerker«, sagt sie. Ich nicke. Immer im Stress. Immer zu wenig Zeit. Niemals Feierabend.

Und meiner Assistentin habe ich auch den Feierabend verdorben, denke ich dann. Denn aus Erfahrung weiß ich, dass die Druckerei den Proof nicht vor halb acht liefern wird – Extraaufträge dauern einfach extra lang. Ich habe sie nicht davor gewarnt. Weil die junge Kollegin kein Kind hat, das sie von der Krippe abholen muss. Weil sie keinen Mann hat, mit dem sie den Abend verbringen möchte. Halt, ich weiß überhaupt nicht, ob sie eine Beziehung hat. Geschweige denn, wer der Vater ihres Kindes ist, wenn das, was die Kaffeebecher und die Reiswaffeln heute angedeutet haben, stimmt.

Mein Sohn sitzt immer noch auf meinem Schoß. Ich fühle nach, ob sein Nacken oder seine Stirn heiß sind – doch seine Temperatur scheint völlig normal. Ich ziehe ihn näher an mich ran und flüstere in sein Ohr: »Wollen wir heimgehen?« Er nickt.

Wir kommen um 16:30 Uhr nach Hause, haben auf dem Heimweg noch im Supermarkt eingekauft. Die letzte Etappe will mein Sohn nicht mehr laufen, ich muss ihn tragen – und meine Tasche und zwei volle Einkaufstüten. Ich schnaufe schwer. Er ist aber sehr ruhig. Ich bin mir sicher, dass er krank wird.

Zu Hause sehe ich sofort, dass alles sauber ist, sogar die Spülmaschine hat die Putzfrau ausgeräumt. Das beruhigt mich. Ich ziehe dem Kleinen die Schuhe aus. Dann gehe ich mit ihm in die Küche und schenke ihm ein Glas Wasser ein. Während ich den Staubsauger hole, frage ich ihn, ob er Lust hat, mit mir eine DVD anzusehen. Er jubelt, aber sein Jubel ist matt. Nachdem ich die heute nur ziemlich kleine Sandspur zwischen Eingangstür und Kinderschuhen weggesaugt habe, setze ich mich mit meinem Kleinen aufs Sofa. Wir schauen eine Folge einer Kinderserie an. Schon bei der Hälfte sehe ich, dass seine Augen glasig sind. Ich fühle seine Stirn – er ist heiß. Ich ziehe ihm seinen Schlafanzug an und trage ihn ins Bett. Die gelbe Uhr zeigt erst kurz nach fünf – aber er protestiert nicht. Es scheint ihm wirklich schlecht zu gehen. Nicht mal den Plüschhasen will er haben. Ich messe Fieber: 38,9 Grad.

Ich koche Lindenblütentee und setze mich an sein Bett.

Er liegt unter der Decke und fragt nach meinem Mann. »Der Papa kommt bald«, sage ich. Mein Handy piept – Erinnerung: Ich ziehe die gelbe Uhr auf. Und dann klingelt es auch noch. Erst will ich den Anruf gar nicht entgegennehmen, schließlich braucht mein krankes Kind gerade meine Aufmerksamkeit. Dann fällt mir ein, dass ich die junge Kollegin um einen Rückruf gebeten habe, wenn der Kurier aus der Druckerei eintrifft.

Der Anruf kommt aus dem Büro, aber nicht von meiner Kollegin. Es ist die junge Grafikerin, die das Layout für die Broschüre gemacht hat. Sie klingt kleinlaut, hat ausnahmsweise keinen Kaugummi im Mund. Sie hat einen Fehler gemacht, das veraltete Logo eines Sponsors verwendet. Das ist ihr gerade aufgefallen. Ob ich da noch was ändern kann, will sie wissen. Mein Sohn hält meine Hand und stöhnt leise. Ich bitte sie, sofort das Logo auszutauschen und den geänderten Entwurf dann per Kurier und per Datenübertragung an die Druckerei zu senden. Ich rufe die Druckerei an und erkundige mich nach dem Status. Ich habe Glück – der Auftrag steht in der Warteschleife und ist für 17:30 Uhr angesetzt. Ich erkläre, dass es ein neues, aktualisiertes Layout gibt, das innerhalb der nächsten fünfzehn Minuten per Filetransfer und Kurier eintrifft. Und bitte darum, den Proof basierend auf dem neuen Entwurf anzufertigen. Schließlich rufe ich meine Assistentin an und sage, dass der Proof wohl erst gegen 19:30 Uhr kommt. Sie ist gelassen. Ich entschuldige mich trotzdem dafür, dass ich ihr Überstunden verschafft habe.

Dann lege ich das Handy beiseite. Mein Sohn ist eingeschlafen. Ich streichle seine Stirn und bemerke, dass ich hungrig bin. Kurz vor sechs. In der Küche mache ich mir ein belegtes Brot und schenke mir ein Glas Orangensaft ein. Ist es nur Fieber? Oder kommt jetzt eine der großen Kinderkrankheiten? Ich überlege kurz, ob ich im Kindergarten von einem Windpocken- oder Scharlachfall gehört habe. Mir fällt nichts ein, ich erinnere mich nur an ein Kind, das einen Gipsarm hat. Vielleicht ist es ja einfach nur Fieber, das morgen wieder weg ist. Ich versuche mich zu beruhigen, da fällt mir ein, dass ich neben der Sorge um meinen Sohn auch Sorge habe, weil ich auf meinem Krankentage-für-das-Kind-Konto nur noch einen Tag habe. Und dann denke ich an den Proof, den ich eigentlich morgen früh kontrollieren muss. Um die Broschüre rechtzeitig in Druck zu geben.

Vielleicht wäre es eine gute Idee, die Druckfreigabe von der jungen Kollegin machen zu lassen. Schließlich sitzt sie jetzt im leeren Büro und verbringt ihren Feierabend mit Warten auf einen Kurier. Ich könnte dem Vorgesetzten mitteilen, dass meine Assistentin die Sache mit meinem Einverständnis und vollstem Vertrauen … Ich ertappe mich wieder dabei, wie ich versuche, mich zu beruhigen. Mein Sohn stöhnt laut. Ich gehe ins Kinderzimmer.

Der Kleine schläft, wälzt sich aber unruhig hin und her. Ich messe noch einmal seine Temperatur. 39,5 °C. Ich streichle seine heiße Stirn und bleibe neben ihm sitzen. »Tika«, flüstere ich, »alles wird gut.« Ans Büro denke ich dabei auch. Nach ein paar Minuten gehe ich ins Bad und starte die Waschmaschine.

Um 19:46 Uhr ruft die junge Kollegin an. Der Proof ist da, mit neuem Logo und den richtigen Farben. Ich bedanke mich bei ihr und kündige an, dass ich voraussichtlich am nächsten Tag nicht ins Büro kommen werde. »Mein Sohn hat hohes Fieber«, sage ich und verspreche, ihr am kommenden Morgen frühzeitig Bescheid zu geben. Tatsächlich habe ich gerade noch ein drittes Mal Temperatur gemessen: 39,2 °C.

Ich kenne einige Leute, die ihre Kinder vorschieben, wenn sie zu faul oder zu feig sind, die Wahrheit zu sagen. Sind sie zu müde, um abends noch auf ein Bierchen auszugehen, sagen sie die Verabredung mit der Begründung, ihr Kind will nicht einschlafen, sie finden keinen Babysitter oder das Kleine hat plötzlich Fieber gekriegt, ab. Natürlich gibt es immer Tage, an denen Kinder nicht einschlafen wollen oder überraschend krank werden. Auch Babysitter gibt es nicht wie Sand am Meer. Um ein richtig gutes Gefühl beim Ausgehen zu haben, ist es mir auch am liebsten, mein Mann oder meine Mutter sind bei unserem Sohn. Und dennoch finde ich es falsch, ein Kind als praktisches Mittel für die eigene Befindlichkeit vorzugeben. Das stört mich auch an Situationen, die ich gerne mit Small Talk 2.0 betitle: Manche Leute können nur über ihre Kinder sprechen. Haben sie früher über das Wetter geschimpft, sind sie heute auf Schlafgewohnheiten oder Windelgeschichten fixiert. Andere Themen gibt es nicht für sie.

Ich kontrolliere noch mal meinen Handykalender, den ich heute mit dem Jobkalender synchronisiert habe. Wenn ich morgen nicht arbeiten gehe, ist das zwar schlimm, aber keine Katastrophe. Zwei Dinge muss ich koordinieren, nämlich den Druck der Broschüre und die Präsentation für den Vorgesetzten. Ich klicke weiter im Kalender bis zum Familienurlaub. Elba, Ferien, Sonne – noch in weiter Ferne. Die Waschmaschine ist fertig. Ich räume die Wäsche in den Trockner und starte das Programm Schnelltrocken. Dann setze ich mich wieder ans Bett meines Sohnes.

Um kurz nach acht kommt mein Mann nach Hause. Wir setzen uns gemeinsam an den Küchentisch. Er ist gut gelaunt und schlägt vor, ein Glas Wein zu trinken. Ich merke gleich, dass er große Neuigkeiten hat: Das Familienauto, eine neue energiesparende Limousine mit viel Platz, an dessen Entwicklung er seit langem mitarbeitet, steht kurz vor der Fertigung. Der Bereich meines Mannes ist die Entwicklung des Interieurs. Und heute kam die Nachricht, dass der Prototyp des Wagens schon in der nächsten Woche in den USA vorgestellt werden soll. Mein Mann soll dabei sein. »Mein Chef hat meine Arbeit der letzten Monate sehr gelobt«, sagt mein Mann. So sehr, dass er ihm nach Abschluss der Arbeit am Familienauto einen neuen Verantwortungsbereich übergeben möchte. Er freut sich. »Eine Beförderung«, sage ich und freue mich auch. Wir stoßen an.

Aber eigentlich freue ich mich nicht. Denn ich habe natürlich auch bemerkt, dass er in den letzten Monaten sehr gut gearbeitet hat. Weil er häufig später nach Hause gekommen ist. Weil er oft so früh aus dem Haus musste, dass er unseren Sohn nicht in den Kindergarten bringen konnte. Obwohl wir uns von Anfang an darauf geeinigt haben, dass es Papa-Hinbring-Tage – der Kleine nennt sie Autotage – und Mama-Hinbring-Tage gibt; sind doch alle Tage schon Mama-Abhol-Tage. Nun kommt noch eine einwöchige Reise in die USA hinzu.

Es ist die erste Dienstreise, die mein Mann seit der Geburt unseres Kindes antreten muss – und will. Er spricht von seiner großen Chance, erklärt, dass er seinem erzkonservativen Chef zeigen möchte, dass er für die Firma verreisen kann. Dass seine Familie kein Hindernis ist. Dabei spekuliert er nicht auf eine Beförderung. Sondern auf die Möglichkeit, Kontakte zu knüpfen, um in eine andere Abteilung zu wechseln, weg von seinem Vorgesetzten, für den Frauen nur Sekretärinnen und Ehegattinnen sind. »Ich soll dich übrigens herzlich von ihm grüßen«, sagt mein Mann ein wenig bitter. »Du kannst stolz auf mich sein, soll ich dir bestellen.« »Das bin ich. Auch ohne Befehl deines Chefs«, sage ich. Ich freue mich wirklich für meinen Mann. Aber ich sorge mich darum, was diese Neuigkeit, diese Reise, diese Beförderung mit unserer Familie macht. Gerade weil mein Mann und ich alles so sorgfältig organisiert haben, ist es schwierig, unsere Alltagsstruktur über den Haufen zu werfen.

Natürlich kann ich unseren Sohn eine Woche lang allein zum Kindergarten bringen. Nur bin ich mir nicht sicher, ob ich das auch möchte. Vielleicht kann ich aus egoistischen Gründen gerade keine reine Freude empfinden. Ich denke an eine Studie über die Veränderung des Alltagslebens von Paaren.* Dass es nach der Heirat weniger Gleichberechtigung in Sachen »Wer kümmert sich um den Haus-

* Die Studie *Effects of Union Type on Division of Household Labor: Do Cohabiting Men Really Perform More Housework?* der Soziologin Shannon Davis u. a. von 2007 zeigt, dass verheiratete Männer weniger im Haushalt helfen als Männer, die mit ihrer Partnerin ohne Trauschein zusammenleben. Das gilt auch für die Paare, die sich Hausarbeit vor der Ehe noch gleichberechtigt aufgeteilt haben.

halt?« gibt – weil die frischgebackenen Ehemänner nach dem Jawort angeblich weniger anpacken. Ich frage mich, ob es auch eine Studie gibt, die belegt, dass es nach einer Beförderung des Mannes weniger Gleichberechtigung in Sachen »Wer kümmert sich ums Kind?« gibt – weil die Ehemänner dann, wenn sie mehr Verantwortung und Anerkennung im Büro bekommen, in ihrem Zuhause gerne Verantwortung und Anerkennung abgeben.

Ich bin eine schlechte Partnerin, denke ich. Und weil ich nicht auch noch eine schlechte Mutter sein will, gehe ich ins Kinderzimmer. Die gelbe Uhr zeigt Viertel vor neun. Mein Sohn schläft. Er hat die Decke weggeschoben und ist immer noch heiß. Vorsichtig messe ich seine Temperatur. 39,1 °C. Ich decke seine Füße zu, gehe wieder in die Küche und erzähle meinem Mann von dem Fieber. »Warum hast du das nicht gleich gesagt?«, fragt er vorwurfsvoll. Er geht ins Kinderzimmer und kommt mit besorgtem Blick zurück. »Er ist wirklich heiß«, sagt er. »Hoffentlich ist es nichts Schlimmes, vor allem, weil ich doch wegmuss nächste Woche.«

Mein Mann weiß genau, was ich denke, nämlich dass er doch bitte bleiben soll, weil es jetzt schon schlimm ist. Dass ich es natürlich allein schaffen kann, ob Fieber oder Windpocken-Scharlach-Mumps, dass ich das aber nicht will. Er beruhigt mich. »Er hat nur Fieber. Wir schauen einfach, wie es weitergeht. Und natürlich kann ich die USA-Reise noch absagen.« Ich sage ihm, dass ich seine gute Laune nicht verderben wollte und dass ich deshalb nicht gleich vom Fieber gesprochen habe. Dass ich ihn nicht damit überfallen wollte. Er lächelt.

Vielleicht gibt es diese Verantwortungs- und Anerkennungsstudie. Das heißt aber nicht, dass mein Mann den Ergebnissen dieser Studien entspricht. Ich gähne. Und bitte meinen Mann, die erste Schicht am Krankenbett zu übernehmen. Auf dem Weg ins Bad komme ich an meiner Tasche vorbei: Das inzwischen ziemlich zerdrückte Schokoladencroissant werfe ich mit der angebissenen Brezel in den Abfall. Und den Zettel, der heute im Garderobenfach meines Sohns gelegen hat, lese ich beim Zähneputzen.

Es ist eine Ankündigung: Am nächsten Montag ist der Kindergarten wegen eines Streiks geschlossen. Es geht um höhere Löhne für Erziehungsarbeit, etwas, das, so die Formulierung der Kindergartenleitung, sicher alle Eltern nachvollziehen und gutheißen können. Für den Ausfalltag wird um Verständnis gebeten.

Ich spucke Zahnpastaschaum ins Waschbecken. Gegen elf schaue ich noch einmal nach meinem Sohn und gehe dann ins Bett. Ich schlafe sofort ein.

MITTWOCH

Es ist halb sechs. Ich trinke Kaffee, weil ich müde bin, aber nicht mehr schlafen kann. Die zweite Schicht am Bett meines fiebernden Sohns hat in der Nacht um halb drei begonnen: Ich habe lauwarme Wadenwickel gemacht, ihm die Hand gehalten und ihn frisch angezogen, so durchgeschwitzt war er. Danach habe ich ihm fiebersenkenden Saft verabreicht. Der Kleine schläft seitdem, das Fieber ist auch gesunken. Ich sitze mit meiner Tasse an seinem Bett. Als ich wieder auf die gelbe Uhr schaue, ist es kurz vor sechs, ich bin immer noch müde, entscheide mich aber dagegen, mich noch mal hinzulegen.

In Nachthemd und Bademantel hole ich die Zeitung aus dem Briefkasten und blättere darin am Küchentisch zu meiner zweiten Tasse Kaffee. Seit sieben Jahren arbeite ich jetzt für das große Medienhaus – das hat Spuren hinterlassen. Ich konsumiere mehr Zeitungen, Zeitschriften und Magazine pro Tag, als ich Tassen Kaffee trinke. Bei einem Interview mit einer Gewerkschaftssprecherin bleibe ich hängen. Nicht nur in unserem Kindergarten wird nächste Woche protestiert. Der Streik am kommenden Montag ist Teil einer landesweiten Demonstration gegen die Herabwürdigung der Erziehungsarbeit durch niedrige Löhne, lese ich. Es geht natürlich um mehr Geld. Es geht aber auch um besseren Gesundheitsschutz. Das kann ich gut verstehen. Es ist erstaunlich, dass die Erzieherinnen so selten krank sind, viel seltener als die Kinder. Auf kleinen Stühlen an niedrigen Tischen zu sitzen, ständigem Geschrei ausgeliefert zu sein, Kinder tragen zu müssen: Dieser Arbeitsalltag muss anstrengend sein. Besonders, wenn die Kinder klein sind. So wie meins.

Obwohl das Fieber in der Nacht einmal bis auf 40,2 °C gestiegen ist, bin ich gerade ganz ruhig. Mein Sohn schläft und wird sicher über die Infektion, die ich hinter dem Fieber vermute, hinwegkommen. Er hatte schon öfter einen Tag Fieber, hohes Fieber, ohne böse Folgen. Irgendwie bin ich sogar froh, dass er Fieber hat – ich stelle mir vor, wie alle Keime und Viren, die ihn angreifen und schwächen wollen, in einen großen Backofen gesteckt werden und verbrennen.

Was mir in der durchwachten Nacht immer wieder durch den Kopf gegangen ist, ist die Broschüre, die heute in Druck gehen muss. Ich werde die junge Kollegin gegen acht Uhr anrufen und ihr genaue Anweisungen geben. Gegen neun Uhr werde ich den Vorgesetzten anrufen und ihm erklären, dass ich das Projekt an meine Assistentin abgegeben habe. Und dann rufe ich in der Druckerei an und nenne dort die junge Kollegin als Ansprechpartnerin für diesen einen Auftrag. Hoffentlich schläft der Kleine noch länger und lässt mich die ganzen Telefonate führen, denke ich.

Neben dem Büro muss ich in der Kinderarztpraxis anrufen und einen Termin vereinbaren. Eigentlich ist es nicht nötig, dass mein Sohn untersucht wird. Aber ich brauche das Attest, um es im Büro vorzulegen. Heute ist der zehnte Tag, den ich in diesem Jahr nicht zur Arbeit gehe, sondern mich um mein krankes Kind kümmere. Übrig bleiben noch die zehn Tage, die mein Mann in Anspruch nehmen kann.

Ich nehme mein Handy und überprüfe schnell den Kalender. Es steht nichts Besonderes an, weder hier zu Hause noch im Büro. Morgen der Termin bei der Friseurin, da kommt meine Mutter zum Babysitten. Vielleicht kann sie auch mal im Krankheitsfall kommen. Gerade wenn die Krankheit eigentlich überwunden ist und nur noch ein letzter Tag Schonung angesagt ist, könnte sie einspringen. Ich kann mich nicht mehr daran erinnern, ob sich immer meine Mutter oder auch mal mein Vater um mich gekümmert hat, wenn ich krank war. Andererseits bin ich auch erst mit fünf für ein Jahr in einen Kindergarten gegangen, der damals neu eröffnet worden war. Und als ich auf die Grundschule kam, hat meine Mutter zwar in der Gemeindebücherei gearbeitet, aber nur wenige Stunden am Tag. Es gab keine Hortplätze, und die Schule endete meistens schon um zwölf – da war ein Vollzeitjob für meine Mutter nicht drin. Mein Vater hatte den Vollzeitjob, ohne Kinderbetreuungsproblematik. Natürlich lebten auch meine Eltern nach der klassischen Rollenverteilung des männlichen Versorgers, die in den Achtzigerjahren noch sehr verbreitet war. Nur vom Ehegattensplitting profitierten meine Eltern nicht. Weil sie ja nie geheiratet haben.

Ich trinke den letzten Schluck Kaffee. Meine Eltern waren anders als die meiner Klassenkameraden. Das hat mich manchmal ganz schön gestört. Als ich vierzehn, fünfzehn war, hat meine Mutter wieder mehr in der Bücherei gearbeitet – ich musste dann oft bei meiner Schulfreundin zu Mittag essen. Manchmal bin ich auch zu den Nachbarn gegangen. Ich glaube, meine Mutter war damals ziemlich froh, mehr arbeiten zu können, mehr Freiraum zu haben. Aber ich mochte es nicht so gern, als Gast am Tisch einer anderen Familie zu sitzen. Ich kam mir so exotisch vor: Die anderen Mütter arbeiteten nicht und waren mit den Vätern meiner Klassenkameraden verheiratet. Ein Name stand auf allen Klingelschildern, nicht zwei wie bei uns. Und in den meisten Familien gab es zwei oder drei Kinder – ich glaube, auf der Grundschule war ich das einzige Einzelkind in meiner Klasse.

Im Schlafzimmer klingelt der Wecker, Viertel vor sieben. Mein Mann kommt in die Küche und sieht müde aus. Er fragt nach Kaffee und wie es unserem Kind geht und mir. Dann verschwindet er im Bad. Ich blättere in einem Magazin und lese, was Musikerinnen eines renommierten deutschen Orchesters über die Vereinbarkeit von Kindern und Karriere erzählen.[9] Eine Violinistin, die ihre Kinder allein erzieht, beschreibt ihre halbe Stelle beim Orchester als Segen, denn nur so konnte sie Kinder und Beruf unter einen Hut bringen. Und dann sagt sie etwas, das ich absolut unterstreichen möchte: Die Teilzeitstelle hat noch einen schönen Nebeneffekt – weil sie nur halb so viel arbeitet, freut sie sich wirklich auf jede Probe und auf jedes Konzert. Zwar spiele ich in meinem Büro kein Instrument, doch neben der größeren Effizienz, die ich mir beim Arbeiten angewöhnt habe, freue ich mich auch mehr an der Arbeit. Na ja, wenn es gut läuft, nicht, wenn es hakt.

Ich gähne. Und denke, dass ich ja nun Zeit hätte, um in Ruhe Wäsche zusammenzulegen, mal wieder einen Bettbezug zu bügeln oder einen Kuchen zu backen. Immer mehr fällt mir ein, was ich tun könnte, und ich muss über mich selbst lachen, so absurd sind meine Ideen: vom Fahrradputzen – schlecht, weil nicht in der Wohnung möglich – über meiner-müden-Gesichtshaut-eine-Feuchtigkeitsmaske-spendieren – problematisch, weil ich keine Pflegepackung dahabe –, bis zur Vorhangstange im Bad, die dringend neu verdübelt werden muss – schwierig, weil sehr lärmintensiv. Doch wirklich geschenkt ist die Zeit, die man mit der Pflege und Betreuung seines kranken Kindes verbringt, nicht.

Ich kürze meine Liste radikal und räume den Wäschetrockner aus. Dann ziehe ich mich an und gehe leise ins Kinderzimmer. Mein Sohn schläft tief, ich fühle seine Stirn, sie ist nicht mehr heiß. Ich kippe das Fenster und gehe wieder in die Küche. Sieben Uhr – ich habe Lust auf ein Frühstücksei. Bis das Wasser kocht, lese ich auf meinem Laptop die E-Mails, die ich seit gestern Nacht an meine Büroadresse erhalten habe. Ein paar Newsletter, das Angebot eines Fotografen, sonst nichts. Ich aktiviere meine automatische Abwesenheitsnachricht – und formuliere sie so, dass ich ab morgen wieder im Büro erreichbar bin. Dann schalte ich den Computer aus und setze mich an den Küchentisch: Frühstück mit meinem Mann – heute ohne unseren Sohn.

Mein Mann erzählt von seiner Arbeit. Er ist immer noch

voller Vorfreude wegen der USA-Reise und den Möglichkeiten, die ihm eine Beförderung bringen. Während ich eher praktische Dinge erwähne wie weniger Zeit und mehr Geld, schwärmt mein Mann davon, sich neuen Herausforderungen stellen zu können. Und ein Arbeitsumfeld zu verlassen, das fürchterlich konservativ ist. »Der Chef ist der strenge Vater, wir tun, was er sagt. Und wenn ich mal nicht seiner Meinung bin, sage ich das am besten gar nicht. Er akzeptiert sowieso nur das, was er denkt. Mir bleibt in einem solchen Fall lediglich die Wahl zwischen tun, was er sagt, und schlechte Laune haben, weil er meine Alternativvorschläge abgewiesen hat. Oder einfach nur tun, was er sagt.«

Ich bin überrascht. Mein Mann arbeitet schon seit fast zehn Jahren für den Automobilkonzern, er hat als Werkstudent angefangen und wurde nach dem Diplom übernommen. Die Entwicklungsabteilung, in der er heute ist, war immer seine Wunschabteilung. Weil dort noch Visionen existierten, wie er früher schwärmte. Dass am Heimatort der Visionen die Stimmung am konservativsten ist, finden wir beide erschreckend und überraschend zugleich. »Du könntest auch versuchen, selbst Chef der Entwicklungsabteilung zu werden«, sage ich mehr im Spaß. Mein Mann wird ernst. »Darüber habe ich auch mal nachgedacht, schließlich hat mein Chef nur noch drei Jahre bis zur Rente. Aber dann wäre ich nie mehr zu Hause.«

Er muss los. Ich bringe ihn zur Tür. Ein komisches Gefühl, an einem Mittwoch nicht hetzen zu müssen. Gut, dass ich heute nicht auf den Aufzug warten muss, denke ich und räume das Frühstücksgeschirr in die Spülmaschine.

8:03 Uhr, ich rufe die junge Kollegin an. Sie klingt müde. Ich sage ihr, dass ich heute nicht ins Büro kommen werde. »Dann weiß ich Bescheid«, sagt sie, und dann unterbreche ich sie auch schon, bitte sie, den Proof mit dem Vorgesetzten zu bespechen und dann der Druckerei das *Go* für den Auftrag zu geben. Ich nenne ihr noch einmal den Ansprechpartner in der Druckerei und kündige auch an, dass ich den Vorgesetzten gegen neun persönlich informieren werde. Und dass sie erst dann mit dem Proof zu ihm gehen soll. »In Ordnung«, sagt sie.

Etwas unvermittelt frage ich sie dann, wie es ihr sonst so gehe. Ob ihr noch schlecht sei. Sie antwortet nicht gleich, sondern braucht einen Moment, um mit ihrer Antwort zu beginnen. Während sie erklärt, dass sie darüber eh schon mit mir sprechen wollte, höre ich meinen Sohn, der nach mir ruft. Ich würge das Gespräch ab und gehe ohne Telefon in sein Zimmer.

Mein Kleiner sitzt im Bett und reibt sich die Augen. Er fragt, wo ich war. Und kuschelt sich in meinen Arm. Essen will er nichts, aber einen warmen Kakao trinken. Mir fällt ein, dass ich dem Kindergarten auch Bescheid geben muss.

Die gelbe Uhr zeigt Viertel nach acht an. Während die Milch warm wird, rufe ich im Kindergarten an. Mein Sohn sei nicht der Einzige mit Fieber, eine andere Mutter habe ihr krankes Kind auch schon entschuldigt, sagt die Leitung und wünscht gute Besserung. Dann erinnert sie mich noch an den Elternabend, der am kommenden Tag im Kindergarten stattfindet. »Es wäre schön, wenn Sie oder Ihr Mann vorbeischauen könnten«, sagt sie. »Oder Sie beide.« Der Elternabend. Den hatte ich ganz vergessen. Zweimal im Jahr findet ein Elternabend im Kindergarten statt. Den letzten im Herbst hat mein Mann übernommen, den jetzt, im Frühling, wollte ich besuchen. »Einer von uns beiden wird sicher kommen«, sage ich.

Ich beende das Telefonat und bringe meinem Sohn den Kakao ans Bett. Er liegt auf dem Rücken und schaut an die Decke, mit glasigen Augen. Ich helfe ihm, sich aufzusetzen, und fühle seine Stirn. Er ist nicht heiß, aber verschwitzt. Er trinkt ein paar Schlucke Kakao, dann will er wieder liegen. Ich hole ein frisches Unterhemd, ein langärmliges T-Shirt, eine Unterhose und eine weiche Hose aus dem Schrank und wechsle seine Kleidung.

Ich überlege, in welcher Reihenfolge ich die beiden nächsten Telefonate führen soll. Meinen Vorgesetzten erreiche ich ab neun Uhr. Die Kinderarztpraxis ist auch ab neun geöffnet. Beim Arzt rufen erfahrungsgemäß alle Eltern mit kranken Kindern gleich in der Früh an, deswegen dauert es immer, bis man durchkommt. Dann kann es aber sein, dass wir sofort einen Termin bekommen und schnell losmüssen. Das Telefon meines Vorgesetzten ist nicht dauerbelegt, außerdem hat er ja auch das Sekretariat vorgeschaltet. Andererseits muss er vielleicht schon früh zu einem Termin und ist erst später persönlich zu erreichen.

Ich setze mich ans Bett meines Sohnes und streichle seine Hand. »Tika ist krank«, sagt er. Er trinkt noch mehr Kakao. Ich messe seine Temperatur, 38,7 °C. Er schmiegt sich wieder an mich und schließt die Augen. Ob es nun das Fieber ist oder die unruhige Nacht: Es geht ihm wirklich nicht gut.

Gegen neun sitze ich immer noch an Tikas Bett und

wähle die Nummer meines Vorgesetzten. Die Sekretärin ist am Apparat. Der Vorgesetzte ist noch nicht im Haus, wird aber jeden Moment erwartet. Und um Viertel nach neun hat er eine Telefonkonferenz. Zwischen neun und Viertel nach könnte ich ihn aber gut erreichen, meint die Sekretärin. Sie verspricht, ihm auszurichten, dass ich angerufen habe. Dann wähle ich die Nummer der Kinderarztpraxis. Der Anrufbeantworter springt an und leiert die Sprechzeiten herunter: Montag bis Freitag 9–12 und 15–18 Uhr. Ich versuche es eine Minute später noch einmal beim Kinderarzt und habe wieder kein Glück: belegt. Also doch zuerst das Büro.

Um 9:01 Uhr wähle ich die Nummer meines Vorgesetzten, die Sekretärin stellt mich durch. Gut gelaunt begrüßt mich mein Chef. »Ich muss Sie mal was fragen: Woran erkennt man, dass sich ein Mann Gedanken über die Zukunft macht?« Ich schweige. »Er kauft zwei Kisten Bier!« Er lacht kurz, doch ich merke, dass seine Stimmung ein wenig kippt. »Sie sind ja gar nicht da«, sagt er. »Gibt's Ärger in der Druckerei?« An dieser Stelle fühle ich mich, als hätte ich einen Boxkampf verloren, ohne überhaupt in den Ring gestiegen zu sein. Ich erkläre, dass die Druckerei bereits gestern Abend den neuen Proof geschickt hat, dass der Proof der Abteilung vorliegt und vorbildlich ist. »Gefällt er Ihnen denn?«, unterbricht er mich. Ich muss zugeben, dass ich den Proof nicht gesehen habe, und versuche zu erklären, dass meine Assistentin alles übernimmt und fristgerecht zu Ende bringen wird, zu aller Zufriedenheit. »Und warum machen Sie das nicht? Ist doch schließlich Ihr Projekt!«, poltert der Vorgesetzte. Ich hole tief Luft.

»Mein Sohn hat seit gestern hohes Fieber. Wir müssen zum Arzt, ich hoffe, dass es nichts Ernstes ist«, sage ich und versuche sachlich zu klingen. Mitleid will ich nicht. Eigentlich noch nicht mal Verständnis. Ich will nur Akzeptanz haben für eine Situation, in die alle geraten können. Menschen werden krank, egal, wie alt sie sind.

Der Vorgesetzte reagiert sehr professionell. »Aha«, sagt er. »Dann können wir an dieser Stelle Schluss machen. Ich warte auf Nachricht von Ihrer Assistentin.« Er beendet das Gespräch. Ich habe Schweißflecken unter den Armen und eiskalte Hände. Mein Sohn liegt ganz still in seinem Bett. Seine Augen sind weit offen. Er atmet ruhig. Ich wähle die Nummer der jungen Kollegin und gebe ihr kurz Bescheid. »Ruf an, wenn du Unterstützung brauchst«, sage ich. »Und wenn es irgendwo Ärger gibt, sag, ich sei verantwortlich.« Ich lege auf und wähle ihre Nummer sofort noch einmal. »Wenn die Druckerei etwas wegen Extrakosten sagt – lass dich auf nichts ein. Beruf dich auf meine Verantwortung.« Sie verspricht, meinen Anweisungen zu folgen und mich auf dem Laufenden zu halten.

Jetzt ist es schon zehn nach neun. Ich wähle die Nummer der Kinderarztpraxis und komme endlich durch. »Sie können gleich vorbeikommen, ich habe um 9:30 Uhr noch einen Termin frei«, sagt die Sprechstundenhilfe. »Wenn Sie später kommen, müssen Sie warten.«

Also doch hetzen. Die Praxis liegt zwei U-Bahn-Stationen entfernt, pünktlich sind wir nur, wenn wir das Fahrrad nehmen. Ich ziehe meinem Sohn Schuhe, Mütze und Jacke an und nehme ihn auf den Arm. Meine Tasche hängt seit gestern Abend an der Garderobe, ich schlüpfe in meine

Schuhe, nehme meine Jacke und verlasse die Wohnung, mein Kind auf dem Arm.

Das Fahrrad steht im Hof. Ich setze meinen Sohn auf den Kindersitz und schiebe das Fahrrad durch die Einfahrt. Der vordere Reifen ist fast platt. Ich lehne das Fahrrad an die Wand, halte es mit der einen Hand fest und löse mit der anderen die Luftpumpe aus der Halterung. Es gelingt mir, das Rad festzuhalten und gleichzeitig Luft in den Vorderreifen zu pumpen. Dabei gerate ich wieder ins Schwitzen. Ich stecke die Luftpumpe in die Tasche und fahre los. »Bis du noch da?«, frage ich meinen Sohn und greife mit der linken Hand nach hinten, um zu fühlen, ob er sicher sitzt. Er sitzt sicher. Antwortet aber nicht.

Wir fahren die Straße entlang. Die Uhr vor der Apotheke zeigt 9:20 Uhr. Ich trete schneller, biege ab, schlängle mich an einem Lieferwagen vorbei, der auf dem Radweg parkt, und überfahre dann eine rote Ampel. Natürlich habe ich vorher genau geschaut, ob der Verkehr das zulässt. Kein Auto weit und breit – aber ein alter Mann auf einem Fahrrad, der an der Ampel wartet und mich anpöbelt: »Bei Rot darf man nicht fahren! Und dann noch mit einem Kind!« Wegen eines Kindes, denke ich mir, das wäre passender. Ich würde trotzdem am liebsten im Erdboden versinken, löschen und »Zurückspulen« drücken auf dem Rekorder meines Lebens. Gleichzeitig habe ich das Bedürfnis, den alten Mann vom Fahrrad zu zerren und ihm zu erklären, wie hektisch mein Leben ist und dass ich manchmal einfach keine Zeit habe zu warten, bis eine Ampel auf Grün springt. Stattdessen fahre ich weiter, noch einmal abbiegen und wir sind da. 9:27 Uhr. Mein Sohn sitzt friedlich in seinem Fahrradsitz. Die Fahrt hat ihm gefallen, sagt er, weil wir so schnell waren.

Die Arztpraxis ist bereits gut gefüllt. Im Wartezimmer für die kleinen Kinder droht irgendeine Ansteckungsgefahr. Deswegen schickt uns die Sprechstundenhilfe ins Wartezimmer für die großen Kinder. Hier sitzen viele Mütter und viele Kinder, es wird geschnieft und gehustet und leise gesprochen. Neben dem einzigen Mann ist noch ein Stuhl frei. Ich nicke dem Mann zu, setze mich und nehme meinen Sohn auf den Schoß. Ich ziehe dem Kleinen die Jacke aus. Es ist heiß im Wartezimmer, richtig stickig.

Ich fühle die Stirn meines Kindes. Er ist warm, aber nicht fiebrig. Er hat schon eine ganze Weile nicht mehr gehustet. Ich stelle mein Handy lautlos. »Bei Ihnen ist aber wirklich jemand krank«, sagt der Mann auf dem Stuhl neben mir. »Ja, mein Sohn hat seit gestern Fieber«, sage ich und streiche dem Kleinen das Haar aus der Stirn. »Wir sind heute nur zur Masern-Mumps-Röteln-Impfung hier«, sagt der Mann und zeigt auf das kleine Mädchen, das dicht neben dem Zeitschriftentisch steht und den Arm nach einem Bilderbuch ausstreckt. »Sie ist elf Monate alt und kann schon laufen, an meiner Hand.« Er sieht meinen Sohn an. »Ist das Fieber so hoch, dass Sie zum Arzt müssen?« Ich schüttle den Kopf. »Nein, aber ohne Attest bekomme ich Ärger im Büro.« Er nickt. »Das kenne ich. Obwohl, eigentlich kenne ich es nicht. Ich bin in Elternzeit, schon seit drei Monaten. Insgesamt mache ich sechs Monate Elternzeit – und an meine Arbeit denke ich gar nicht mehr.«

Der Mann ist mir nicht unsympathisch. Obwohl ich Small-Talk-Gespräche meistens kurz halte, weil sie schlimme Zeitfresser sind, frage ich ihn, ob seine Frau jetzt arbeiten geht. Weil sie mich interessiert, diese andere Aufteilung der Elternzeit. Und weil ich gerade eh nichts tun kann, außer zu warten. Der Mann sagt, dass seine Frau Vollzeit in einem kleinen Unternehmen arbeitet. Dass ihr der Abschied vom Kind schwergefallen ist, auch, weil sie nach acht Monaten sehr schnell abstillen musste und Angst hatte, dass ihre Tochter darunter leidet. »Aber ihr geht's ganz wunderbar, meiner kleinen Tochter«, strahlt der Mann. Er berichtet stolz, dass sie, wenn sie weint, jetzt immer erst nach dem Papa, dann nach der Mama ruft.

Ich lächle. Und stelle fest, dass mir eine solche Rufrangordnung nicht recht wäre. Wir warten nun schon seit zehn Minuten. Der Mann erzählt, dass er Einsicht in eine Welt erhalten hat, die den meisten Männern verborgen ist. »Angeblich wollen viele Männer nicht den ganzen Tag mit einem kleinen Kind verbringen. Ich glaube, das liegt daran, dass sie sich nicht vorstellen können, was das eigentlich bedeutet. Sie denken nur an das, was sie abends von ihren müden Frauen hören: Das Kind hat sich eingeschissen bis zum Hals, wollte keinen Mittagsschlaf machen oder hat an der Supermarktkasse eine Riesenszene wegen irgendwelcher Süßigkeiten gemacht. Inzwischen weiß ich, wie es wirklich ist. Und ich unterstelle den Frauen, dass sie diese wunderbare Welt des Wachsens und Entwickelns nicht teilen wollen. Deshalb verkaufen sie uns Männern den Alltag mit einem Kind unter Wert: Reduziert auf Windeln und Weinen wirkt das so furchtbar, dass wir lieber dankend ablehnen.«

Richtig sympathisch ist mir der Mann jetzt doch nicht, vor allem wenn er von »uns Männern« spricht. Aber er hat nicht unrecht mit seinen Beobachtungen: Die innige Verbundenheit mit dem eigenen Kind hergeben, das ist mir auch nicht leichtgefallen, als meine Rückkehr ins Berufsleben bevorstand. Und gerade dieses Jammern über Schlafmangel und Windelnwechseln ist schon ziemlich typisch für Mütter mit kleinen Kindern. Oft sagen sie gar nichts über das große Glück, das ein Kind uns beschert. Dann kenne ich aber auch viele Paare, die vor der Geburt ihres Kindes auf einer gleichberechtigten Aufteilung von Windeln und Weinen bestanden haben. Ist das Kind dann da, steht aber trotzdem die Frau nachts auf. Und erklärt, dass der Mann seinen Schlaf braucht – er muss ja am nächsten Morgen ausgeruht ins Büroleben gehen. Dass eine Frau auch ausgeruht ins Mutterleben gehen muss, fällt dabei unter den Tisch. Oder dass eine Mutter auch ein Büroleben hat. Oder haben könnte.

Ich überprüfe kurz mein eigenes Leben. Heute Morgen waren wir beide müde: Mein Mann hat bis halb drei am Bett unseres kranken Sohns gesessen, ich danach. Viel Schlaf haben wir alle nicht bekommen in dieser Nacht. Aber in Sachen Elternzeit haben wir es so gemacht wie die meisten Familien: Zwölf Monate war ich zu Hause, zwei Monate mein Mann. Immerhin hat er überhaupt Elternzeit genommen. Und jetzt sitze ich in der Kinderarztpraxis mit dem kranken Tika und verpasse einen Tag meiner Teilzeitarbeit.

»Wissen Sie, ich habe mir nicht vorstellen können, wie schön das ist, den Tag ganz nach dem Tempo meiner Tochter abzustimmen. Wir stehen auf, wenn sie wach wird, nicht wenn der Wecker klingelt. Wir gehen so schnell zum Spielplatz, wie sie möchte – oder so langsam. Das ist für mich eine völlig neue Erfahrung.« Ich kann den Mann verstehen. Zeit ist das eigentliche Handicap meines Lebens, weil mein Tag nach einem Stundenplan ausgerichtet ist, den mein Kind nicht kennt. Oder akzeptiert.

Mein Sohn klettert von meinem Schoß auf den Boden und kramt in der Lego-Kiste. Es geht ihm wohl etwas besser. Das erleichtert mich – die heiße, stickige Luft im Wartezimmer hätte auch eine Verschlechterung bedeuten können. Aber er spielt und ist ganz ruhig. Ich kann mich erinnern, wie wir die ersten Wochen nach der Entbindung verbracht haben: Alles richtete sich nach ihm. Ich habe geschlafen, wenn er geschlafen hat. Gegessen, nachdem ich ihn gestillt hatte. Doch dann irgendwann dachte ich, es wäre wichtig, ihn an einen festen Rhythmus zu gewöhnen. Alle drei, vier Stunden stillen, nachts schlafen. Das hat nicht wirklich gut funktioniert. Mich aber wahnsinnig unruhig gemacht, weil ich immer dachte, ich würde etwas falsch machen. Meine Mutter hat mir damals von einem Buch aus den Dreißigerjahren erzählt, das meine Großmutter ihr empfohlen hatte. *Die deutsche Mutter und ihr erstes Kind.*[10] Ein schauriges Werk, das von einer Mutter verlangt, ihr neugeborenes Kind nur alle vier Stunden zu stillen. Keinen unnötigen Körperkontakt zu haben. Bei Weinen zu schlagen oder rigoros die Nahrungszufuhr zu unterbrechen. Quasi Isolationshaft nach der Geburt. Mach dein Kind zum Kaspar Hauser – eine Anleitung zum Töten auf Raten. Sicher sind viele Kinder an dieser Form der Betreuung gestorben, aus Einsamkeit. Ich habe das mit dem Rhythmus dann schnell sein lassen.

Inzwischen ist es schon 9:50 Uhr. Mein Sohn tänzelt von einem Bein auf das andere. Ich überrede ihn, mit mir zur Toilette zu gehen. Als wir wiederkommen, sitzen Vater und Tochter auch immer noch im Wartezimmer. »Haben Sie denn schon einen Krippenplatz?«, frage ich den Mann, um die Wartezeit noch einmal zu überbrücken. »Ja«, sagt er. »Das war wirklich der Wahnsinn: Wir haben uns in dreiunddreißig Einrichtungen beworben, und zwar ab der fünften Schwangerschaftswoche. Letzte Woche dann haben wir eine Zusage bekommen – nach neunundzwanzig Absagen, Eltern-Kind-Bewerbungsgesprächen, Probespielen und diversen Tag-der-offenen-Tür-Veranstaltungen. Drei Kitas haben immer noch nicht entschieden, ob sie uns wollen. Was uns aber heute egal ist – nächste Woche geht es mit der Krippe los. Ich mache die Eingewöhnung«, sagt der Mann. Und klingt ein bisschen stolz.

Immer wenn ich mit jemanden über Kinderkrippen spreche, fällt mir eine Elterninitiative ein, die ich auf der Suche nach einem Platz für meinen Sohn kennenlernte. Es gab da eine Kasse: Für jede Minute, die man sein Kind zu früh oder zu spät abholte oder brachte, sollte man einen Euro zahlen. Absurd war nur, dass ich zum Tag der offenen Tür, obwohl auf die Minute pünktlich erschienen, fünf Minuten vor der geschlossenen Tür warten musste.

»Gratulation«, sage ich zu dem Mann. Und nach der Krippe geht es weiter mit der Suche nach einem Kindergartenplatz. Das denke ich, aber ich sage es nicht. Der Mann ist glücklich, endlich angekommen zu sein im Land der funktionierenden Kinderbetreuung. Da muss ich ihm nicht seine Illusionen rauben.

Das Highlight meiner Kindergartenplatzsuche war der Besuch eines städtischen Kindergartens. Die Leitung ließ mich das Antragsformular ausfüllen, sah es kurz durch und überraschte mich mit der Mitteilung, dass ich in jedem Fall mit einer Absage rechnen müsse. »Aber stecken Sie nicht den Kopf in den Sand«, sagte sie dann. »Mobilisieren Sie lieber die Großmütter Ihres Kindes. Damit die die Kindergartenfunktion übernehmen.« Davon war ich noch mehr überrascht. Die Frau überraschte mich dann ein drittes Mal, als sie mich zur Tür brachte. Sie sagte: »Beschweren Sie sich bei einer Absage bitte nicht beim Bürgermeister. Das bringt nämlich nichts, außer Ärger für mich.«

Ich habe nichts gesagt. Nicht mal mehr auf Wiedersehen. Wahrscheinlich war ich ein leichtes Opfer für sie. Denn sie haben Macht, die Menschen, die darüber entscheiden, ob sie ein Kind betreuen oder nicht. Monate später kam dann die Absage. Unsere »soziale Dringlichkeit«, also unsere Lebensumstände, wurden so bewertet, dass wir wahrscheinlich erst nach den Schulabschlussprüfungen unseres Sohnes mit einem Platz berücksichtigt worden wären.

Um 9:55 Uhr ruft die Sprechstundenhilfe den Namen meines Sohnes auf. Ich verabschiede mich von dem Mann und gehe zu meinem Sohn: »Wir gehen jetzt zum Herrn Doktor.«

Der Arzt hört den Kleinen ab, schaut ihm in Hals, Ohren und Augen. Misst seine Temperatur, 38,5 °C. Empfiehlt Ruhe, leichte Kost und viel Flüssigkeit. Er meint, dass es ihm sicher bald besser gehen wird. »Brauchen Sie ein Attest für die Arbeit?«, fragt er nach der Untersuchung. Ich nicke. Er macht eine Notiz im Krankenblatt und verabschiedet sich. Beim Rausgehen gibt mir die Sprechstundenhilfe das Attest.

Das Fahrrad steht vor der Tür. Zum Glück – mir fällt auf, dass ich in der Eile vergessen habe, abzusperren. Ich setze meinen Sohn auf den Fahrradsitz und ziehe ihm den Fahrradhelm an. »Lust auf eine Brezel?« »Jaaa!«, ruft er. Also halte ich auf dem Heimweg an einer Bäckerei an. Der Kleine fängt noch auf dem Fahrradsitz an zu essen – kein Wunder, eine halbe Tasse Kakao hält auch nicht ewig vor.

Zu Hause angekommen koche ich einen Tee. Mein Sohn und ich setzen uns im Kinderzimmer auf den Boden. Wir bauen einen großen Turm aus Lego, mit Hubschrauberlandeplatz und kleinem Tiergarten. Dann baue ich noch einen Hubschrauber und einen Elefanten – auf Wunsch. Schließlich wirft mein Sohn den Turm um und räumt dann mit meiner Unterstützung die Bausteine wieder in die Kiste. Gegen halb zwölf koche ich eine Nudelsuppe, die er hungrig isst. Er liebt Nudelsuppe. Dann bringe ich ihn ins Bett. Er schläft sofort ein.

Ich räume die Küche auf und gehe ins Bad. Nach einer kleinen Katzenwäsche wechsle ich mein verschwitztes Shirt und fülle dann eine Waschmaschine. Es sind nicht nur die sandigen, vollgepinkelten oder verkleckerten Kindersachen, die die Höhe des Wäschebergs bestimmen: Es sind auch meine eigenen Kleidungsstücke, die verschwitzt, bekleckert oder voller Sand sind.

Die Waschmaschine läuft. Ich suche mein Handy. Es ist immer noch in meiner Tasche – und es ist immer noch lautlos gestellt. Natürlich habe ich Anrufe verpasst: zwei von der jungen Kollegin, einen von meinem Mann und einen von meiner Mutter. Auf der Mailbox ist eine Nachricht von der Sekretärin meines Vorgesetzten. Ihr Anruf kam um 10:35 Uhr, ich soll mich bitte melden, um die Präsentation zu besprechen, die ich gestern abgegeben habe.

Ich rufe zuerst meinen Mann an. Er will wissen, wie es unserem Sohn geht und mir und wie es beim Arzt war. Danach rufe ich die junge Kollegin an. Sie hat den Proof gemeinsam mit dem Vorgesetzten durchgeschaut. Er hat tatsächlich noch einen Tippfehler gefunden, den die Druckerei korrigiert hat. Jetzt ist die Broschüre in Druck gegangen, am Freitag wird sie ausgeliefert – gerade noch pünktlich. Ich bin erleichtert und sage das meiner Assistentin. Sie sagt, der Vorgesetzte war extrem höflich und zuvorkommend. Dann fragt sie, wie es dem Kind geht. »Schon besser«, sage ich. »Ich glaube, dass ich morgen wieder komme.«

Ich frage sie, ob der Vorgesetzte ihr gegenüber die Präsentation erwähnt hat, die ich gestern abgegeben habe. Nein, sagt sie. Nach dem Telefonat hole ich mir ein Glas Wasser und rufe meine Mutter an. Sie will wissen, ob sie heute oder morgen Nachmittag auf den Kleinen aufpassen soll. »Am Donnerstag«, antworte ich etwas genervt. Und empfehle ihr, den Termin am besten in ihren Kalender zu schreiben. Sie sagt, sie habe keinen Kalender, würde den Termin aber auf einen Zettel schreiben, den sie an den Kühlschrank klebt. Sie fragt, was los ist. Ich erzähle vom Fieber und dem letzten verbleibenden Krankheitstag. »Beim nächsten Fieber komme halt ich«, sagt sie. Und ob sie was für mich tun kann. Nein, sage ich. Und dass es gar nicht so schlimm ist. Dass ich genervt bin, obwohl ich es gar nicht sein müsste – weil ich einen Tag zu Hause auch ganz gut finde. Abgesehen von den Sorgen, die ich mir um den Kleinen mache, füge ich schnell hinzu. Ich kann dich gut verstehen, sagt meine Mutter. Dann fragt sie noch, wann sie morgen da sein soll. »Um vier«, sage ich ungeduldig. Ich sehe nach dem Kleinen. Er schläft. Inzwischen ist es kurz vor eins. Ich entscheide mich wieder gegen Bettwäschebügeln, Fahrradputzen oder Büro-Mails-lesen und lege mich aufs Sofa. Schlaf nachholen.

Um 13:45 Uhr schrecke ich hoch. Besorgt laufe ich ins Kinderzimmer. Mein Sohn liegt immer noch genauso da wie vor knapp zwei Stunden. Er atmet ruhig und fühlt sich nicht heiß an. Erleichtert gehe ich ins Bad. Die Waschmaschine ist fertig, ich belade den Trockner und starte das Programm. Ich wische einen Wasserspritzer vom Spiegel über dem Waschbecken und staple die Handtücher im Schrank auf Kante. Übersprungshandlung – dabei stand das gar nicht auf meiner Liste! So oft wünsche ich mir ein paar Minuten nur für mich. Und jetzt habe ich sie, und mir fallen nur absurde Dinge ein, die ich tun könnte. Stupide Fleißaufgaben. Ich gehe in die Küche und blättere bis zur Rätselseite in der Zeitung.

Während ich über einer Zahlenkombination brüte, denke ich an das Gespräch mit meinem Mann von heute Morgen. Seine Enttäuschung über seine Abteilung, den vermeintlichen Hort der Visionen. Geht es mir da anders? Ist das, was ich im Büro mache, wirklich das, wofür ich studiert habe? Broschüren für Firmenprojekte entwerfen –

war ich dafür sechs Jahre an der Uni? Damals hatte ich keine Vorstellung davon, was der Arbeitsmarkt für mich hergeben würde. Ich dachte an die große Freiheit. Reisen. Ausgehen. Eigenes Geld verdienen und nicht mehr vom BaföG abhängig sein. Dass ich nach dem Abschluss in eine neue Abhängigkeit geraten könnte, nämlich in die von einer Firma, einem Vorgesetzten, das hatte ich nicht bedacht.

Eine Nachbarin hat mir letztens gesagt, dass sie arbeiten geht, um nicht von ihrem Mann abhängig zu sein. Der ist nämlich ein alter Geizkragen und hat ihr während der Elternzeit nur das Nötigste in Sachen Haushaltsgeld zugestanden. So was wie mal ein Eis essen gehen, will er nicht finanzieren. Und weil sie das wahnsinnig ankotzt, so die Nachbarin, hat sie ihre Seele an eine dieser Heuschreckenimmobilienfirmen mit Sitz in den USA verkauft. Von ihrem Gehalt bezahlt sie Kindergarten, Putzfrau, manchmal einen Babysitter und ab und an ein Eis. Als ich das hörte, habe ich mich mal wieder gefragt, ob sich das lohnt – und ob mein Arbeitgeber Medienhaus so viel besser ist als eine raffgierige Immobilienfirma.

Um halb drei wacht Tika auf. Er sieht verschlafen aus, hat aber kein Fieber mehr. Er will Grießbrei essen. Und eine Geschichte hören, mit einem Fahrrad im Wald und einem Elefanten. Der Nachmittag vergeht im Tempo meines Sohnes. Wir kochen Grießbrei – er rührt so lange, bis keine Klumpen mehr zu sehen sind. Ich denke mir noch mehr Geschichten für ihn aus. Und versuche herauszufinden, wie er auf »Tika« gekommen ist. »Bist du ein Tiger namens Tika?«, frage ich. Er schüttelt den Kopf. »Ich bin einfach nur Tika.« Dann spielen wir Verstecken, und schauen aus dem Fenster, bis Tika gähnt. Als ich auf die gelbe Uhr sehe, bin ich überrascht: Viertel nach sechs. Da höre ich den Schlüssel in der Wohnungstür. Mein Mann kommt heim, gut eine halbe Stunde früher als sonst. »Heute bleibt die Küche kalt … aber ich war nicht im Wienerwald. Ich hab was vom Chinesen mitgebracht«, sagt er.

Wir gehen in die Küche und essen Frühlingsrollen und Reis mit Gemüse und Fleisch. Der Kleine trinkt japanische Limo, mein Mann und ich trinken Reisbier. Mein Sohn kämpft mit dem Reis, der von der Gabel fällt. »Kannst du mir helfen?«, fragt er erschöpft. Ich vermenge Reis mit Gemüse und Sauce und spieße ein kleines Stück Fleisch auf. Und füttere meinen Sohn.

Zum Nachtisch essen wir Glückskekse. Auf meinem Zettel steht: »Entschlossenheit hat keine Rückkehr.« Nach dem Essen bringt mein Mann unser Kind ins Bett. Ich lasse mir ein Bad einlaufen, räume den Wäschetrockner aus, ziehe ein Nachrichtenmagazin aus unserem Zeitungsstapel und steige in warmes Schaumwasser. In der Wanne vertiefe ich mich in einen Artikel über Elternzeit. Der Text ist schon einige Wochen alt. Ich schaffe es selten, ein Magazin ganz zu lesen, und hebe die Hefte deswegen auf, bis ich sie wenigstens durchgeblättert habe. Im Artikel geht es um Zahlen, die die Bundesregierung veröffentlicht hat.[11] Immer mehr Väter nehmen zwei Monate Elternzeit, fast jeder vierte beantragt Elterngeld. Die Familienministerin sagt dazu: »Das Elterngeld wirkt.«

Mein Mann liegt mit seinen zwei Monaten Elternzeit im Trend. Vor der Geburt haben wir viel darüber diskutiert, aber nicht, ob er jetzt einer der »neuen Väter« ist und auch nicht über die Anzahl seiner Vätermonate, sondern über das Geld, das uns während der Elternzeit zur Verfügung stehen würde. Das Vollzeitgehalt, das ich vor der Geburt bekam, war deutlich niedriger als das meines Mannes. Da das Gehalt die Grundlage für die Berechnung des Elterngeldes ist, haben wir uns klar nach den Zahlen orientiert. Miete, laufende Kosten und ein bisschen Puffer für mögliche Extras wollten wir abgedeckt wissen. Und somit war klar, dass ich lange zu Hause bleibe und er kurz.

Das Elterngeld gilt als Wundermittel der ersten deutschen Bundeskanzlerin und ihrer früheren Familienministerin. Die Bundeskanzlerin nannte es in einer Rede auch den »Paradigmenwechsel in der Sozialpolitik«.[12] Und bat die deutsche Wirtschaft darum, bitte nie mit einem Vater zu schimpfen, der Elternzeit nehmen möchte. Weil die Männer es halt nicht so einfach hätten und keine Übung und Erfahrung darin, daheim bei einem Kind zu bleiben. Ich erinnere mich deswegen so genau an diese Rede, weil mein Mann damals erzählte, dass er der Erste in seiner Abteilung sei, der Elternzeit nehme. Wie visionär – aber wirklich visionär waren wir dann doch nicht.

Ich lasse noch einmal heißes Wasser nachlaufen. Und fühle mein Engagement als Mutter plötzlich ungerecht bewertet. Ich habe mich in meinen zwölf Monaten bestimmt genauso intensiv um unseren Sohn gekümmert wie mein Mann in seinen zwei Monaten. Trotzdem habe ich dafür weniger Geld bekommen. Weil meine Leistung im Büro weniger Geld wert ist als die meines Mannes in seinem

Unternehmen, ist auch mein Einsatz als Elternteil weniger Geld wert.

Ich lege das Magazin weg und steige aus der Wanne. Mit nassen Haaren setze ich mich aufs Sofa. Mein Mann kommt aus dem Kinderzimmer und setzt sich zu mir. »Ich habe noch mal Fieber gemessen – 37,5 °C. Alles wieder gut.« Ich bin erleichtert. Und erzähle ihm ausführlich vom Besuch beim Arzt und dem Gespräch mit dem Mann im Wartezimmer. »Hättest du lieber sechs Monate Elternzeit genommen?«, frage ich.

Mein Mann schweigt kurz. »Ja«, sagt er. »Aber eigentlich nein. Ja, weil ich die Zeit, die ich mit unserem Sohn allein verbringen konnte, sehr genossen habe. Es ist mir ähnlich gegangen wie diesem Mann: Mich auf den Rhythmus meines Kindes einzustellen, das hat mich sehr glücklich gemacht.« Er macht eine Pause. Ich merke, dass es ihm schwerfällt, weiterzusprechen. »Du weißt ja, ich bin der Erste und der bislang Einzige, der in meiner ach so zukunftsorientierten Abteilung Elternzeit genommen hat.«

Er klingt bitter. Sein Chef musste Ja sagen, als er ihn um die zwei Monate bat. Aber er reagierte doch sehr herablassend, fragte etwa, ob er denn wenigstens was Produktives in dieser Zeit anstellen werde. In Urlaub fahren sei ja das Mindeste. Dieses herablassende Verhalten haben andere aus seiner Abteilung übernommen. Zwei Kollegen lassen immer noch Witze über sein Wickeldiplom fallen und sticheln bei jeder Gelegenheit, dass er sich ja so gut mit Babys auskennt nach dem zweimonatigen Crashkurs – der Kantinenbesuch unmittelbar vor und nach der Elternzeit war ein ganz schöner Spießrutenlauf.

Ich bin ziemlich überrascht. Und erschrocken. »Warum hast du nie davon erzählt?«, frage ich. Mein Mann zuckt mit den Schultern. Er wusste, dass ich meine Kraft in dieser Zeit für zwei andere Dinge brauchte: für die Abnabelung von unserem Sohn, mit dem ich ja zuvor vierundzwanzig Stunden am Tag zusammen war, und für den anstrengenden Wiedereinstieg in meinen Job. »Ich wollte dir den Rücken freihalten, ganz einfach«, sagt mein Mann.

So viele schlechte Gefühle für zwei Monate Zeit mit dem eigenen Kind – die einem berufstätigen Vater rechtlich zustehen. Jetzt bin ich nicht mehr überrascht, sondern zornig. »Ich bin froh, dass du es gemacht hast. Und stolz auf dich, dass du es durchgestanden hast«, sage ich. Er ist auch froh, sagt mein Mann. Und ein bisschen stolz. Aber er wäre noch viel stolzer, wenn er sich währenddessen mehr im Recht gefühlt hätte. Und nicht als jemand, der eine schlechte Idee bis zum Ende durchdrückt, aus Prinzip. »Sind denn zwei Vätermonate eine schlechte Idee?«, hake ich nach. Er schüttelt den Kopf. »Nein. Sie sind natürlich eine gute Idee. Aber die Strukturen, die in meiner Abteilung herrschen, machen die gute Idee zu einer schlechten.«

Ich nicke. Und kann jetzt noch viel besser verstehen, dass er so euphorisch ist, diese Abteilung durch eine Beförderung verlassen zu können. Was ich nicht aussprechen möchte, ist meine Befürchtung, dass die Strukturen nicht nur mit der Abteilung zu tun haben, in der er sich befindet. Sondern mit dem ganzen Betrieb. Vielleicht sogar mit dem ganzen System.

Um 22:30 Uhr gehe ich ins Bett. Eigentlich müsste ich viel müder sein, nach der schlechten Nacht und den ganzen Sorgen. Andererseits bin ich heute viel weniger gerannt als an den Tagen, an denen ich auch zur Arbeit muss. Bis auf den Weg zum Kinderarzt und die Telefonate mit dem Büro war es ein fast schon ruhiger Tag. In Sachen Effizienz war es ein unterdurchschnittlicher Tag. Ich könnte den Wecker auf drei Uhr heute Nacht stellen, ein Zeitfenster schaffen für emsiges Kuchenbacken und fleißiges Bettwäschebügeln. Die Vorstellung ist so absurd, dass ich laut kichere. Wahrscheinlich würde der Kuchen im Ofen verbrennen. Oder der Bettbezug unter dem heißen Bügeleisen verschmoren.

Mein Mann sitzt im Wohnzimmer vor dem Fernseher. Wir müssen einen Babysitter finden, denke ich. Vielleicht eine Studentin. Dann schlafe ich ein.

DONNERSTAG

»Tika will einen warmen Kakao.« Ich öffne die Augen. Da steht mein Sohn. Es ist 6:43 Uhr. Er hat durchgeschlafen. Er ist fieberfrei. Also zurück in den Alltag. Aufstehen. Anziehen. Honigbrot. Müsli. Kakao. Kaffee. Kindergarten. Büro. Der Wecker klingelt.

Beim Frühstück erzählt mein Mann von der Fernsehsendung, die er am Abend zuvor gesehen hat. Eine Talkshow, in der darüber diskutiert wurde, ob Frauen über Quoten in Führungspositionen kommen sollen. Unter anderem saß ein ehemaliger BDI-Präsident da. »So alt wie mein Vater ist der«, sagt mein Mann. »Mit genau denselben komischen Ansichten.« Dieser BDI-Präsident hat in seinem ganzen Arbeitsleben keine Frau als Vorgesetzte gehabt.[13] Und kann sich auch nicht vorstellen, wie das wäre, Anweisungen von einer Frau zu bekommen. Wenn er eine Chefin hätte, so der Alt-BDI-Präsident, würde er sich fragen, ob sie hübsch ist. Und vor lauter Nachdenken über ihr Aussehen würde er dann das eigentliche Arbeiten total vergessen.

Ich ärgere mich über diesen BDI-Präsidenten. Alt, arrogant, vielleicht schon senil. Andererseits kann ich mir gut vorstellen, wie er war, als sein Rentenalter noch kein mildernder Umstand für sein ignorantes Gerede war. Ich stelle fest, dass ich noch nie darüber nachgedacht habe, ob mein Vorgesetzter gut aussehend ist. Oder männlich. Und dass ich ihn, wenn ich jetzt darüber nachdenke, ziemlich geschlechtslos finde – rein äußerlich. Ich könnte noch nicht mal sagen, ob er blaue oder grüne Augen hat. In seinem Verhalten bemerke ich durchaus männliches Gehabe[14]: von der aufgeplusterten Einführungsrede auf dem Jour fixe, der alle Anwesenden zuhören müssen, über seine oft ganz schön lahmen Witze, über die wir Angestellten aus Höflichkeit lachen müssen, bis zu seiner Angewohnheit, anderen ständig ins Wort zu fallen. All das mag ich nicht.

Mein Kleiner turnt auf dem Stuhl herum, den Plüschhasen im Arm. Auf meine Bitte trägt er seine Schüssel zur Spülmaschine und sagt dann zu mir: »Der Hase sagt, du sollst den Tisch abräumen.« Ich lache. »Und sagt der Hase auch, was Tika machen soll?« »Spielen!« Es geht ihm offensichtlich wieder gut. Trotzdem bin ich nicht ganz sicher, ob er schon gesund genug ist, in den Kindergarten zu gehen. Mein Mann beruhigt mich. »Heute ist Autotag«, sagt er. »Heute ist Elternabendtag«, sage ich und bitte ihn, pünktlich nach Hause zu kommen. Er nickt und zieht unserem Sohn Schuhe, Jacke, Mütze an. Die beiden verabschieden sich von mir und machen sich auf den Weg, zum Auto, zum Kindergarten, ins Büro.

Ich starte die Spülmaschine und programmiere die Waschmaschine so, dass die Wäsche geschleudert ist, wenn ich nach Hause komme. Dann beziehe ich die Betten frisch und vertreibe das letzte bisschen Krankheit.

Auf dem Weg zum Bus kaufe ich mir einen Cappuccino

und ein Croissant in der Bäckerei. Einfach so. Und obwohl ich zu Hause ein Honigbrot gegessen habe. Ich setze mich im Bus ans Fenster und beiße in das Croissant. Dazu ein Schluck Kaffee. Wunderbar. Ich klemme den Kaffeebecher zwischen meine Knie und hole dann mein Handy aus der Tasche. Ziel: der Kalender. Als Erstes suche ich nach meinem Highlight: Noch fünfzehn Wochen bis zum Familienurlaub. Dann klicke ich zum heutigen Tag. Was steht an? Um vier kommt meine Mutter, damit ich zu meiner Friseurin gehen kann. Sonst steht nichts im Kalender – bis auf die Dinge, die im Büro auf mich warten. Ein Gang in die Personalabteilung mit dem Attest für den gestrigen Tag. Eine Nachfrage in der Druckerei zum aktuellen Stand des Druckauftrags der Broschüre. Und etwas, das mir erst jetzt wieder einfällt – ein Gespräch mit meinem Vorgesetzten über die Präsentation, die mir den Montagabend verdorben hat. Darum wollte ich mich am Tag zuvor schon kümmern. Die Sekretärin des Vorgesetzten hat mir auf die Mailbox gesprochen. Ich hab's total vergessen.

Aber gestern war ich auch nicht im Büro, denke ich trotzig. Ich war entschuldigt, sogar mit Attest, also medizinisch und rechtlich abgesichert. Weil ich mich um mein krankes Kind kümmern musste. Das wusste auch mein Vorgesetzter. Warum lässt er seine Sekretärin trotzdem bei mir anrufen? Hat er neunzig Minuten nach dem Gespräch mit mir schon wieder vergessen, dass ich am Bett meines fiebernden Sohnes sitze? Hat er es mit Absicht vergessen? Als Revanche für den Ärger mit der Broschüre?

Noch zwei Haltestellen, dann muss ich aussteigen. Ich könnte den Vorgesetzten danach fragen, warum er mich gestern so unter Druck gesetzt hat. Ich könnte sogar zum Betriebsrat gehen und melden, dass ich mich diskriminiert fühle als Angestellte mit einem Kind. Oder ich übergehe dieses Verhalten und lasse mich davon nicht beeinflussen, nicht aus der Ruhe bringen. Was ist die effizienteste Lösung? Kurzfristig sicher das Schweigen. Doch langfristig? Und solidarisch gesehen mit all den anderen angestellten Müttern in meiner Firma?

Ich zerknülle die Papiertüte, in der mein Croissant war, steige aus dem Bus und werfe die Tüte in den Mülleimer. Die Ampel ist grün, ich gehe zügig zum Bürohaus und denke an meinen Sohn. Ist er wirklich schon gesund genug, wieder in den Kindergarten zu gehen? Beim Gehen kontrolliere ich mein Handy, ob ich einen Anruf aus dem Kindergarten verpasst habe. Am Aufzug angekommen frage ich mich, ob meine Sorgen nur vorgeschoben sind und ich nur wieder nach guten Ausreden suche, um mich nicht mit dem Büro auseinanderzusetzen. Ich drücke auf den Nach-oben-Knopf und warte.

Pünktlich um 8:40 Uhr hält der Aufzug im fünfzehnten Stockwerk. Ich gehe in mein Büro, rufe der Sekretärin meines Vorgesetzten im Vorbeigehen ein munteres »Guten Morgen!« zu, das sie erwidert. Dann setze ich mich an meinen Schreibtisch. Meine Assistentin ist noch nicht da.

Ich starte meinen Computer und öffne mein E-Mail-Programm. Neben einigen anderen Nachrichten empfange ich eine Mail von der jungen Kollegin. Sie ist krank und hofft, dass es ihr morgen wieder besser geht. Kreislaufprobleme, schreibt sie. Also stimmt es wirklich, dass sie schwanger ist, denke ich und arbeite mich durch meinen Posteingang.

Um 9:25 Uhr habe ich einen Teil meiner To-do-Liste abgearbeitet: Ich habe das Attest in der Personalabteilung abgegeben, mit der Druckerei gesprochen und mit der Sekretärin meines Vorgesetzten. Um 10:45 Uhr habe ich einen Termin mit dem Vorgesetzten, um die Präsentation zu besprechen. Ich stelle fest, dass das Gerede über meine Assistentin größere Ausmaße angenommen hat. In der Personalabteilung hat man mich gefragt, ob ich von einer Schwangerschaft in meiner Abteilung wüsste. Was ich verneinte.

Ich bereite mich auf das Gespräch mit dem Vorgesetzten vor, drucke ein Angebot eines Fotografen aus, dessen Bilder mir für eine geplante Kampagne gefallen. Mein Handy klingelt. Die Putzfrau, Zsófia, ist dran. Sie sagt mir, dass sie nicht mehr kommen kann, weil sie sich um ihre Tochter kümmern muss, die die letzten drei Jahre bei Zsófias Mutter in Ungarn gelebt hat. Vor einem Jahr ist sie zu Zsófia nach Deutschland gezogen. Sie geht in die vierte Klasse und will im nächsten Schuljahr aufs Gymnasium. Oder mindestens auf die Realschule. Dafür muss ihr Deutsch aber noch viel besser werden. Um die Tochter bei den Deutschkursen zu unterstützen, braucht Zsófia mehr Zeit. Es tut ihr leid, sagt sie. Auch dass sie so kurzfristig kündigt.

Beim Reden stößt sie immer wieder an sprachliche Grenzen, manche Sätze klingen unfreundlich, sind aber wohl nicht so gemeint. Ich sage ihr, dass ich sie verstehe. Und dass es wichtig ist, eine gute Schule zu besuchen. Damit später eine gute Ausbildung möglich ist. Das hört sich unfreundlich an, obwohl es nett gemeint sein soll, was ich merke und Zsófia auch. Sie sagt nach einer kleinen Pause, dass sie nicht will, dass ihre Tochter auch putzen gehen muss. Nur putzen, das ist nicht gut. Zsófia sagt außerdem, dass sie eine Freundin hat, die auch putzt. Und dass sie mir mit der Abschlussrechnung auch die Telefonnummer dieser Freundin schickt. Damit schnell wieder jemand zu mir kommt. Zum Putzen. Ich bedanke mich bei Zsófia. Und wünsche ihr und ihrer Tochter alles Gute. Und viel Glück für die neue Schule.

Ich fühle mich nicht gut. Weil ich zwei Jahre eine Putzfrau beschäftigt habe, über die ich fast nichts weiß. Ich nenne sie meistens »Putzfrau« und nicht Zsófia. Ich kann mir ihren Nachnamen nicht merken, geschweige denn ihn richtig aussprechen. Ich habe nicht gewusst, dass sie eine Tochter hat, ich habe nicht gewusst, dass die Tochter seit einem Jahr in Deutschland lebt und hier in die Schule geht. Ich schäme mich für das letzte Weihnachtsgeschenk, das ich Zsófia gemacht habe: Glühwein und Amarettochriststollen. Geht's noch familienunfreundlicher? Auch wenn ich peinlich genau darauf geachtet habe, Zsófia nicht auszubeuten, bin ich mir jetzt nicht mehr so sicher, ob mir das gelungen ist. Gedankenlos war ich auf jeden Fall. Da leide ich unter dem Mutter-Mobbing meines Vorgesetzten und bin selbst eine ignorante Auftraggeberin.

Zeit, zum Vorgesetzten zu gehen. Ich muss bei der Sekretärin warten, da er noch telefoniert. Nach einer Weile öffnet er die Tür und bittet mich in sein Zimmer. »Da sind Sie ja. Zu Hause alles klar?« Meine Chance, denke ich. Und höre mich sagen: »Alles wieder in Ordnung.« Er deutet auf einen Stuhl, der auf der anderen Seite seines Schreibtisches steht, und schließt die Tür. Ich setze mich. Er fragt, ob ich mich für Fußball begeistere. Meine Antwort wartet er aber gar nicht ab, sondern erzählt ausführlich, wie er gestern Abend den Tisch mit einem bekannten Fußballer und dessen Freundin teilen musste. Das Restaurant hatte eine Doppelbuchung gemacht und war bis zum letzten Stuhl besetzt. Die haben erstklassiges Essen, so mein Vorgesetzter. »Was für ein primitiver Typ«, sagt er dann über den Fußballer, »bestellt Weißbier zum Fisch.« Ich nicke, sage aber nichts. Der Vorgesetzte legt mir den aktuellen Proof für die Broschüre hin und den Entwurf der Präsentation, den ich Montagabend für ihn gemacht habe. »Da ist zweimal der Wurm drin in Ihren Projekten«, sagt er. »Brauchen Sie Urlaub?«

Ich schlucke erst mal. Dann setze ich an, mich zu verteidigen, breche aber gleich wieder ab. Und frage stattdessen, wo er konkret nicht zufrieden ist.

Er bemängelt das Hin und Her bei der Erstellung der Broschüre, dass es Probleme mit den Farben gab, dass ein falsches Logo verwendet wurde und ich einen Tippfehler übersehen habe. Er kann sich nicht um alles selbst kümmern, deswegen vertraut er mir Projekte an, sagt er. Die ich in der Vergangenheit deutlich besser abgeschlossen habe als in letzter Zeit. Ja, und diese neue Präsentation, die ist so langweilig, dass er keine Lust hat, die dreißig Seiten bis zum Ende durchzulesen. »Und dann noch so eine altbackene Grafik«, sagt er und klappt die Mappe zu. »Das können Sie doch besser!«

Ich erkläre, dass ich den Arbeitsablauf bei künftigen

Druckaufträgen verändern werde, eventuell auch eine externe Schlussredakteurin hinzuziehen möchte. Sage, dass wir trotz des zweiten Andrucks keine höheren Kosten haben, weil der Farbfehler von der Druckerei verursacht worden ist. Ich schließe damit, dass ich gerne Schritt für Schritt über die Präsentation sprechen möchte, um sie nach seinen Vorstellungen zu verändern. Dann werde ich mutiger: »Vielleicht muss man manchmal ein Weißbier mit einem Fisch kombinieren«, sage ich und lege das Angebot des Fotografen auf den Tisch, um eine neue grafische Gestaltung vorzuschlagen.

»Ja, machen Sie das«, sagt er und sieht auf die Uhr. Die Fotos interessieren ihn nicht. Aha, es geht ihm also gar nicht um Details. Er ist unzufrieden, weil er sich um Sachen kümmern musste, um die er sich nicht kümmern will. Die er wegdelegiert hatte. Deswegen nörgelt er und macht etwas schlecht, was er normalerweise schnell abgesegnet hätte. Er hat noch etwas zu bemängeln. »Können Sie sich nicht besser absprechen mit Ihren Frauenproblemen? Gestern sind Sie nicht da, dafür die andere. Die ist heute nicht da, Sie aber schon.« Er lächelt mich an. »Da kommt man ja völlig durcheinander.« Ich verpasse meine nächste Chance. Und nicke.

Die restliche Zeit verbringe ich damit, die Präsentation zu verändern. Ich werfe den ursprünglichen Aufbau über Bord und gestalte die Präsentation wie einen Artikel in einem Magazin. Ein großer Mittelteil, der ohne Zahlen und Fakten auskommt, kombiniert mit einem großen Foto. Dann kleine Infoinseln mit Zahlen aus unserer Abteilung, Statistiken zum Thema und Expertenmeinungen. Ich spreche mit der Grafik und bitte, Illustrationen zu den Infoinseln zu machen.

Mein Magen knurrt. Es ist schon 13:45 Uhr. Ich packe mein Pausenbrot aus und verschlinge es. Dann gehe ich in die Teeküche, um mir eine Flasche Mineralwasser zu holen. Kurz vor der Tür bleibe ich stehen, weil ich meinen Namen höre. Jemand spricht über mich. »Die ist ja auch dauernd weg und hält ihrem Kind die Hand«, sagt eine Stimme. »Ist wohl ansteckend, diese Mamakrankheit«, sagt eine andere Stimme. Ich atme tief durch und betrete die Teeküche. Die ältere Grafikerin steht mit einem Kollegen aus der IT-Abteilung vor dem Kühlschrank. Ich nehme eine Flasche Mineralwasser aus dem Träger und gehe zur Tür. Der IT-Mann zwinkert mir zu: »Na, heute nur halbtags?«

Da platzt mir der Kragen. Nach dem unglücklichen Telefonat mit der Exputzfrau und den verpassten Chancen bei meinem Vorgesetzten entlädt sich nun mein angestauter Zorn auf diesen Kollegen. »Ich arbeite so lange, wie es mein Vertrag vorsieht. Und ich stehe darüber hinaus auch nach Ende meiner Arbeitszeit meinen Kolleginnen und Kollegen telefonisch zur Verfügung. Das können Sie ja bestätigen«, hier nicke ich der Grafikerin zu. »Mit meinem Arbeitspensum kann ich zwar während der Dienstzeit keine langen Schwätzchen machen, dafür erledige ich alle Aufgaben termingerecht. Sie stimmen mir sicher zu, das eher als Mamaeffizienz denn als Mamakrankheit zu bezeichnen.« Dann gehe ich.

Wahrscheinlich hält mich der IT-Mann jetzt für eine Zicke. Das ist mir aber egal. Ich bin halt anders als seine

Frau, die den Kindern die Windeln wechselt und ihm abends einen kalten Schweinebraten zum Bier auftischt. Sicher ist seine Gattin ein braves Weibchen, das bereitwillig alles opfert, damit er sich beruflich selbst verwirklichen kann. Eine Frau, die glaubt, dass sie karrieremäßig zum Zug kommt, wenn die Kinder aus dem Gröbsten raus sind – weil er es ihr nach dem ersten positiven Schwangerschaftstest versprochen hat. Nur ist dann, wenn die Kinder so weit sind, ihr Karrierezug längst abgefahren. Dann kann sie wieder von vorne anfangen damit, sich einen Platz zu suchen in der familienfeindlichen Berufswelt. Und wenn sie Pech hat, ist sie dann auch noch ganz allein, weil ihr ach so gestresster Ehemann sich längst umorientiert und mit einer Kollegin ein neues Leben angefangen hat. Einer Frau, die ihn versteht – und nicht nur von Hausaufgaben oder neuen Turnschuhen für die Kinder redet.

Natürlich habe ich überhaupt keine Ahnung vom Privatleben des IT-Mannes. Ich kenne ihn nur flüchtig und nicht mal mit Namen. Und mit Sicherheit tue ich ihm und seiner Frau, so er eine hat, gerade gewaltig unrecht. Das ist mir aber egal. Ich hasse es, gedemütigt zu werden. Es ist dasselbe Gefühl, das ich verspürt habe, wenn mir die Bustür vor der Nase geschlossen wurde, weil ich es gewagt habe, mit einem Kinderwagen einsteigen zu wollen.

Ich gehe zurück in mein Zimmer und atme durch. Kurz nach zwei. Noch eine gute halbe Stunde, dann kann ich hier raus. Statt mich weiter mit der Präsentation zu befassen, drucke ich sie aus, so wie sie ist. Ich räume meinen Schreibtisch auf, sortiere Papiere und lösche alte E-Mails aus meinem Posteingang. Dabei stoße ich auf eine Nachricht meiner Schulfreundin. Sie empfiehlt mir das Buch *Das Unbehagen in der Gesellschaft* eines französischen Soziologen[15], der sich Gedanken über die heutige Arbeitswelt macht. Es geht im Berufsleben nur noch um Flexibiliät und Effizienz, um Autonomie und um Kommunikationsstörung, fasst sie das Buch zusammen. Fachliche Kompetenz ist fast schon zweitrangig, Hauptsache, man zeigt gute Laune und ist allzeit bereit für das, was verlangt wird. Meine Freundin fühlt sich durch das Buch bestätigt in ihrer Entscheidung, ihren Beruf als Übersetzerin an den Nagel gehängt zu haben. Und sie tröstet mich in ihrer Mail mit dem Hinweis, dass Kinder die Flexibiliät vielleicht schmälern, die Effizienz aber ungemein steigern. Stimmt. 14:45 Uhr. Zeit zu gehen.

Auf dem Weg zum Aufzug kommt mir die ältere Grafikerin entgegen. »Ist ja ein Superwetter heute. Sie gehen sicher gleich mit Ihrem Kind raus.« Ich schaue sie streng an und nicke. »Ja.« Sie lächelt. Den Vorfall in der Teeküche scheint sie vergessen zu haben. Oder sie war so beeindruckt von meinem Wutanfall, dass ich nun an Ansehen gewonnen habe. »Ich weiß noch, wie ich meine Tochter stundenlang angeschubst habe auf der Schaukel. Ist 'ne besondere Zeit, wenn die Kinder so klein sind. Und sie ist auch so schnell vorbei.« Die Grafikerin wünscht mir einen schönen Tag. Ich gehe zum Aufzug und entscheide mich für die zweite Variante – meine Reaktion in der Teeküche hat sie beeindruckt. Ich buche das kurze Gespräch als Erfolg ab. Vielleicht können Menschen sich ja doch ändern. Wenigstens ein bisschen.

Ich erreiche den Bus und komme pünktlich am Kindergarten an. Mein Sohn läuft mir entgegen und erzählt, dass er eine Biene im Garten gesehen hat. Ich hole seine Sachen und nehme ihn an der Hand. »Die Oma kommt gleich zu uns. Vielleicht geht sie mit dir auf den Spielplatz. Ich muss nämlich noch mal kurz weg zum Haareschneiden«, erkläre ich ihm. Er nickt. Und hält meine Hand sehr fest. Kurz steigt in mir die Sorge hoch, ob er wieder Fieber hat. Doch seine Augen sind klar, und er fühlt sich nicht heiß an. »Ich will ein Eis essen«, sagt er. Ich schaue auf die Uhr, 15:17 Uhr. Um vier kommt meine Mutter. Die Eisdiele liegt fünf Minuten von unserer Wohnung entfernt. »Einverstanden«, sage ich.

Es herrscht reger Betrieb an der Eisdiele. Ein Mann löffelt einen Eisbecher an einem der beiden Bistrotische, zwei Frauen sitzen an dem anderen unter einem Sonnenschirm. Die ältere der beiden ermahnt einen vielleicht sechsjährigen Jungen, der auf einem Skateboard um den Bistrotisch kreist. Die jüngere ist offensichtlich schwanger. Während wir warten, höre ich dem Gespräch der Frauen zu. Zuerst möchte ich gar nicht lauschen, doch sie sprechen so laut, dass ich es nicht verhindern kann. Die ältere Frau klagt, sie fände keinen Mittagsbetreuungsplatz für ihren Sohn, der im Herbst in die erste Klasse kommt. »Keinen Hortplatz. Nur eine Mittagsbetreuung suche ich. Der Unterricht endet an drei Tagen um halb zwölf, an zwei Tagen um halb elf.« Die Frau wirkt verzweifelt. Sie weiß, dass es noch drei freie Plätze gibt in der Mittagsbetreuung – auf die sich vierundzwanzig Kinder bewerben müssen. »Wenn ich keinen Mittagsbetreuungsplatz finde, muss ich in der Apotheke kündigen. Von Viertel vor acht bis Viertel nach zehn arbeiten – das ist ein Witz. Aber ein schlechter.« Die jüngere Frau versucht sie zu trösten. Sagt, dass es noch ein bisschen hin ist bis zum Schulanfang. Dass sie sich mit den anderen Müttern zusammentun kann, die auch keinen Mittagsbetreuungsplatz finden. Oder selbst etwas auf die Beine stellen kann.

Vor uns steht eine Gruppe Schülerinnen, die sich nicht entscheiden können, welche Eissorte sie wollen. Also warten wir. Mein Sohn steht geduldig neben mir und hält meine Hand. Ich höre weiter dem Gespräch der beiden Frauen zu.

»Hast du dich denn schon um einen Krippenplatz gekümmert?«, fragt die ältere Frau. Die jüngere schüttelt den Kopf. Die ältere erklärt ihr, dass es jetzt schon zu spät dafür ist. Und dass sie vielleicht was Eigenes gründen muss, wenn sie nicht die nächsten drei Jahre daheim und auf dem Spielplatz verbringen möchte.

Eigentlich finde ich die Idee hinter Kinderläden oder Elterninitiativen gut. Man löst ein Betreuungsproblem, weist die Öffentlichkeit darauf hin, dass es einen Mangel an Betreuungsmöglichkeiten gibt, und hat auch noch Einfluss darauf, wie die Betreuung gestaltet wird. Doch dass ich etwas selbst aufbaue, eine Krippe, einen Kindergarten, das kann ich mir nicht vorstellen. Vielleicht weil ich Glück hatte und nicht verzweifelt genug war. Ja, die Suche war auch bei uns, trotz Großstadt mit fast flächendeckenden Angeboten, schrecklich: viele Kitas, viele Gespräche, viele Absagen.

Es war Zufall, dass ich meinen Sohn in einer Krippe nahe unserer Wohnung unterbringen konnte, ganz knapp bekamen wir einen Kindergartenplatz für ihn, den wir zu Fuß erreichen können. Ich glaube aber, wenn das nicht geklappt hätte, dann wäre ich nicht zur Arbeit zurückgekehrt. Hätte aufgegeben, auf den viel beschworenen Erwerb von Sozialkompetenzen, von denen ein Krippen- und Kindergartenkind profitiert, verzichtet. Und auf mein Comeback im Büro. Andererseits hätte ich mich dann in die Reihe der Latte-macchiato-Mütter stellen müssen … Ich kann Leute auf jeden Fall verstehen, die sich in einer Elterninitiative engagieren. Auch wenn ich die eine, die ich kennengelernt habe, ziemlich unmöglich fand. Nicht nur wegen der Zu-früh-zu-spät-kommen-Kasse.

»Wenn Sie berufstätig sind, ist das der falsche Ort für Sie.« So lautete eine Maxime der Chefin von besagter Elterninitiative. Diese Chefin verlangte nicht nur eine unglaublich hohe Monatsgebühr (600,00 Euro plus 90,00 Euro Essensgeld), sondern auch einen enthusiastischen Einsatz der Eltern. Drei Elternabende im Monat – und dann mussten die Mütter, die ja nicht berufstätig sein sollten, auch noch beim Putzen helfen. Wahlweise Böden oder Fenster. Ob sie nun zu Hause Lappen und Eimer schwingen würden oder in der Kita – sie täten es ja an beiden Orten für ihre Kinder, so die Kita-Leiterin. Ich weiß nicht, ob auch ein schrubbbereiter Vater akzeptiert worden wäre, der ein Kind mit einer Vollzeitkarrierefrau großzieht.

Endlich sind wir an der Reihe. Ich bestelle ein Schokoladeneis für meinen Sohn und einen Eiskaffee für mich. Wir setzen uns an den einen der beiden Bistrotische, der inzwischen frei geworden ist. Der Kleine löffelt langsam das Eis aus dem Pappbecher. Ich nehme einen Schluck Eiskaffee.

Wunderbar. »Du sollst hier nicht fahren. Weil ich es dir sage«, höre ich die ältere Frau vom Nebentisch. Gemeint ist ihr Sohn, der immer noch auf seinem Skateboard Runden um die Bistrotische zieht. Weil ich es dir sage – auch ein Leitsatz des Erziehungskonzeptes dieser Elterninitiative, in das sich aber weder Väter noch Mütter einmischen durften. Die Chefin hatte die Konzepthoheit, mischte Montessoripädagogoik mit antiautoritären Methoden, ließ Kinder aber auch in die Ecke stellen, wenn beim Essen gekleckert wurde. Daneben prahlte sie mit ihrem selbst designten Raumkonzept, das mich an *Schöner Wohnen* erinnerte. Der Schlafplatz für die Kinder war über eine Wendeltreppe zu erreichen und befand sich durch eine extra eingezogene Decke quasi im Hochparterre. Ein schlauer architektonischer Einfall: Die Kita hatte die Räumlichkeiten einer alten Werkstatt übernommen, mit dem zusätzlichen Stockwerk wurde die gesamte Raumhöhe genutzt. Nicht so schlau war aber, dass der Schlafplatz nicht mit einem anständigen Geländer gesichert war: Nur eine Handbreit hoch war das Gitter, das die Kinder vom Sturz auf den darunterliegenden Boden bewahren sollte. Als ich die Kita-Leiterin darauf ansprach, reagierte sie sehr zickig. Aus Sicherheitsgründen dürfen Kinder nur dort oben sein, wenn eine Erzieherin dabei sei – Auflage der Stadt. »Aber im Vertrauen«, sagte sie dann, »wenn ein Kind so dumm ist, dass es statt im Bett zu schlafen lieber aus dem Bett fallen will, dann haben die Eltern ihren Erziehungsauftrag gründlich versaut.«

Mein Sohn isst sein Eis ohne Kleckern, ich bin begeistert. Ich ziehe kurz das Handy raus, 15:29 Uhr. Wir haben noch ein bisschen Zeit. Am Nebentisch geht es immer noch um Elterninitiativen. Was die kosten, was die verlangen. Manche wollen ganz schön viel, erinnere ich mich an »meine« Elterninitiative. Bei Vertragsabschluss wurden drei Monatsbeiträge im Voraus als Kaution verlangt. Ich kam mir vor, als würde ich eine Wohnung anmieten. Fehlte noch die Schufa-Auskunft und ein polizeiliches Führungszeugnis. Auf Nachfrage erklärte mir die Leitung dann aber, dass es immer wieder vorkommt, dass Eltern ihr Kind anmelden und sich dann nicht mehr melden. Plätze bleiben frei, und das Vergabeprozedere muss von Neuem beginnen. Eltern sind also nicht nur Opfer, sondern auch Täter, habe ich daraus verstanden.

Die beiden Frauen brechen auf. Ich höre noch, wie der Junge ausgeschimpft wird, weil er mit dem Skateboard einen Blumentopf umgefahren hat.

Ich will meinen Sohn nicht hetzen. Also trinke ich den Rest meines Eiskaffees in Ruhe. »Tika liebt Schokoladeneis«, höre ich und sehe auf seinem Shirt doch einen Eisfleck. Er will auf meinen Schoß und schmiert mir Schokoladeneis auf die Bürobluse. Muss ich nicht selbst waschen, denke ich mir und genieße es einfach, mit ihm hier zu sitzen.

Ich glaube, die Kinderläden, die in den Siebzigern gegründet wurden, sollten die Gesellschaft nachhaltig verändern. Sich dabei aber nur an einen elitären Teil der Gesellschaft zu wenden, das ist der Hauptgrund, warum ich »meine« Elterninitiative so unmöglich fand. Die Gebühr, die sie verlangte, können sich nur wenige Familien leisten. Wir gehören nicht dazu. So wurden finanziell schlechter gestellte Familien ebenso ausgeschlossen wie die, in denen mehrere Kinder sind (eine Geschwisterermäßigung war in dieser Kita nicht vorgesehen). Und doch ist längst erwiesen, dass besonders die Kinder, die eben nicht aus wohlhabenden Familien kommen, durch einen Kita-Besuch Chancen erhalten, die sie sonst verpassen würden.[16] Mehr als wenn den Familien das Geld für die Kita bar ausgezahlt werden würde. Daneben stinkt es gewaltig zum Himmel, dass trotz dieser hohen Gebühren auch noch Fulltime-Einsatz der Eltern gefordert ist. Toiletten putzen – warum wird keine Putzhilfe eingestellt? Ach, stimmt ja, Putzfrauen können kündigen. Das hatte ich ja vergessen. Ich muss unsere Toilette auch wieder selbst putzen. Und mir erneut darüber klar werden, ob ich die innige Verbindung mit meinen sandigen Fußböden und meinen Armaturen voller Wasserspritzer mehr schätze als die Qualitätszeit mit meinem Kind. Alles in allem ist eine solche Elterninitiative eine Erweiterung der Upperclass-Hausfrauenehe: Sie bietet die Kinderbetreuung passend zum Ehegattensplitting.

15:49 Uhr. Wir müssen los. »Die Oma kommt gleich«, sage ich zu meinem Sohn. Wir stehen auf und gehen nach Hause. Ich habe dem Kleinen gerade die Schuhe ausgezogen, als es klingelt. Meine Mutter kommt kurz darauf aus dem Fahrstuhl. Sie sieht abgekämpft aus. »Was für eine Hitze«, sagt sie und bittet um ein Glas Wasser. Ich sehe sie besorgt an. Sofort steigt in mir das schlechte Gewissen hoch, dass ich sie über die Maßen beanspruche mit meiner Bitte, einen Nachmittag mit ihrem Enkelkind zu verbringen. Kaum denke ich das, ärgere ich mich über mich selbst. Mein Sohn ist ihr einziges Enkelkind. Meine Mutter ist Rentnerin. Sie wohnt zwanzig Minuten mit dem

Auto entfernt. Es gibt keine regelmäßigen Einsätze für sie als Babysitterin, sondern nur gelegentliche. Und oft hat sie auch von sich aus abgesagt, weil es ihr terminlich oder gesundheitlich nicht gepasst hat. Hier gibt es nichts, was mir ein schlechtes Gewissen machen sollte – außerdem lieben sich Oma und Enkelsohn. Und genießen es, Zeit miteinander zu verbringen.

Ich schlage meiner Mutter vor, in der Wohnung zu bleiben, wenn es ihr draußen zu heiß ist, und den Spielplatzbesuch ausfallen zu lassen. Und sage ihr, dass ich spätestens um halb sechs wiederkomme. Dann ziehe ich mein Bürokostüm und die Bluse mit dem Eisfleck aus und Jeans und ein Shirt an. Ich nehme das Fahrrad, um pünktlich zu sein. Der Friseursalon ist in derselben Straße wie die Kinderarztpraxis. Ich fahre auf eine rote Ampel zu, dieselbe, die ich gestern mit meinem Sohn auf dem Kindersitz überfahren habe. Ich drehe mich um. Keine Polizei, leider auch nicht der alte Mann von gestern – niemand zu sehen. Ich fahre mit Freude über die rote Ampel und hoffe, dass sich wenigstens irgendjemand im Verborgenen fürchterlich über mich aufregt.

Tönung und Schnitt stehen heute an. Eine Weile später sitze ich unter der Wärmehaube, die Haare in Alufolie eingewickelt, und trinke kaltes Wasser. Ich habe keine Lust, eines der Klatschhefte zu lesen, die im Zeitungsständer sind, sondern unterhalte mich lieber mit meiner Friseurin. Sie erzählt mir von einer Kundin, die bis vor kurzem in einer 200-Quadratmeter-Eigentumswohnung in einem teuren Viertel gewohnt hat. Jetzt ist sie umgezogen, in eine Zweieinhalbzimmerwohnung von der Sozialhilfe: als

Witwe mit drei Kindern. Ihr Mann ist völlig überraschend gestorben, an einem Herzinfarkt auf dem Rückweg von einer Dienstreise. Beim Start des Flugzeugs ist er bewusstlos geworden. Als sich die Kabinenbesatzung nach dem Start um ihn kümmern wollte, war es schon zu spät. Nun streiten sich die Anwälte der Fluggesellschaft mit dem Anwalt der Witwe um Schadensersatz. Die Witwe überlegt, sich auf einen Job an der Supermarktkasse zu bewerben, um wenigstens ein bisschen Geld zu verdienen – die Witwenrente deckt gerade so ihre Lebenshaltungskosten. Natürlich muss sie die Eigentumswohnung verkaufen, die noch nicht abbezahlt war. Und das zweite Auto. Und die Ferienwohnung im Zillertal. Eine furchtbare Geschichte, schließt die Friseurin. Ich stimme ihr zu. Und ziehe mich dann mit meinen Gedanken unter die Wärmelampe zurück.

Ich höre immer wieder Geschichten von Frauen, die plötzlich ohne das Geld ihrer Ehemänner dastehen. Natürlich geht dann das Latte-macchiato-Mütter-Gerede wieder los, dass die Frauen ja selbst schuld sind, weil sie, statt arbeiten zu gehen, nur Kaffee und Kinder im Kopf hatten und sich von ihren Männern finanzieren ließen. Das nervt mich gewaltig, dieses »Wir haben's dir ja gleich gesagt«-Nachtreten! Obwohl es tatsächlich ziemlich naiv und vielleicht auch gewagt ist, sich in finanzielle Abhängigkeit von romantischer Liebe zu begeben. Denn ohne Happyend wird die auch von unserer Bundesregierung nicht mehr beschützt. Stichwort: Unterhaltsrecht. Da Ehen heute nicht mehr so lange halten wie früher, soll das Leben von Männern und ihren Zweit- und Drittfrauen unterstützt und nicht durch finanzielle Verpflichtungen den Erstfrauen gegenüber gestört werden.[17] Geld bekommen die Exfrauen nur noch, wenn die gemeinsamen Kinder unter drei Jahren sind, heißt es im neuen Unterhaltsrecht. Allen anderen ist ein Vollzeitjob zuzumuten – wenn die Kinderbetreuung geregelt ist.

Das macht mich ganz schön zornig – auf die Politikerinnen und Politiker, die willkürlich modernisieren. Denn das Ehegattensplitting, die staatlich geförderte Hausfrauenehe, die Familien das Einer-verdient-Modell fast schon aufzwingt, wurde bei der Modernisierung des Rechts nicht angetastet. Und die Grundvoraussetzung für entspanntes Arbeiten, nämlich die flächendeckende Kinderbetreuung, ist auch Zukunftsmusik. Zornig wurde ich aber auch auf mich, weil ein großer Teil meines Antriebs, zwölf Monate nach der Geburt meines Kindes wieder arbeiten zu gehen, Angst war. Angst vor finanzieller Abhängigkeit von meinem Mann. Eben weil ich die Gefahren des Lebens einer Latte-macchiato-Mutter kenne. Ich habe gesellschaftliche Entwicklungen über das gestellt, was ich eigentlich empfinde. Ich glaube nämlich an meinen Mann und mich, an unsere Fähigkeit, Probleme zu lösen – was wir auch in der Vergangenheit schon bewiesen haben. Ich glaube an uns und unsere Familie. Abgesehen davon macht mich mein 30-Stunden-Job ökonomisch nicht unabhängig. Mein Gehalt allein deckt meine Lebenskosten und die Kosten für den Kleinen nicht – ohne meinen Mann und sein Einkommen müsste ich mein Leben gewaltig verändern.

Es klingelt, die Wärmelampe schaltet sich aus. Ich sehe aufs Handy, 16:59 Uhr. Keine Anrufe – weder von meiner Mutter noch aus dem Büro. Während sie mir die Haare wäscht, sagt die Friseurin, dass sie gerne ein Kind hätte. Aber nicht weiß, was sie dann mit ihrem Laden machen soll. Der Salon gehört ihr, sie arbeitet dienstags bis samstags von neun Uhr morgens bis abends um acht. Selbst wenn sie einen Ganztagsplatz in einer Kinderkrippe bekommen würde, wüsste sie nicht, wer dann das Kind ab fünf Uhr nachmittags betreuen solle. Ihr Freund? Und wann würde sie ihr Kind dann sehen?

Ich frage, ob sie nicht eine Teilhaberin finden kann, die den Salon mit ihr zusammen führt und ihre Arbeitszeit somit verkürzt. Darüber hat sie auch schon nachgedacht, sagt die Friseurin. Doch dann bleibt am Ende des Monats sehr viel weniger Geld übrig. Sie seufzt. Und deshalb, sagt sie, hat sie sich eine neue Spirale einsetzen lassen. In drei Jahren ist sie vierunddreißig – bis dahin muss sie eine Lösung gefunden haben.

Sie schneidet meine Haare und föhnt sie sorgfältig. Dann zeigt sie mir meinen neu frisierten Hinterkopf in einem Spiegel. Ich bin zufrieden, zahle, steige auf mein Fahrrad und fahre nach Hause. Auf dem Heimweg halte ich bei der Metzgerei, beim Bäcker und an einem Blumenladen. Ich kaufe einen Strauß bunter Tulpen für meine Mutter. Dann mache ich noch einen Stopp bei der Reinigung und hole fünf Hemden, ein Kostüm und drei Blusen ab – frisch gewaschen und gebügelt. Es gelingt mir, Wäsche und Blumen einigermaßen unzerknittert auf dem Fahrrad nach Hause zu bringen. Und wieder einmal wünsche ich mir, mein Mann würde diesen Reinigungsgang mit dem Auto übernehmen. Schließlich sind es auch seine Sachen – und ich habe entweder den Kleinen dabei oder sitze auf dem Fahrrad. Doch die Öffnungszeiten der Reinigung passen nicht zu seinen Arbeitszeiten: Montag bis Freitag von 9:00 bis 18:00 Uhr. Aber samstags liefert er die getragenen Hemden und Blusen in der Reinigung ab.

Mein Sohn sitzt am Küchentisch und malt ein Bild mit Wasserfarben, als ich um 17:51 Uhr nach Hause komme. Meine Mutter sitzt auch am Tisch. Sie sieht besser aus. Vielleicht war es wirklich nur die Hitze, die ihr zu schaffen gemacht hat. »Hübsch siehst du aus, Herzchen«, sagt sie. »Gut geschnitten – eine schöne Tochter habe ich.« Dann sieht sie meinen Sohn an. »Eine schöne Mama hast du«, sagt sie zu ihm. »Tikas Mama ist schön«, sagt er. Wir lachen alle drei. Ich gebe meiner Mutter den Blumenstrauß und bitte sie, zum Abendessen zu bleiben. »Es gibt Salat und Bratkartoffeln und Fleischpflanzerl.« Aber meine Mutter will nach Hause. Sie sei müde, sagt sie. Ich spüre wieder die Sorge in mir aufsteigen und das schlechte Gewissen. An der Tür umarme ich sie und ermuntere sie, mich anzurufen, wenn sie sich nicht wohl fühlt. »Ist schon gut, Herzchen«, sagt sie. »Du hast genug andere Dinge im Kopf.« Mein Sohn winkt ihr.

Mir fällt ein, dass ich die Waschmaschine vergessen habe: Die gewaschene Wäsche liegt seit fast zwei Stunden in der Trommel. Ich räume die Maschine aus und befülle den Trockner. Dann gehe ich in die Küche und bereite gemeinsam mit meinem Sohn das Abendessen vor. Der Kleine schneidet Tomaten und Gurken für den Salat und Zwiebeln für die Fleischpflanzerl. Ich schäle die Kartoffeln. Während die Kartoffeln in der Pfanne braten, zeige ich ihm, wie man aus Hackfleisch, Petersilie und Zwiebeln kleine Bällchen formt. Bald brutzeln auch die Fleischpflanzerl. Um 18:28 Uhr höre ich meinen Mann an der Tür. »Du bist ja schon da«, rufe ich ihm entgegen. »Wir haben Essen gebraten«, ruft mein Sohn und rennt zu ihm.

Dann sitzen wir zu dritt am Tisch und essen. Der Kleine kaut glücklich und weist meinen Mann vor jedem Bissen darauf hin, dass er das Essen gebraten hat. Ich bin auch glücklich. Auch wenn es nur ein gemeinsames Abendessen ist – das zweite in einer Woche –, bedeutet es mir doch viel. Familie. Die an einen Tisch zu bekommen, ist gar nicht so einfach. Aber in ein paar Minuten muss ich wieder los – der Elternabend. Ich überlasse meinem Mann Kind und Küche und steige wieder aufs Fahrrad. Im Kindergarten haben sich schon einige Eltern versammelt, wir setzen uns auf die kleinen Holzstühle im Gruppenraum und trinken Wasser und Saft aus kleinen Gläsern. Die Leitung begrüßt die anwesenden Eltern und stellt die Tagesordnung vor. Es geht um den Tag der offenen Tür in vier Wochen, das Sommerfest in sechs Wochen und die Abschiedsfeier vom Kindergarten für die künftigen Schulkinder in zwölf Wochen. Außerdem möchte sie noch einmal auf den Streik am kommenden Montag hinweisen, der bereits per Rundschreiben angekündigt ist.

Beim Stichwort Streik gibt es Unruhe unter den Eltern. Einige signalisieren Verständnis für die Forderungen der Streikenden. Andere finden es ungeheuerlich, dass der Kindergarten einen Tag geschlossen ist. Und dann auch noch an einem Montag. Die Leitung schlägt vor, erst mal die Tagesordnung abzuarbeiten. Und im Anschluss daran über den Streik zu sprechen. Es gibt einige unzufriedene Stimmen, aber der Großteil der Eltern findet den Vorschlag dann doch ganz vernünftig.

Während es also erst mal um Termine geht, betrachte ich die anwesenden Eltern genauer. Es sind einige Väter da, die ich noch nie beim Hinbringen oder Abholen gesehen habe. Unter ihnen sind die, die sich am meisten über den Streik aufgeregt haben. Was ich erstaunlich finde – schließlich haben die doch im Alltag nicht viel mit dem Kindergarten zu tun. Ob es diesen Männern ums Prinzip geht? Weil sie etwas, für das sie auch bezahlt haben, immer und ohne Ausnahme vollständig haben wollen? Oder sprechen sie hier im Sinne ihrer Frauen, die durch einen Streik im Kindergarten noch mehr gehetzt sein werden als sonst?

Besonders geschimpft haben zwei Männer. Der eine muss der Vater der Kindergartenzwillinge sein, die Ähnlichkeit ist unverkennbar. Seine Frau bringt die zwei Mädchen jeden Morgen mit dem Fahrrad zum Kindergarten, die Kinder im Anhänger. Das macht sie auch, wenn es regnet. Nur bei Eis und Schnee kommt sie mit dem Bus. Die Frau wirkt noch gehetzter als ich mich oft fühle: Ihre Kleidung ist ausschließlich funktional, und ihr Blick ist nur auf ihre große, wahrscheinlich wasserdichte Armbanduhr und die Kinder gerichtet. Einmal hat sie gesagt, sie führt eine ambulante Ehe. Weil ihr Mann ständig auf Reisen ist. Heute ist er offensichtlich da, und dann ist er gleich für den Elternabend eingespannt worden. Vielleicht ist er deshalb in Nörgellaune.

Der andere Mann ist elegant gekleidet. Ich habe ihn schon mal mit Frau und Sohn auf dem Spielplatz mit der großen Rutsche gesehen. Er saß am Rand der Sandkiste und las die *Financial Times*. Neben ihm seine Frau, in einen Roman vertieft. Der Sohn spielte mit Eimer und Schaufel. Irgendwie bekam er Sand in die Augen und lief weinend zu seinen Eltern. Sein Vater sagte: »Du bist ja voller Sand, da fasse ich dich doch nicht an.« Seine Mutter wischte wortlos Sand und Tränen weg. Die Reaktion ihres Mannes, die ich unglaublich fand, kommentierte sie nicht, was ich ebenso unglaublich fand. Dann stand der Mann auf und sah auf seine schwarzen Designerschuhe. »Wenn wir nach Hause kommen, muss ich als Erstes meine Schuhe putzen«, sagte er ärgerlich. Seine Frau meinte, dass ihr Sohn auch voller Sand sei. Das tat der Mann damit ab, das Kind könne einfach in die Badewanne gesteckt werden, die Reinigung seiner Schuhe sei weitaus komplizierter. Ich habe mich von den beiden weggesetzt, weil ich es nicht ertrug, wie der Mann sich verhielt. Und genau dieser Typ regt sich jetzt auf, dass das Personal des Kindergartens einmal einen Tag streikt.

Ich weiß gar nicht, wie viele Mütter im Kindergarten berufstätig sind. Wenn ich sie mir aber ansehe, die Frauen, die morgens ihre Kinder zum Kindergarten bringen – und trotz aller Gleichberechtigungsbemühungen sind es fast nur Frauen –, wirken sie alle nicht sonderlich entspannt. Bestimmt stehen alle berufstätigen Mütter ständig unter Zeitdruck, sind so gehetzt wie ich. Aber wahrscheinlich kennen die Mütter, die nicht arbeiten, das auch: das Gefühl, den Bus nicht mehr zu erreichen, egal wie schnell sie rennen und egal wie zeitig sie losgehen.

Meine Schulfreundin sagt oft, sie bewundert mich dafür, dass ich so schnell nach der Geburt meines Sohnes zurück ins Büro gegangen bin. Und dass sie mich um mein Berufsleben beneidet, auch wenn sie ihre Entscheidung, nicht mehr zu arbeiten, nach wie vor richtig findet. Sie selbst steht ohne Beruf schon unter großem Druck, will alles richtig machen, perfekt sein in dem, was sie tut. Vor allem wenn es um ihre Kinder geht. Davon spricht sie häufig. Du willst eben das Beste für deine Kinder, sage ich immer zu ihr, um sie zu trösten. Ja, sagt meine Freundin dann. Weil ich meine Kinder liebe. Und weil ich unter Beobachtung stehe und allen zeigen will, dass ich nicht versage. Seitdem ich Kinder habe, komme ich mir vor, als wäre ich öffentliches Gut. Sie hat mir vom Artikel einer Journalistin erzählt, die die deutsche Durchschnittsfrau aufgrund dessen, was über sie in Medien, Politik und U-Bahnen so geredet wird, mit einer Labormaus verglichen hat. *Lasst mich in Ruhe!* war die Überschrift dieses Artikels.[18]

Das Gefühl kenne ich auch. Mit meiner Schwangerschaft bin ich vom uninteressanten Individuum zum Gesprächsgegenstand geworden. Weil Kinder etwas sind, das alle angeht. Deshalb wollte mich der Mann in der Kneipe maßregeln, als ich schwanger mit einer Flasche alkoholfreiem Bier dort saß. Deswegen hat mich der Alte ausgeschimpft, als ich mit meinem Kind auf dem Rücksitz über eine rote Ampel geradelt bin. Völlig Fremde mischen sich in die Kindererziehung ein oder beurteilen meine Entscheidungen, kritisieren mich willkürlich als Rabenmutter oder als Latte-macchiato-Mutter.

Man sollte meinen, die Menschen stünden Kindern positiv gegenüber. Kinder sind unser wertvollstes Gut, sie sind die Zukunft, retten die Renten und pflegen die Alten hoffentlich voller Hingabe. Geben das zurück, was sie bekommen haben. Sie sind ja auch so niedlich. Doch diese positive Einstellung ist nur die Theorie. Geht es um die Realität, sind die guten Wünsche schnell dahin. In den wenigsten Restaurants freut man sich, wenn jemand mit seinem Kind hereinkommt. Kinder nerven oft. Sie werfen Gläser um, wollen nur Pommes frites essen, verkleckern die Tischdecke mit Ketchup oder stören mit ihrer bloßen Anwesenheit die anderen Gäste. Beim Reisen ist das ähnlich, ob in der Bahn oder im Flugzeug.

Ich melde mich beim Stichwort »Apfelkuchen«. Die Leitung ist immer noch dabei, den Tag der offenen Tür im Kindergarten zu organisieren, und sie braucht ein paar Elternspenden für das Büfett. Ich ziehe das Handy raus. Schon 19:55 Uhr, zwei Tagesordnungspunkte stehen noch bevor, und dann kommt die Diskussion um den Streik.

Neben mir sitzt die Mutter, die mir meine Exputzfrau Zsófia vermittelt hat. Ich beuge mich zu ihr und frage sie im Flüsterton, ob sie schon eine neue Putzfrau gefunden hat. Sie ist überrascht, verneint und fragt, warum Zsofía denn nicht mehr zu mir kommt. »Wegen ihrer Tochter«, sage ich. Die Mutter weiß von nichts, sie will nachfragen und mir Bescheid geben. Ich nicke. Und ernte einen strafenden Blick von der Leitung. Wie in der Schule – zum Glück fragt sie nicht, ob der Inhalt unseres Gesprächs für alle interessant sein könnte.

Endlich ist die Leitung mit den Tagesordnungspunkten durch. Sie schlägt vor, eine kurze Pause zu machen und dann über den Streik am Montag zu sprechen. Ich nutze die Zeit und rufe meinen Mann an. »Kind schläft«, sagt er zur Begrüßung. »Alles in Ordnung.« Ich sage, dass noch über den Kindergartenstreik am Montag gesprochen wird. Und dass die Putzfrau gekündigt hat. Aber nur bei uns, nicht bei der anderen Kindergartenmutter. Er ist überrascht, beruhigt mich aber. »Wir finden eine andere«, sagt er. Dann muss ich wieder auf meinen kleinen Stuhl zurück. Ein paar Eltern sind gegangen. Unter ihnen der Vater im Designeranzug, der sich so über den Streik aufgeregt hat.

Die Leitung bittet noch einmal um Aufmerksamkeit. Als alle Eltern auf den kleinen Stühlen sitzen und sie erwartungsvoll ansehen, erklärt sie die Hintergründe des Streiks: Es geht um höhere Löhne für die Erziehungsarbeit, aber auch um bessere Arbeitsbedingungen. »Ihnen ist sicher klar, dass sich Ausbildung, Qualifikation, aber auch körperliche und geistige Verfassung des Personals direkt auf die Qualität der Kinderbetreuung auswirken.[19] Es sind Ihre Kinder, die wir betreuen. Wir möchten das so gut wie irgend möglich machen. Schließlich haben wir uns auf eine Erziehungspartnerschaft eingelassen.«[20]

Ein paar Mütter räuspern sich, eine klatscht leise in die Hände. Andere stimmen mit ein, ich klatsche auch. Natürlich will ich, dass mein Kind so gut wie möglich betreut wird. Und ich will nicht, dass dabei Leib und Seele des Betreuungspersonals auf der Strecke bleiben.

Der Vater der Zwillinge meldet sich. Natürlich. Er plustert sich auf, meint, er kann ja verstehen, was die Erzieherinnen auf die Straße treibt. Aber er sieht nicht ein, dass das Problem auf seinem Rücken ausgetragen wird. Weil er ja nun wirklich nichts für Arbeitsbedingungen oder Tarife kann. Zustimmende Geräusche von einigen Eltern, ich unterdrücke ein Kopfschütteln. Ein dummer Kommentar! Als wäre alles nur die Schuld eines Politikers, einer Partei oder einer Bundesregierung, die vielleicht längst abgewählt ist. Es sind doch auch wir, die Menschen, die Kinderbetreuung als weniger wertvoll erachten (ist ja eigentlich ein Instinktjob, den Mütter auch ohne Ausbildung daheim gut machen können – haha!) als zum Beispiel Finanzmanagement.

Die Leitung lächelt. Ich bin sicher, sie hat damit gerechnet. Sie wendet sich direkt an den Vater. »Das ist der erste Streiktag in diesem Kindergarten in diesem Jahr. Rein arbeitsrechtlich kann Ihnen nichts passieren, wenn Sie aufgrund eines Streiks Ihr Kind zu Hause betreuen müssen.[21] Gerne stelle ich Ihnen auch noch eine Bescheinigung für Ihren Arbeitgeber aus, um zu bestätigen, dass wir wirklich streiken.« Nun schaut sie in die Runde. »Rein menschlich bin ich sicher, dass Sie von der Unterstützung unseres Streiks nur profitieren können.« Sie trinkt einen Schluck Wasser. »Der Streik endet am Montag um 17:00 Uhr. Am Dienstag werden wir Ihre Kinder wie gewohnt hier im Kindergarten betreuen. Gibt es noch weitere Fragen?« Niemand sagt mehr etwas.

Ich glaube, einige Eltern schämen sich. Weil sie ihre individuelle, gewohnte Bequemlichkeit über das Wohl einer ganzen Berufsgruppe stellen wollten. Die meisten stehen auf und verabschieden sich schnell. Mir ist es ein Bedürfnis, der Leitung die Hand zu schütteln. »Ich finde, Sie haben wirklich gute Sachen gesagt.« Und diesem Blödmann angemessen den Kopf gewaschen, denke ich, sage es aber nicht. Die Leitung bedankt sich und sagt: »Sie können auch mit Ihrem Arbeitgeber reden, um eine individuelle Lösung zu finden. Meistens ist es kein Problem, ein Kind für einen Tag mit zur Arbeit zu nehmen. Sofern dort keine Gefahren lauern.« Dann wünscht sie mir einen schönen Abend.

Mir fällt auf, dass die Leitung mit keinem Wort die Möglichkeit angesprochen hat, dass man am Montag einen Urlaubstag nehmen könnte. Wahrscheinlich läuft es der Streikethik entgegen, von jemand anderem einen Urlaubstag einzufordern, wenn man gleichzeitig für mehr gesellschaftliche Gerechtigkeit auf die Straße geht. Ich hätte auch keinen Urlaubstag mehr zur Verfügung. Von den einunddreißig Tagen, die mir zustehen, habe ich fünf Anfang Januar genommen. Acht waren es an Ostern, als wir zwei Wochen in Südtirol verbracht haben. Ein Tag ist für ein längeres Wochenende im Juni gedacht, da sind wir zu einer Hochzeit in Frankreich eingeladen. Elf Tage brauche ich im Sommer – Familienurlaub auf Elba. Bleiben sechs Tage für Weihnachten. Da komme ich auch nicht drumrum, der Kindergarten schließt am 22. Dezember und öffnet erst am 7. Januar wieder.

20:50 Uhr. Ich steige auf mein Fahrrad und fahre los. Die Gefahren, die an meinem Arbeitsplatz lauern, haben nichts mit scharfen Werkzeugen, hohen Temperaturen oder wackligen Gerüsten zu tun, sondern mit dem Wesen der Menschen, die dort beschäftigt sind. Egoismus, Engstirnigkeit, Rücksichtslosigkeit. Mir fällt das Interview mit den Musikerinnen ein, das ich gestern gelesen habe. Eine Violinistin erzählte, sie habe ihre Kinder oft auf Konzertreisen mitgenommen, wenn weder Großmutter noch Kinderfrau Zeit hatten. Und es sei immer ein großes Vergnügen gewesen. Ich beneide sie richtiggehend.

Ich bin froh, zu Hause anzukommen. Ich stelle das Fahrrad im Hof ab und gehe in unsere Wohnung. Mein Mann sitzt auf dem Sofa und liest Zeitung. »Da bist du ja«, sagt er. »Feierabend«, sage ich. »Hier gibt's nichts Neues«, sagt er. »Und bei dir?« Ich fasse die offiziellen Tagesordnungspunkte knapp zusammen: »Termine, Termine, Termine und dann noch viel Lärm um den Kindergartenstreik am Montag.« Er sieht mich fragend an. Ich erkläre, dass zwei Väter sehr wenig Verständnis dafür zeigten, dass unser Kindergartenpersonal für mehr Rechte auf die Straße geht. »Ich glaube, es geht da um Besitzstandswahrung«, sage ich. »Die meinen, sie haben mit dem Vertrag und der pünktlichen Überweisung aller Gebühren einen Platz für ihre Kinder gekauft, der immer verfügbar ist. So was wie ein Streik ist dabei nicht vorgesehen. Allenfalls würden sie Verständnis haben für höhere Gewalt – wenn der Blitz in die Kita einschlägt oder ein Satellit drauffällt, wären sie wahrscheinlich einverstanden, ihre Kinder mal nicht dort abzugeben.« Mein Mann lacht. Er bedauert, nicht dabei gewesen zu sein, dass er nicht als Verräter in den eigenen Reihen entlarvt wurde, als bekennender Erzieherinnenversteher.

»Ich habe gerade was Unterhaltsames über US-amerikanische Politikerinnen gelesen«, sagt er dann.[22] »Gerade auf der erzkonservativen Seite machen neue Mütter mobil. Zuerst kaufen sie ihren Teenagersöhnen Gewehre, dann ziehen sie gemeinsam mit ihnen in den Wahlkampf. Ihr Motto: Wer eine Familie mit fünf, sechs Kindern managen kann, kann auch einen Bundesstaat, ja, sogar ein ganzes Land managen.«

Das Kind als Qualifikationsgarantie. Mal ein neuer Aspekt in der Vereinbarkeitsdiskussion. Und das nimmt den Leuten, die berufstätige Mütter mit Fragen nerven wie »Warum hast du dir denn überhaupt ein Kind angeschafft, wenn du es so schnell wieder loswerden willst?«, den Wind aus den Segeln. Diese Frage habe ich auch gehört, wenn ich erzählt habe, dass ich ein Jahr nach der Geburt meines Sohnes wieder arbeiten werde – und zwar auch im Familien- und Freundeskreis. Da konnte ich dann über moderne gesellschaftliche Veränderungen reden, mich über Abhängigkeiten auslassen und Befürchtungen formulieren, ohne meinem Mann zu unterstellen, dass er mich und unser Kind bei passender Gelegenheit sitzenlassen wird. Rechtfertigungen, Erklärungen, Beteuerungen. Ich habe solche Gespräche gehasst. Vielleicht wäre eine Waffe – natürlich nur eine Wasserspritzpistole – in manchen Situationen hilfreich gewesen, denke ich und grinse.

»Kinder sind in den letzten Jahren für Frauen zu einem wichtigen politischen Accessoire geworden«, liest mein Mann vor. Das kennt man doch auch von Hollywoodschauspielerinnen, die mit Kindern, Nannys und tonnenweise Spielzeug Filmstudios in Kindergärten umwandeln. Das Kind als Statussymbol. Das Kind als Politikum. Wo bleibt das Recht des Kindes auf Kindsein? Und das Recht der Mutter auf Menschsein?

Was für ein Tag! Ein unangenehmes Gespräch mit meinem Vorgesetzten, eine Kündigung von der Putzfrau, die Szene in der Teeküche mit dem IT-Mann und der Grafikerin. Dann die Sorge um meine Mutter, die Geschichte von der verwitweten Mutter und ein Elternabend, der nicht enden wollte. Zum Glück hat mein Kleiner keinen Rückfall erlitten. Eigentlich bin ich der Meinung, es muss einen fieberfreien Tag geben, bis ich ihn wieder in den Kindergarten schicke. Bin ich doch eine Rabenmutter? Ich schüttle den Kopf und verbiete mir für den Rest des Abends alle Muttergedanken.

»Gute Nacht«, sage ich zu meinem Mann und nehme mir einen englischen Krimi aus dem Bücherregal. Ich muss mich entspannen. Das geht mit Verbrechen, die an der malerischen Küste von Cornwall geschehen und von klassisch gekleideten Briten aufgeklärt werden, am besten.

FREITAG

Der Bus ist weg. Ich bin zur Bushaltestelle gerannt und keuche. Ich war zu langsam. Der Bus ist weg. Schon 8:45 Uhr. Ich werde nicht pünktlich sein heute Morgen. Ich werde nach meinem Vorgesetzten ins Büro kommen. Und da ich in fünfzehn Minuten zum Jour fixe in sein Zimmer bestellt bin, wird er es auch bemerken.

Warum ist es kein Problem, wenn ich wegen eines Verkehrsunfalls, eines verspäteten Busses oder eines überlasteten Aufzugs zu spät komme – wegen eines Kindes, das einen Stock suchen will, aber nicht? Ich bin immer noch völlig außer Atem. Was für eine Scheiße!

Dabei hat der Tag ganz normal begonnen. Ich bin pünktlich mit meinem Sohn aus dem Haus gegangen, nach einem ganz normalen Morgen mit dem üblichen Iss-deine-Cornflakes-bitte-jetzt-Frühstück, dem Blau-ist-eine-schöne-Farbe-zieh-kein-anderes-T-shirt-an-Trödel-verhindern und dem Wir-müssen-los-Mahnen. Doch als wir dann draußen waren, wollte mein kleiner Tika unbedingt einen Stock haben. Einen ganz bestimmten Stock, einen mit einer Astgabel. Und dick sollte er sein. Diesen einen Stock zu suchen, hat viel Kraft gekostet. Genauso wie meine Versuche, meinen Sohn davon abzubringen, nach dem Stock zu suchen. Ich habe mit Kinderfilmentzug gedroht, laut geschimpft und ihm eine Belohnung in Aussicht gestellt, wenn er endlich weitergeht und nicht mehr nach diesem Stock sucht.

Kurz vor dem Kindergarten habe ich aufgegeben und mitgesucht. Im Vorgarten des Kindergartens haben wir dann endlich den Stock gefunden. Um 8:40 Uhr. Ich vermute, mein Sohn wusste, dass dieser Stock da lag – vielleicht hatte ihn ein anderes Kind gestern dort hingeworfen. Stock gefunden, doch wir waren schon zu spät. Nicht zu spät für den Kindergarten – solange ich meinen Sohn vor neun abliefere, ist dort alles in Ordnung. Aber zu spät für meinen Arbeitstag.

Ich überlege. Die U-Bahn braucht elf Minuten und ist vor einer Minute abgefahren. Die U-Bahn fährt im Zehn-Minuten-Takt. Da ich sieben Minuten bis zur U-Bahn-Station brauche, würde ich die nächste wahrscheinlich auch verpassen. Der nächste Bus fährt um 8:49 Uhr. Bei normalem Verkehr komme ich um 8:56 Uhr am Bürogebäude an und könnte es gerade so bis neun nach oben schaffen. Vor neun ist der Verkehr aber selten normal, besonders freitags sind die Straßen oft bis halb elf verstopft.

Warum musste er gerade heute nach diesem Stock suchen, an einem Freitag! Freitags findet im Zimmer des Vorgesetzten um 9:00 Uhr der Jour fixe statt: Kolleginnen und Kollegen berichten aus ihren Ressorts, neue Projekte werden vorgestellt und Aufgaben verteilt. Alle Personalentscheidungen werden in diesem Termin kommuniziert. Auch wenn ich nicht an den unmittelbaren Erfolg von Konferenzen im Büroalltag glaube: Der Jour fixe ist wichtig. Weil mein Vorgesetzter will, dass dieser Termin wichtig ist.

Es gibt unter den jüngeren Kolleginnen einige, die sogar ihren Urlaub für diesen Termin unterbrechen. Eine Frau aus der IT-Abteilung mit einer Viertagewoche kommt jeden Freitag nur dafür rein. An ihrem freien Tag! Vor ein paar Wochen kam sie sogar mit einer bösen Bronchitis. Sie war wirklich fertig, hatte Schweißperlen auf der Stirn und war sehr blass. Sie hat den Jour fixe durchgestanden. Erst am Ende bekam sie einen schlimmen Hustenanfall, wahrscheinlich, weil sich die Anspannung bei ihr löste. Und der Vorgesetzte hatte nichts Besseres zu tun, als sie mit den Worten »Na, solange Sie noch stehen können, kommen Sie aber zur Arbeit« zu verabschieden.

Ich entscheide mich für den Bus. Und hoffe auf halbwegs normalen Verkehr.

8:51 Uhr. Ich sitze im Bus. Der Bus fährt im Schneckentempo auf eine rote Ampel zu. Ich überlege wieder. Soll ich der Sekretärin Bescheid geben, dass ich ein paar Minuten zu spät komme? Oder vielleicht der jungen Kollegin, von der ich nicht weiß, ob sie schon wieder im Büro ist? Noch drei Haltestellen. Ich rufe die Sekretärin an und sage, dass ich mich um etwa fünf Minuten verspäte. Dann rufe ich meine Assistentin an, die schon an ihrem Schreibtisch sitzt. Gerade will sie zum Jour fixe. »Ah, du bist wieder gesund. Ich bin gleich da«, sage ich hektisch. »Ja ja, bis gleich«, sagt sie. Dann fährt der Bus in eine Unterführung und biegt ab. Noch eine Haltestelle, und ich kann aussteigen und zum Bürogebäude rennen.

Ich stelle mich an die Bustür und drücke mehrmals auf den Türöffner. Obwohl ich im Büro Bescheid gegeben habe, dass ich mich verspäte, habe ich Herzklopfen. Was auch damit zusammenhängt, dass ich aus früheren Jour-fixe-Terminen weiß, wie sarkastisch der Vorgesetzte auf Erklärungen und Entschuldigungen reagieren kann, wenn man zu spät kommt. Ganz kurz ärgere ich mich über meinen Mann: Warum muss immer ich hetzen und unser Kind in den Kindergarten bringen? Für ihn ist es doch viel einfacher, gemütlich im eigenen Auto, ohne diese verdammte Abhängigkeit von Busfahrplänen.

Als der Bus hält, ist es 9:07 Uhr. Vor mir steigt eine Frau mit einem Kinderwagen aus, die wenig Übung mit Bustüren und gehetzten Mitreisenden hat. Ich zwinge mich, nicht zu drängeln, springe hinter ihr aus dem Bus, ignoriere die rote Ampel und laufe über die Straße zum Bürohaus. Drücke nicht nur einmal auf den Nach-oben-Knopf, sondern fünfmal. Mit mir wartet ein junger Mann, dem ich kurz zunicke. Der Aufzug kommt, ich steige ein. Kurzer Zwischenstopp im neunten Stockwerk, der Mann steigt aus, Weiterfahrt, dann bin ich oben. Schnell in mein Büro, Tasche auf den Tisch, Jacke aus. Ich bin verschwitzt – natürlich! Ich schnappe mir die Mappe mit der veränderten Präsentation, die ich gestern Nachmittag fertig gemacht habe. Und gehe zum Zimmer meines Chefs. 9:10 Uhr. Ich versuche, ruhig zu atmen, was mir nach der ganzen Rennerei schwerfällt. Dann klopfe ich an und öffne die Tür.

Alle sitzen bereits am großen Konferenztisch: die ältere Grafikerin, meine Assistentin, die Sekretärin unseres Vorgesetzen und einige andere. Der Vorgesetzte spricht. Als ich eintrete, unterbricht er sich und sieht mich an. »Ah, Sie sind auch schon da. Da ist wohl wieder ein Kind krank«, sagt er in einem betont lustigen Ton. »Entschuldigen Sie bitte die Verspätung«, sage ich. »Und nein, niemand ist krank.« Ich will nicht über Stöcke und Busse, über Verkehrsstaus, Ampeln und das Warten auf den Aufzug sprechen. Und hoffe, mein Vorgesetzter akzeptiert das. Er akzeptiert es. »Dann sind wir also vollzählig und können anfangen.«

Diese Woche gibt es nichts Neues. Kleinere Projekte werden vorgestellt und daran geknüpfte Aufgaben verteilt. Die frisch gedruckte Broschüre macht die Runde, alle sind zufrieden mit dem Ergebnis. Der Vorgesetzte nickt mir anerkennend zu – offenbar hat er vergessen, dass meine Assistentin auch an der Fertigstellung beteiligt war. Als ich dann den neuen Entwurf der Präsentation zeige, gibt es Getuschel. »Ist das für uns alle interessant?«, fragt der Vorgesetzte. Dieselbe Situation wie gestern Abend auf dem Elternabend. Er scheint jedoch seine Machtposition mehr zu genießen als die Leitung des Kindergartens, die die Flüsternden nur böse angeschaut hat.

Die Kollegin, die der Grafikerin etwas zugeflüstert hat, räuspert sich und meint, die Präsentation würde aussehen wie ein Lifestylemagazin aus Berlin-Mitte. Der Vorgesetzte nickt. Und sagt dann: »Das find ich gut.« Ich bin erleichtert und erkläre, dass wir in der Vergangenheit oft auf eine zu altbackene Grafik gesetzt haben. Und dass ich der Meinung bin, dass wir das besser können. Dass man ruhig mal Weißbier zum Fisch servieren kann.

Um 10:25 Uhr endet der Jour fixe. Ich bin sehr zufrieden: kein nennenswerter Ärger wegen meines Zuspätkommens, Lob für die gedruckte Broschüre und Anerkennung für den neuen Entwurf der Präsentation. Und das alles vor versammelter Mannschaft. Eigentlich ist meine Arbeit doch ganz angenehm, denke ich und gehe beschwingt an meinen Schreibtisch zurück.

Meine Assistentin kommt kurz darauf in unser Büro und schließt die Tür hinter sich. »Ich muss mit dir reden«, sagt sie. Ich atme tief durch. Damit hatte ich gerechnet. »Ist es wegen der Broschüre?«, frage ich. Und setze an zu erklären, dass der Vorgesetzte sie nicht absichtlich übergangen hat. Sondern nur aus Gewohnheit, was zwar auch unschön ist, aber wenigstens nicht herablassend. Sie winkt ab. »Es geht um was anderes«, sagt sie. Damit hatte ich nicht gerechnet, es aber befürchtet. »Ich bin schwanger. Und ich weiß nicht weiter.«

Die junge Kollegin erzählt, dass sie vor ein paar Wochen einen Mann kennengelernt hat. Sie ist mit ihm essen gegangen, dann ins Kino, schließlich ins Bett. Sie ist verliebt, macht sich aber keine Hoffnungen auf eine gemeinsame Zukunft mit dem Mann. »Weißt du, er hat eine Frau«, sagt sie. Jetzt ist ihre Regel ausgeblieben. Obwohl sie mit einem Kondom verhütet haben. Sie ist verzweifelt. Hat dem Mann noch nichts von der Schwangerschaft erzählt. Weil sie sich erst mal darüber klar werden will, was sie selbst möchte.

Ich höre zu. Sage, dass sie mir leidtut. Und ich mich gleichzeitig sehr für sie freue. »Warst du denn schon bei deiner Ärztin?«, frage ich. Schließlich können Schwangerschaften ja auch schiefgehen: falscher Alarm, Eileiterschwangerschaft, Windei, Fehlgeburt – all das spreche ich nicht aus, denke aber daran. Die junge Kollegin schüttelt den Kopf. Sie habe nur einen Schwangerschaftstest gemacht. Und als der positiv war, habe sie noch einen gekauft, der sei auch positiv gewesen.

Es klopft an der Tür. Die ältere Grafikerin kommt herein und möchte mir zwei Illustrationen zeigen, die sie für die Präsentation neu entworfen hat. Sie merkt, dass sie in etwas hineingeplatzt ist. »Störe ich?«, fragt sie. Eigentlich stellt sie es mehr fest. Denn sie weiß ja, dass sie stört. »Nein, nein«, sage ich und bitte sie an meinen Computer. Die junge Kollegin geht aus dem Raum.

Die Grafikerin fragt, ob es meiner Assistentin nicht so gut geht. »Nicht dass ich wüsste«, weiche ich aus. Ich möchte mich nicht am Bürotratsch beteiligen. Und eine wahrheitsgemäße Zustandsbeschreibung des Befindens der jungen Kollegin wäre hochexplosives Futter für den Flurfunk.

Um 11:00 Uhr fahre ich mit dem Aufzug in den neunten Stock und gehe in die Honorarabteilung. Es gibt ein Problem mit der Rechnung, die die Druckerei für die Herstellung der Broschüre gestellt hat. Entgegen unserer Absprache hat sie die Extrastunden, die durch den zusätzlichen Proof angefallen sind, berechnet. Auf der Rechnung steht außerdem, dass ein Logo ausgetauscht werden musste. Ich telefoniere mit der Druckerei und erkläre, dass der zweite Proof wegen eines Kalibrierungsfehlers gemacht werden musste. Dass er nötig war, um die Echtheit der Farben zu überprüfen. Und dass das Logo nur ausgetauscht wurde (den Tippfehler, den der Vorgesetzte kurz vor Druck noch gefunden hat, lasse ich unter den Tisch fallen), weil sowieso ein zweiter Andruck gemacht werden musste. Ich weise außerdem darauf hin, dass mir bereits zugesagt wurde, dass die Extrastunden nicht berechnet würden, eben weil sie durch die fehlerhafte Bedienung einer Druckmaschine verursacht wurden. »Da war einfach der Wurm drin bei diesem Auftrag«, sage ich.

Eine unschöne Diskussion entbrennt. Anfangs bin ich freundlich, dann werde ich immer reservierter. Lasse mich von der Finanzbuchhalterin der Druckerei mit meinem gewohnten Ansprechpartner verbinden. Und erwähne bei beiden nebenbei, dass es auch andere Druckereien gibt, die vielleicht sogar günstiger arbeiten. Am Ende gewinne ich. Nach einer Dreiviertelstunde Telefonieren. Die Druckerei stellt eine neue Rechnung aus, zum ursprünglichen Preis, ohne Extrastunden.

Ich bin zufrieden. Noch ein Erfolgserlebnis.

Auf dem Rückweg zu meinem Büro finde ich mich plötzlich ziemlich unsympathisch. Nicht weil ich hart bleiben kann in Verhandlungen. Sondern weil ich wie ein Fähnchen im Wind meines Vorgesetzten flattere. Erhalte ich Lob von ihm, freue ich mich und sehe Sinn in meiner Arbeit. Tadelt er mich und ist unzufrieden mit meinen Leistungen, versinke ich in ein tiefes Loch und hinterfrage meine Fähigkeiten. Wie ein Schulmädchen, das in ihrem Heft Fleißsternchen vom Lehrer sammelt. Und am liebsten ein neues Heft beginnen möchte, wenn einmal ein »Das kannst du besser« unter einer Hausaufgabe steht.

Macht man so Karriere? Und will ich das?

Ich frage mich das ausnahmsweise ganz unabhängig

von meiner Lebenssituation. Ja, ich möchte Verantwortung übernehmen. Ich möchte eigenständig Entscheidungen fällen können. Aber ich möchte mich nicht verstellen müssen. Wenn das eine Voraussetzung für beruflichen Erfolg ist, glaube ich nicht an mich als Karrierefrau. Weil mir diese Rolle so zuwider ist. Weil sie nicht selbstbestimmt ist. Weil ich wie eine Marionette bin, eine neben vielen anderen aus dem Fundus des Puppenspielers, meines Vorgesetzten. Er schreibt das Drehbuch, zieht die Fäden. Ich lasse mich von ihm führen und lasse zu, dass er durch mich spricht. Ich übernehme sogar seine Formulierungen – »altbacken« und »der Wurm drin«, nicht zu vergessen das »Weißbier zum Fisch«. Ich ekle mich vor mir selbst und gehe in den Waschraum.

Während ich meinen Mund ausspüle und meine Hände wasche, denke ich an meine Unizeit. Wie viele idealistische Visionen ich hatte, was ich alles zu verstehen glaubte und verbessern wollte. Heute habe ich es mir in einem Luxusjob bequem gemacht, mit einem gemütlichen Büro, das ich mit einer netten Kollegin teile, den familienfreundlichen Arbeitszeiten, Urlaubstagen und Krankentagen. Und dass das Lob meines Vorgesetzten für mich das einzig Sinngebende neben dem festen Monatsgehalt ist, das ist wirklich jämmerlich. Ein Trost ist allerdings, dass ich nicht die Einzige bin, der es so geht.

Ich verlasse den Waschraum und drücke auf den Nach-oben-Knopf. Gerade stört es mich nicht zu warten, denn ich habe es nicht eilig, an meinen Schreibtisch zurückzukommen. Welchen Sinn hat diese ganze Hetzerei?, frage ich mich.

Ich glaube, dass viele Frauen spätestens mit der Geburt eines Kindes an diese Sinnfrage stoßen. Einerseits wird der Weg nach oben, der für Frauen sowieso ziemlich schwierig ist, durch das Handicap Kind noch mal schwieriger. In meiner Firma gibt es zehn Vorstandsposten, einen besetzt eine Frau – ein guter Schnitt für Deutschland, rein statistisch gesehen, aber natürlich ein Armutszeugnis für die jahrzehntelangen Bemühungen um Gleichberechtigung in der Arbeitswelt. Die Vorstandsfrau hat keine Kinder, ist unverheiratet, promovierte Juristin und ein klassischer Workaholic.

Eine Frau als Teilzeitvorstand, das ist in meiner Firma undenkbar. Selbst als Projektleiterin muss man dem Büro eher fünfzig als vierzig Stunden pro Woche zur Verfügung stehen. Deshalb ist die Frage nach Kind oder Karriere in diesem Haus eine klare Entweder-oder-Entscheidung. Und aus eigener Erfahrung kann ich bestätigen: Wer so viel arbeitet, fragt auch nicht mehr nach dem Sinn dahinter. Erstaunlich eigentlich, dass ich überhaupt ein Kind bekommen habe. Dass ich ausgestiegen bin, wenigstens für kurze Zeit, aus dieser Mühle. Hätte ich nicht fest an meinen Mann und mich und unsere Partnerschaft geglaubt, würde ich wahrscheinlich immer noch so viel arbeiten. Doch ich hatte das Gefühl, es müsse da noch etwas geben, etwas ganz anderes. Ich war einfach neugierig. Über Sinn und Nichtsinn meiner Arbeit habe ich damals gar nicht so viel nachgedacht.

Heute ist mir klar, dass im Vergleich mit dem Mutter-Kind-Leben die Sinnfrage im Büro ziemlich ernüchternd ist: Die meisten Dinge, die ich für den Vorgesetzten mache, sind mir scheißegal. Sogar das Geld, das ich dabei verdiene, interessiert mich nicht wirklich. Ganz anders hat mir das Leben mit meinem Kind sofort, vom ersten Moment an, Sinn gegeben, existentiellen Sinn: Mein Sohn braucht mich. Eigentlich immer – zumindest, solange er klein ist. Und außerdem brauche ich meinen Sohn. Richtiges Glück empfinde ich nur, wenn ich mit ihm zusammen bin. Selbst wenn ich gestresst bin, sind es oft ganz kurze Augenblicke, die mir Kraft geben, etwa, wenn der Kleine mir im Kindergarten entgegenläuft beim Abholen, oder sein Lachen, wenn er beim Versteckenspielen gefunden wird. Oder wenn er sich etwas ausdenkt wie diesen Namen, Tika.

Der Aufzug kommt. Ich fahre nach oben. Und sehne mich plötzlich unglaublich nach meinem Sohn. Im fünfzehnten Stockwerk gehe ich wieder zur Toilette und wasche gründlich meine Hände.

Mir fällt meine Cousine ein. Mit fünfundzwanzig schon wurde sie stellvertretende Filialleiterin einer großen Bank – ihre Zweigstelle hatte eine zentrale Lage, mitten in der Stadt. Eine echte Überfliegerin, meine Cousine. Sie hat richtig etwas bewegt, vergab Minikredite an Obdachlose, damit die mit kleinen Bauchladenjobs Existenzen aufbauen konnten. Ein Plan, den am Anfang alle ablehnten. Der dann am Ende, als sie ihn durchgefochten hatte, durch die Presse ging. Und ihr letztendlich die Beförderung zur stellvertretenden Filialleiterin einbrachte. Dann erlitt ihre makellose Karriere einen Knick: Sie wurde schwanger. Mit sechsundzwanzig. Von dem Mann, mit dem sie seit Teenagerzeiten zusammen war.

Meine Cousine freute sich unglaublich, bis sie mit ihrem Chef, dem Filialleiter, sprach. Der setzte ihr die Pistole auf die Brust: Entweder sie kommt sofort nach der Geburt in Vollzeit zurück – oder gar nicht. Er sagte ihr wortwörtlich, dass er auf ihren Rechtsanspruch auf Teilzeit pfeife.[23] Dass er sie ganz haben wolle. Meine Cousine war natürlich am Boden zerstört. Und dann musste sie plötzlich ins Krankenhaus. Ich weiß nicht, ob sie abgetrieben hat oder ob dieser ganze Druck zu einer Fehlgeburt führte. Kurz darauf ging auch ihre Beziehung auseinander.

Meine Cousine lebt heute in den USA. Sie arbeitet seit zwei Jahren in New York für eine große Bank. Wir haben kaum noch Kontakt. Ich glaube, sie will mit ihrem alten Leben nichts mehr zu tun haben. Und da ich ein Teil davon bin, hat sie auch an mir kein Interesse mehr. Damals, als sie schwanger war, haben wir ein paarmal telefoniert. Ich war zu der Zeit auch schwanger, ganz am Anfang, fast vier Jahre ist das jetzt her. Mir war ziemlich oft schlecht und ihr auch, da haben wir uns ausgetauscht. Einmal hat sie gesagt, dass sie nachts nicht schlafen kann. Weil sie sich immer vorstellt, wie sie in die Bank geht, mit dickem Bauch. Und alle mit Fingern auf sie zeigen.

Es ist ruhig in meiner Abteilung, als ich den Gang entlanggehe. Freitags wollen die meisten früher in die Mittagspause, weil sie früher Feierabend machen. Die junge Kollegin sitzt an ihrem Schreibtisch und telefoniert. Ich öffne meinen Posteingang und bleibe bei einer Mail von der Grafik hängen. Sie hat einen Link auf die Website eines Nachrichtenmagazins angehängt.[24] Das hat die schlimmsten Sprüche Vorgesetzter veröffentlicht, eingeschickt von den Leserinnen und Lesern. Ich klicke auf den Link und beginne zu lesen:

»Jetzt sind Sie schon zu zweit – und haben immer noch keine Ahnung.«

Gratulationsfloskel nach Geburt

»Sie können mit Ihrem Gehalt keine zwei Kinder ernähren? Dann muss eben eins sterben.«

Sozialdarwinismus in Gehaltsverhandlung

Mir vergeht die Lust am Weiterlesen. Und es ist mir egal, ob das nun echte Zitate sind oder ausgedachte. Über diese Art Humor kann ich nicht lachen.

»Danke fürs Zuhören vorhin«, sagt da die junge Kollegin. Sie hat ihr Telefonat beendet. »Ist es in Ordnung, wenn ich heute etwas früher nach Hause gehe? Die Woche war ziemlich anstrengend für mich, und ich will übers Wochenende heim zu meinen Eltern.« Ich nicke. Und ermuntere sie, doch gleich zu gehen – den Rest der anstehenden Arbeit kann ich auch allein erledigen. Sie schaltet ihren Rechner aus, packt ihre Sachen und geht. Da fällt mir die Bemerkung des Vorgesetzten ein, dass wir unsere »Frauensachen« besser absprechen sollten. Haha. Aber ich hoffe trotzdem, er bemerkt nicht, dass sie heute eher gegangen ist als sonst.

Ich bin erleichtert, dass sie weg ist und mich nicht noch einmal um Rat fragt. Denn sosehr mich ihre Schwangerschaft und die damit verbundenen Fragen auch berühren – ich weiß nicht, was ich ihr sagen soll. Das Kind behalten, einen Schwangerschaftsabbruch machen – beides so folgenschwere Entscheidungen, dass ich ihr weder zur einen noch zur anderen raten möchte. Aber ich finde es wichtig, dass sie vor allen Entschlüssen auch mit dem Mann spricht, dem Erzeuger, der meiner Meinung nach ein Mitspracherecht hat. Und natürlich auch eine Verantwortung.

Die nächsten Stunden verlaufen ruhig. Ich schließe die Präsentation unterstützt von der Grafik ab und lege den Ausdruck um 14:00 Uhr auf den Schreibtisch meines Vorgesetzten. Der schon nach dem Jour fixe außer Haus musste und heute nicht mehr ins Büro kommt, wie seine Sekretärin sagt. Ich kontrolliere die neue Rechnung der Druckerei, die per Kurier eingetroffen ist. Alles wie besprochen. Ich stecke die Rechnung in einen Hauspostumschlag und lege sie in den Postausgang. Am Montag kann sich die Honorarabteilung damit befassen. Pünktlich um 14:45 Uhr verlasse ich das Büro.

Der Aufzug lässt mich warten. Ich weiß, dass der Bus weg ist. Doch ich bleibe ruhig, verzichte auf das Stakkato auf den Nach-unten-Knopf. Ich fahre mit der U-Bahn zum Kindergarten. Mein Sohn läuft mir entgegen – er hat einen Marienkäfer auf der einen Wange und ein Herz auf der anderen. »Wir haben gemalt«, erzählt er mir stolz. Ich küsse das Herz und den Marienkäfer. »Wir haben Wochenende«, sage ich.

Die Leitung des Kindergartens bittet mich kurz in ihr Büro. »Sie wissen, dass am Montag gestreikt wird«, sagt sie. Der Kindergartenstreik – den hatte ich natürlich nicht vergessen nach dem Elternabend. Aber den Babysitter, meine Mutter, habe ich noch nicht angerufen. Ich bejahe. Die Leitung sagt noch einmal, dass der Streik auf jeden Fall befristet ist, dass am Dienstag wieder normaler Kindergartenbetrieb ist.

Ich höre nur mit einem Ohr zu, da ich versuche, eine schnelle Lösung für das Kinderbetreuungsdilemma zu finden: Was mache ich mit meinem Kind, wenn meine Mutter nicht kann? Ich habe weder einen Krankheitstag noch einen Urlaubstag zur Verfügung. Mein Mann fliegt Montagmorgen auf Dienstreise in die USA. Ich sage der Leitung, dass ich nach wie vor voller Verständnis bin für ihre Forderungen und wünsche ein schönes Wochenende.

Wir haben noch eine Verabredung. Eine Kindergartenmutter hat uns eingeladen. Sie hat einige Frauen mit ihren Kindern eingeladen, zu Kaffee und Kuchen. Die meisten kenne ich aus dem Kindergarten. Eigentlich ist es so was wie eine Kaffeefahrt, zu der wir aufbrechen. Die Kindergartenmutter hat uns im Auftrag einer Freundin eingeladen, einer Frau, die auf Provisionsbasis für eine Kindermodenfirma arbeitet. Sie bringt stapelweise Ausstellungsware mit, die neue Sommerkollektion. Die sie gerne an uns verkaufen möchte. Ich bin noch nie in meinem Leben auf einer Tupperware-Party gewesen und bin deshalb etwas angespannt. Mein Sohn freut sich, dass wir jemanden besuchen.

Wir fahren mit der U-Bahn, eine Station. Die Familie, Vater, Mutter und drei Kinder, wohnt in einer ausgebauten Dachgeschosswohnung, inklusive Blick auf die ganze Stadt. Wir sind die Letzten, die ankommen. Das Wohnzimmer erinnert an ein Kaufhaus im Sommerschlussverkauf. Drei große Kleiderständer aus Metall stehen da, mit unzähligen Jacken, Hemden, Shirts und Kleidern. Auf dem

Couchtisch sind Mützen, Gürtel und Tops gestapelt. Sieben Kinder toben durch das Wohnzimmer und verstecken sich unter den Kleidungsständern. Ich begrüße die Frauen, die ich kenne, und stelle meinen Sohn und mich den anderen vor. Es gibt eine klare Unterscheidung zwischen den Müttern, die ihre Kinder nach der Arbeit abgeholt haben und gleich hierhergekommen sind, und den nicht berufstätigen Müttern: Die einen tragen Anzüge oder Kostüme, die anderen nicht. Meine Nachbarin ist auch da. Sie ist ein wenig reserviert, und ich sehne mich sofort nach einem Handy mit Freisprechanlage und wichtigen Anrufen aus dem Büro. Um der Nachbarin zu entfliehen und sie zugleich zu ärgern.

Mein Sohn will auf meinen Arm, ihm scheint das Modell Tupperware-Party ähnlich unheimlich zu sein wie mir. Wir setzen uns erst mal an den Küchentisch, uns werden Kaffee, Saft und Kuchen angeboten.

Es dauert etwa eine Viertelstunde und ein halbes Stück Erdbeerkuchen, bis mein Kleiner seine anfängliche Scheu überwunden hat. Jetzt will er auch mit den anderen Kindern durch die Wohnung toben. Ich atme auf und gehe zu der Kleidungsverkäuferin. Sie wirkt nervös, ein wenig unprofessionell und deshalb ziemlich sympathisch. Sie erzählt mir, dass sie eigentlich Diplominformatikerin ist und vor der Geburt ihrer Tochter in einer kleinen Internetagentur fest angestellt war. Sie wäre gerne nach einem Jahr Elternzeit wieder eingestiegen in ihren Job, so hatte sie es auch mit ihrer Chefin ausgemacht. Doch dann fand sie einfach keinen Krippenplatz für ihre Tochter. »Ich habe wirklich alles versucht. Aber es war nichts zu machen –

meine Tochter ist in einem Geburtenboomjahr geboren. Und wir wohnen in einem Viertel mit vielen Kindern, aber wenigen Kitas. Hoher Ausländeranteil, günstige Mieten.« Sie versuchte, eine Tagesmutter zu finden, ihre Chefin wollte sich an den Kosten beteiligen. Nichts. Eine Familie, die ihr die Tochter wenigstens vormittags abnehmen könnte, hat sie nicht – sie ist alleinerziehend, und ihre Eltern sind schon lange tot. »Ich hab dann gedacht, dass es vielleicht ein Zeichen ist. Dass ich meine Tochter nicht weggeben soll. Und deswegen habe ich jetzt diesen neuen Job: Ich verkaufe Kinderkleidung. Und kann meine Tochter zur Arbeit mitnehmen.«

Ihre Tochter läuft gerade auf etwas unsicheren Beinen hinter meinem Sohn her. Fünfzehn Monate alt, schätze ich, vielleicht etwas älter. Ich frage die Frau, ob sie später wieder in ihren alten Job zurückwill. Sie sagt, dass sie an sich gern wieder als Informatikerin arbeiten würde. Dass sie ihre Stelle wahrscheinlich auch problemlos wiederbekäme – weil sie gut ist und weil ihre Chefin voller Verständnis ist. Dass sie aber auch festgestellt hat, dass sie sich verändert hat. Dass sie sich nicht mehr über die Qualifikation Diplominformatikerin identifizieren mag. »Vor kurzem war ich auf der Hochzeit einer früheren Kollegin. Und ich fand es total beknackt, dass sie im Standesamt mit ihrem Berufstitel bezeichnet wurde – als würde das etwas über einen Menschen aussagen, der gerade heiraten will.« Ich merke an, dass das vielleicht typisch deutsch ist, dieser Drang, Menschen zu Lebensläufen zu machen und in Schubladen zu packen, auf denen ein Zeugnis klebt. Damit unsere außerordentlich komplexe Welt, einmal in Einzelteile zerlegt und ordentlich aufgeräumt, besser zu begreifen ist.

Sie lacht. Sagt, dass sie schon stolz ist, ihren vorbildlichen und irgendwie auch langweiligen Lebenslauf mit Kind und neuem Beruf radikal verändert zu haben. »Dass ich jetzt eine *Yes-we-can*-Amerikanerin im Geiste bin, würde ich aber nicht behaupten«, sagt sie dann. Und außerdem ist sie skeptisch, ob sie die nächsten Jahre mit einem Transporter voller Kinderkleider die Wohnzimmer der Stadt beliefern möchte.

Ich kann sie gut verstehen. Auf eine gewisse Art stellt sie mit ihrem neuen Job auch ihren Lebenslauf zur Schau – erzählt allen, dass sie eigentlich etwas anderes vorhatte. Und alle können ihre Tochter sehen. Ich glaube, so etwas liegt mir nicht. Für mich ist die strikte Trennung von Berufsleben und Privatleben immer schon immens wichtig gewesen – und zwar nicht nur im Lebenslauf. Wahrscheinlich muss ich mich deswegen auch immer so hetzen, um vom einen Leben ins andere zu kommen – ich habe zu wenige Übergangsmöglichkeiten eingerichtet.

Ich gehe zu den Kleidungsständern und schaue mir die Sommerkollektion für Jungs an. Ganz hübsche Sachen, manche etwas zu trendy für meinen Geschmack, mit aufgedruckten coolen Sprüchen und Comicfiguren.

Mir fällt ein, dass ich vor einiger Zeit einen Bericht über die verschenkten Potenziale von Frauen gelesen habe.[25] Dass es sehr viele Frauen gibt, die Minijobs haben oder Teilzeit arbeiten so wie ich und gerne mehr machen würden. Aufgrund der Kinderbetreuungssituation oder besser der familienunfreundlichen Arbeitsmodelle aber haben sie keine Möglichkeiten. Ich bin mir nicht sicher, ob ich meinen Sohn um halb acht im Kindergarten abliefern, bis halb fünf im Büro bleiben und um fünf wieder am Kindergarten sein, also wieder eine 40-Stunden-Woche plus Mittagspause haben möchte. Plus Haushalt, Partnerschaft, Privatleben. Das hatte ich früher, als ich noch nicht Mutter war. Damals musste ich mich nach der Arbeit – und vor der Arbeit – nur um mich selbst kümmern. Aber ich bin auch in der Luxussituation, das benötigte Geld nicht allein ranschaffen zu müssen.

»Kriegst du Geld vom Vater deiner Tochter?«, frage ich die Kleidungsverkäuferin. Und erschrecke sofort über meine Direktheit. Sie meint, sie würde eigentlich nicht so gerne über diesen Teil ihres Privatlebens sprechen, vor allem nicht in Anwesenheit ihrer Tochter. Sie sieht sich um, das Mädchen ist gerade nicht im Zimmer. Dann sagt sie: »Ja, ich kriege Geld. So viel wie die Düsseldorfer Tabelle[26] vorschreibt. Aber wenn ich in der Zeitung lese, dass der Bundesgerichtshof von einer alleinerziehenden Mutter verlangt, ihr Grundschulkind jeden Tag bis fünf im Hort zu lassen, damit sie voll arbeiten kann, während der Vater des Kindes wahrscheinlich sein dickes Investmentbankereinkommen mit seiner neuen Freundin auf den Cayman Islands verjubelt, dann kriege ich schon das Kotzen.«[27] Ihre Tochter kommt ins Wohnzimmer und will auf ihren Schoß. Gespräch beendet.

Ich kaufe eine Hose und ein T-Shirt aus ihrer Kollektion. Mehr aus Sympathie für die Frau als aus Überzeugung von den Sachen. Denn zu gehen, ohne etwas zu kaufen, das bringe ich nicht übers Herz, vor allem, nachdem sie so offen mir gegenüber war. Um 17:33 Uhr gehen mein Sohn und ich zur U-Bahn und fahren heim. Der Kleine gähnt. Freitags ist er oft ziemlich müde, manchmal auch gereizt. Kein Wunder – er hat auch eine 30-Stunden-Woche: Sein Büro ist der Kindergarten.

Als wir aus der U-Bahn aussteigen, klingelt mein Handy. Meine Schulfreundin fragt, ob wir nächste Woche ins Kino gehen wollen. »Du sollst nicht telefonieren«, sagt mein Sohn und will auf meinen Arm. Ich hebe ihn mit dem linken Arm hoch und halte das Handy mit der rechten Hand fest. »Ganz gerne«, sage ich zu meiner Schulfreundin. »Kind auf dem Arm?«, fragt sie. Sie hört mein Schnaufen, und sicher hat sie auch die Beschwerde meines Sohnes gehört. »Wohin rennst du denn gerade?« Ich erzähle kurz, wo wir waren, und dass wir auf dem Heimweg sind. Und dass ein Erdbeerkuchenfleck und jetzt auch ein Fußabdruck auf meinem Rock sind, den ich gestern aus der Reinigung geholt habe. Sie lacht. Und sagt, dass sie seit zehn Tagen nicht mehr rausgegangen ist, weil beide Kinder die Windpocken haben. Dass sie ihrem Mann SMS mit Wünschen aus der Quarantäne schickt. »Die extravaganten Dinge kommen aber von mir. Gestern hatte ich Heißhunger auf Quarkknödel mit Marillenmarmelade. Er hat alle Zutaten gekauft. Die Kinder haben's natürlich nicht gegessen. Sondern Milchreis aus der Fertigpackung gefordert.« Wir verabreden uns für nächsten Donnerstag. Ich trage meinen Sohn nach Hause. Und freue mich auf das bevorstehende Wochenende. Zwei Tage lang keinem Bus nachlaufen, denke ich.

Zu Hause backen wir Pfannkuchen zum Abendessen,

einen Stapel mit Schinken, einen mit Zimt und Zucker. Um 18:45 Uhr kommt mein Mann heim. Er hat den Wochenendeinkauf erledigt und zieht eine Flasche Limonade und eine Flasche Wein aus den Einkaufstaschen: Unser Wochenende kann beginnen. Wir essen zu dritt alle Pfannkuchen auf – am Schluss fühle ich mich so satt, dass mir richtig schwindlig ist. Nach dem Essen machen wir noch eine Minimodenschau, mein Sohn führt die neuen Kleidungsstücke vor, die ich am Nachmittag für ihn gekauft habe.

Mein Mann räumt die Küche auf, ich mache unseren Sohn bettfertig. Er gähnt und sagt, Tika ist zu müde zum Zähneputzen. Er legt sich freiwillig ins Bett, ich putze ihm dort die Zähne und wische ihm den Mund mit einem feuchten Waschlappen sauber. Er zieht sich die Decke hoch und schläft ein – sogar ohne Buch. Ein paar Minuten bleibe ich noch an seinem Bett sitzen und schaue mein wunderbares schlafendes Kind an.

Als die gelbe Uhr Viertel vor acht anzeigt, gehe ich wieder in die Küche. Es ist noch nicht mal dunkel, trotzdem fühle ich mich so müde, als wäre es mitten in der Nacht. »War eine anstrengende Woche«, sage ich zu meinem Mann. »Die nächste wird noch anstrengender«, sagt er. Stimmt, er fliegt am Montag in die USA. Und kommt erst übermorgen in einer Woche zurück. Dann muss ich meine Kinoverabredung mit meiner Schulfreundin verschieben – es sei denn, meine Mutter hat Zeit, auf den Kleinen aufzupassen.

»Meine Kollegin ist schwanger«, sage ich etwas unvermittelt. »Die junge?« Ich nicke und erzähle meinem Mann von dem Gespräch, das ich mittags mit meiner Assistentin geführt habe. Dass ich eigentlich nur zugehört habe. Dass ich nicht weiß, was ich ihr raten soll – weil ich mir weder eine Affäre mit einem verheirateten Mann noch das Leben als alleinerziehende Mutter vorstellen kann. Mein Mann lächelt. »Manchmal fühlst sogar du dich allein gelassen mit unserem Kind. Weil ich zu lange im Büro bin. Oder zu lange Zeitung lese. Oder mich zu lange auf dem Klo verziehe.« Er hat recht. Das nervt mich oft, und ich beklage mich auch darüber. Aber ich glaube, dass dieses Klagen nicht zu vergleichen ist mit dem, was sich eine Alleinerziehende denkt. Denn die kann so viel klagen wie sie möchte – es ist niemand da, der ihr zuhört. Oder der irgendwann aus dem Büro nach Hause kommt.

»Ich habe heute eine Alleinerziehende kennengelernt, die eine Stinkwut hat auf den Kindsvater«, sage ich meinem Mann und berichte von dem Kinderkleiderverkaufsnachmittag. Er sagt nicht viel dazu. Ich frage, ob ich ihn jetzt verärgert habe. Nein, sagt er, dass es ihn aber schon nervt, diese Rollenverteilung. Dass die Männer immer die Schweine sein sollen, die zuerst die Frauen schwängern und anschließend abhauen, und dann noch nicht mal Geld rausrücken, damit die verlassenen Frauen mitsamt den Kindern über die Runden kommen.

»Weißt du denn, warum sie alleinerziehend ist? Vielleicht hat der Mann ja von Anfang an klar gesagt, dass er keine Kinder will. Vielleicht hat sie ihm gesagt, sie nähme die Pille, was sie aber nicht getan hat.« Es sind doch immer individuelle Geschichten, sagt er, und keine stereotypen Muster. Und was ihn bei dem ganzen Gerede über den

Spagat der berufstätigen Mütter zwischen Wickeltisch und Laptop so stört, ist das Schweigen über die Gefühle, die berufstätige Väter haben. »Ich wäre sehr gerne jeden Nachmittag bei unserem Sohn. Aber dann müsste ich kündigen. Und du müsstest Vollzeit arbeiten.« Jetzt schaut er mich richtig kampfeslustig an. Weil er weiß, dass er mich erwischt hat. Ich sage ihm immer wieder, wie sehr ich es genieße, Zeit mit dem Kleinen zu haben. Zeit bei Tageslicht. »Du hast recht«, sage ich. »Es gibt da keine pauschale Wahrheit. Aber ich habe mich nicht getraut zu fragen, warum sie alleinerziehend ist. Ich habe sie ja gerade erst kennengelernt.« Er schweigt. Sieht mich immer noch verärgert an. »Aber trotzdem«, sage ich dann, »sind die meisten Alleinerziehenden doch die Mütter.[28] Könntest du dir vorstellen, unseren Sohn ohne mich großzuziehen?« Mein Mann schaut mich an. »Eigentlich kann ich es mir nicht vorstellen. Weil ich es gar nicht will. Aber gehen würde es schon.«

Ich sage, dass es ja passieren könnte, dass ich bei einem Unfall sterbe. Oder schrecklich krank werde. Und er deshalb zum alleinerziehenden Vater werden würde. »Es sei denn, du suchst dir schnell eine Neue«, sage ich, um ihn wieder zum Lächeln zu bringen. »Du bist nicht ersetzbar«, sagt er darauf. Ohne zu lächeln.

Um 20:15 Uhr fällt mir wieder ein, dass ich am Montag dringend einen Babysitter brauche. Kindergartenstreik! Ich wähle die Telefonnummer meiner Mutter, erreiche sie aber nicht. Vielleicht ist sie ins Theater gegangen, denke ich und glaube mich an eine Inszenierung an der Stadtbühne zu erinnern, von der sie mir kürzlich erzählt hat.

»Wann fliegst du denn am Montag?«, frage ich meinen Mann. »Gegen acht«, sagt er. »Um halb sechs kommt das Taxi zum Flughafen.«

Ich erinnere ihn an den Streik, der am Montag im Kindergarten stattfindet. Und dass ich meine Mutter noch nicht erreicht habe. »Das klappt sicher«, sagt er. Und entschuldigt sich bei mir, dass das an mir hängenbleibt, weil er verreisen muss. »Ich bin nicht sicher, ob es das alles wert ist«, sagt er. Ich verstehe nicht, was er meint und frage nach. Er ist müde, sagt er, und er weiß jetzt schon, wie schwer es ihm fallen wird, mich und unser Kind am Montagmorgen zu verabschieden. Dass er sich wirklich manchmal wünscht, er hätte einen greifbaren Plan B: den Job an den Nagel hängen und Zeit haben für die Familie. Was aber nicht heißt, dass dann ich weg sein soll und an seiner Stelle den ganzen Tag ins Büro gehe. »Außerdem weiß ich genau, dass ich nicht nur wegen des Geldes arbeiten gehe. Sondern weil ich schon auch ein Egoist bin. Und mich selbst verwirklichen möchte mit meiner Arbeit. Es der Welt zeigen will, was ich so draufhabe.«

Ich erzähle ihm von meinen Gedanken, die ich heute im Büro hatte. Dass ich mich selbst in der Rolle der erfolgreichen Karrierefrau so fürchterlich unsympathisch finde. »Magst du dich denn in der Rolle der erfolgreichen Mutter?«, fragt er.

Ich zögere. Bin ich eine erfolgreiche Mutter? Auf gewisse Weise wohl schon. Weil ich es schaffe, dass mein Sohn jeden Morgen mit geputzten Zähnen und sauberen Kleidern pünktlich im Kindergarten erscheint. Weil mein Sohn in der Lage ist, vollständige Sätze zu bilden, mit Wasserfarben zu malen und eigenständig zur Toilette zu gehen. Weil wir keine größeren Konflikte haben. Was aber alles nicht mein alleiniger Verdienst ist – mein Mann und das soziale Umfeld meines Sohnes, also die Oma, der Kindergarten und zuvor die Kinderkrippe, haben natürlich kräftig mitgeholfen. Außerdem ist unser Kleiner erst drei Jahre alt. Ich weiß nicht, ab wann ich erkennen kann, ob meine Erziehung positive oder negative Auswirkungen hat. »Ich weiß es nicht«, gebe ich zu.

Mein Mann erzählt mir, dass im Radio eine Frau porträtiert wurde, die sich trotz Kind von ihrem Mann getrennt hat. Ohne großen Streit, ohne neue Liebe. Einfach nur, weil sie erkannt hat, dass sie in ihrer Ehe kein Glück empfinden kann. Und dass sich das natürlich auch auf ihr Kind auswirkt. Diese Frau lebt nun mit dem Kind zusammen, der Exmann holt das Kind jedes zweite Wochenende ab. Und es scheint, dass alle drei mit dem neuen Leben durchaus zufrieden sind. Vielleicht sogar glücklicher, als sie es zuvor waren.

»Ich bewundere das, eine solche Entscheidung zu fällen, ohne dabei auf die wirtschaftlichen Faktoren zu achten«, sage ich. »Aber ich finde die Frau auch ein bisschen fahrlässig.« Während ich das sage, werde ich mir selbst wieder unsympathisch. Bin das wirklich ich, die sofort die Hartz-IV-Angst schürt, die an Kinderarmut denkt und an verwahrloste Teenager, wenn jemand offen erklärt, dass es so was wie ein Bedürfnis nach Glück gibt? Vielleicht bin das ja auch gar nicht ich. Sondern nur das, was mir täglich eingeimpft wird von Medien, Büro und Nachbarhexen.

Gleich 22:00 Uhr. Ich wähle noch einmal die Nummer

meiner Mutter und unterbreche die Verbindung nach dreimaligem Klingeln. Es ist spät. Sie ist sicher im Theater und danach noch was trinken, denke ich und gehe ins Bad. Ich putze meine Zähne und ziehe mich aus. Dann streife ich mein Nachthemd über – ziehe es aber nicht über meinen Bauch. Ich drehe mich seitlich vor den Spiegel und versuche mich daran zu erinnern, wie mein nackter Bauch in der Schwangerschaft ausgesehen hat. Obwohl es nicht mal vier Jahre her ist, kann ich es mir gerade nur schwer vorstellen.

Eins wäre sicher: Spätestens ab der Hälfte meiner Schwangerschaft müsste ich das Rennen aufgeben. Ich würde keinen Bus mehr erwischen mit einem Bauch voller Baby. Was für eine großartige Ausrede fürs Zuspätkommen! Ich könnte auch sagen, ich bin nicht mehr in den Bus reingekommen – mit dem dicken Bauch.

»Gibt es da etwas, was du mir erzählen möchtest?«, fragt mein Mann. Er steht an der Tür und lächelt. Ich lächle auch. »Nichts Konkretes. Aber schön wäre es schon«, sage ich. Er nickt. »Lieber Vater von zwei Kindern mit dir als Vater von einem Kind ohne dich.«

SAMSTAG

6:45 Uhr. Der Wecker klingelt. Aber es ist doch Samstag, denke ich und schalte den Wecker aus. Ich drehe mich auf die andere Seite, schließe die Augen. Dann höre ich Schritte. Mein Sohn legt seine Hand auf meine Wange. »Es ist schon hell«, sagt er. Ich richte mich im Bett auf, nehme ihn in die Arme und lege ihn zwischen meinen schlafenden Mann und mich. Vielleicht gelingt es mir, noch fünfzehn Minuten zu gewinnen, noch ein kleines bisschen liegen zu bleiben. Es gelingt mir, fünf Minuten zu gewinnen. Trotz Kuscheln und Geschichten-im-Flüsterton-erzählen will er nicht mehr im Bett liegen. »Tika ist jetzt wach«, sagt er. »Und Tika möchte einen warmen Kakao.«

Tika zieht mir die Decke weg und versucht, mich aus dem Bett zu schieben. Ich gebe nach und stehe leise auf. Gehe in die Küche und erwärme Milch, verrühre Kakaopulver und fülle die heiße Schokolade in eine Tasse. Der Kleine sitzt am Tisch und strahlt mich an. Ich strahle zurück – obwohl ich müde bin. Er trinkt die Schokolade mit wenigen Schlucken aus. Ich lächle. Schon deutlich weniger verschlafen koche ich mir eine Tasse grünen Tee und gehe damit ins Kinderzimmer. Aus Rücksicht auf meinen

Mann schließe ich die Tür und schlage meinem Sohn vor, gemeinsam ein Buch zu lesen.

Um Viertel nach sieben möchte mein Sohn lieber Fangen spielen. Das möchte ich nicht. Ich sage ihm, dass wir leise sein müssen, weil mein Mann noch schläft. Und deshalb spielen wir lieber später Fangen. Nein, sagt mein Kleiner ernsthaft, später muss Tika ins Büro. Ich drücke ihn an mich. »Heute muss niemand ins Büro«, sage ich. Und nehme mir vor, einen weiteren Sportkurs für ihn zu suchen. Ein Kind braucht Bewegung – einmal pro Woche zum Eltern-Kind-Turnen reicht neben dem normalen Rennen und Spielen einfach nicht aus. Statt Fangen können wir eine große Rakete aus Lego bauen, sage ich. Wir bauen die Rakete, sie wird wirklich groß und überragt meinen Sohn. Doch bevor ich die Antenne auf der Spitze fertig habe, haut er die Rakete in Stücke. Er lacht, und ich lache auch.

Ich bitte meinen Sohn, die Lego-Steine aufzuräumen, gehe ins Bad und starte eine Waschmaschine. Dann gehe ich in die Küche und bereite das Frühstück vor. Während das Eierwasser heiß wird, decke ich den Tisch. Mir fällt die junge Kollegin ein. Die schläft jetzt wahrscheinlich noch, in ihrem alten Kinderzimmer im Haus ihrer Eltern. Vielleicht ist sie auch schon wach und will nicht aufstehen, das warme Bett nicht verlassen. Legt die Hand auf ihren Bauch und versucht, eine Veränderung zu spüren. Ich erinnere mich, dass ich das in den ersten Wochen nach dem positiven Schwangerschaftstest sehr oft gemacht habe, nach fühlbaren Bestätigungen getastet, die das abstrakte Ergebnis der Urinauswertung real werden ließen. Vielleicht zieht sich meine Kollegin auch die Decke über den Kopf und weint. Sind die Entscheidungen, die sie zu fällen hat, doch alles andere als leicht: Ja zu einem Baby ohne Partner? Nein zu einer Karriere, die gerade erst begonnen hat?

Gemeinsam mit meinem Kleinen fülle ich Teigstreifen mit Schokocreme und Mandelstücken und forme sie zu Croissants. Als ich die Eier abschrecke, stelle ich mir vor, nicht nur ein Kind wäre hier mit mir in der Küche, sondern zwei. Ob sie viel streiten würden? Ich bin ein Einzelkind und weiß nicht, wie es ist, mit Geschwistern aufzuwachsen. Die Aufmerksamkeit der Eltern zu teilen ist sicher schwer, vor allem für das ältere Kind. Doch mir gefällt die Vorstellung, dass mein Sohn für immer einen Partner hat – oder eine Partnerin. Ob er lieber einen Bruder möchte oder eine Schwester?

Ich schicke den Kleinen ins Schlafzimmer, damit er meinen Mann aufweckt und hole das Telefon aus dem Wohnzimmer. 8:00 Uhr – meine Mutter ist eine Frühaufsteherin und sicher schon seit eineinhalb Stunden wach. Ich wähle ihre Nummer, erreiche sie aber nicht. Vielleicht ist sie einkaufen gegangen. Ich setze mich an den Frühstückstisch. Meine Mutter mag gern frische Semmeln mit Honig. Bei uns gibt es am Samstag fast immer selbst gemachte Croissants und Frühstückseier. Mann und Sohn kommen in die Küche, wir frühstücken. Nach dem Frühstück rufe ich noch einmal bei meiner Mutter an, sage ich zu meinem Mann.

Um 9:50 Uhr verlassen wir zu dritt das Haus und steigen ins Auto. Der Kleine ist aufgeregt und voller Vorfreude – unser Ziel ist ein Märchenpark. Eigentlich wollten wir schon um halb zehn los, aber eine längere Diskussion zwischen mir und meinem Sohn hat die Abreise verzögert. Er wollte unbedingt sein Indianerkostüm anziehen, inklusive Federschmuck. Ich war einverstanden. Nur als er dann darauf bestand, barfuß zu bleiben, war ich nicht mehr einverstanden. »Aber Mama, Indianer haben keine Turnschuhe«, sagte er. Und erklärte mir auch, dass Indianer keine Sandalen, Winterstiefel oder Gummistiefel tragen. Er ließ sich dann zum Glück überzeugen, seine Hausschuhe aus weichem blauem Leder anzuziehen. Jetzt sitzt er auf der Rückbank in seinem Kindersitz und übt sich in Indianersprache: Mokassins und Tomahawk. Ich bin stolz auf mich, dass ich die Schuhkrise ohne Wenn-dann-Pädagogik und ohne die Androhung von Strafen überwunden habe.

Ich verteile eine Runde Bonbons und freue mich, heute viel Zeit für unsere Familie zu haben. Ohne Blick in den Kalender, Anrufe vom Büro, Broschüren und Präsentationen. Ohne auf den Aufzug zu warten, zum Bus zu rennen, die U-Bahn zu verpassen. Ohne den Spagat der Vereinbarkeit – ohne dieses Wort »Vereinbarkeit«. Und ohne Nachrichten. Im Auto hören wir das Märchen von den drei kleinen Schweinchen auf CD.

Ich tauche gern in die Fantasiewelt unseres Sohnes ein. Er fragt viel nach, etwa warum jedes der Schweinchen ein eigenes Haus baut, ob sie dafür einen Bagger brauchen und einen Kran und ob sie gelbe Bauhelme beim Hausbau tragen. Und ob der Wolf von den drei kleinen Schweinchen derselbe ist wie der, den er im Zoo gesehen hat.

Ich hoffe, dass ihn der Märchenpark nicht enttäuscht. Denn natürlich ist hier die Fantasiewelt in Steinfiguren und Plastik gegossen. Neben Szenen aus den Grimm'schen Märchen und verschiedenen Fahrgeschäften gibt es Imbissbuden und ein Restaurant an einem großen Spielplatz inklusive Rutschenparadies. Wir haben auch einen Picknickrucksack dabei, den mein Mann nach dem Frühstück gepackt hat. Er hat wie jeden Samstag schmutzige Hemden und Blusen zur Reinigung gebracht und war anschließend in der Bäckerei: Es gibt belegte Semmeln, drei Butterbrezeln, Obst, Wasser für meinen Mann und mich und Saftschorle in der blauen Flasche für unser Kind.

Mein Mann hat den Kleinen zum Einkaufen mitgenommen, sodass ich eine halbe Stunde für mich hatte. Ich habe die Wäsche aus der Maschine geholt und in den Trockner gesteckt. Dann habe ich die Post geöffnet, die sich seit Tagen ungelesen auf dem Küchentisch gestapelt hat: Rechnungen, Werbung und der Elternbrief[29], der mir vom Stadtjugendamt alle paar Monate zugeschickt wird. Diesmal ist die Rede vom Bewegungsdrang der drei- bis vierjährigen Kinder. Mit dem Hinweis, Kinderturnen und Ähnliches sei nur ein zusätzliches Angebot für Kinder – sie müssten auf den Spielplatz, auf Wiesen und in Parks, auch bei Schmuddelwetter, um sich richtig austoben zu können. Und: Bei Spielen mit vollem Körpereinsatz sind besonders die Väter tolle Herausforderer!

Immer wenn ich solche Erziehungsratgeber lese, werde ich unsicher. Soll ich das mit dem Kinderturnen sein lassen, weil es pädagogisch gesehen das Falsche für meinen Sohn ist? Ich habe ja den Eindruck, dass es ihm gefällt. Und wollte gerne neben dem Kinderturnen noch etwas anderes für ihn finden. Außerdem macht es auch mir Spaß.

Mehr als immer nur auf dem Spielplatz herumzuhängen – Wiesen gibt es in der Stadt nicht. Und statt in den Park voller Hundekot auf dem Rasen und rastenden Senioren auf den Bänken, die uns mit strengen Blicken und Bemerkungen über Kinder und Lautstärke aufregen, gehe ich lieber ab und zu an den Fluss mit meinem Sohn. Da ist das Toben zwar gefährlich, aber wir sind naturverbunden, und vielleicht stärkt das Steine-ins-Wasser-Werfen ja die Muskulatur.

Nach der Unsicherheit kommt dann der Zorn. Dass nur ein Vater richtig toben kann, stimmt einfach nicht. Und bei uns ergibt sich ein Vater-Sohn-Toben auch nicht jeden Tag. Abends, vor dem Schlafengehen, ja, da spielen die beiden schon oft. Mein Mann bringt den Kleinen auch oft ins Bett. Dabei wird aber nicht immer mit vollem Körpereinsatz gespielt. Ich mag solche Rollenzuteilungen einfach nicht. Ich kann auch rennen. Und Bälle werfen. Und hüpfen. Ebenso wie mein Mann kuscheln kann.

Nach einer Dreiviertelstunde Fahrt erreichen wir den Parkplatz des Märchenparks. Die Sonne scheint. Tika, mein kleiner Indianer, zieht bereitwillig die Turnschuhe an und den Federschmuck aus. Mein Mann kauft ein Familienticket für 45,00 Euro: Wir können bis sechs im Märchenpark bleiben und dürfen so viel fahren, wie wir wollen: mit Schneewittchens gläserner Achterbahn, der Pferdchen-Eisenbahn, der Bergwerkbahn der Sieben Zwerge, vier verschiedenen Karussells mit Wolf und Geißlein, Gänsen und Liesl und anderen Figuren.

Mein Sohn zeigt auf einen großen Holzindianer. »Siehst du, Mama. Keine Turnschuhe«, sagt er. Und lacht. Weil er mir ansieht, dass ich eine weitere Schuhkrise befürchte. »Du Schlingel«, sage ich und lache auch. Mir fällt ein, dass ich zu Hause vergessen habe, noch einmal bei meiner Mutter anzurufen. Ich nehme das Handy und wähle ihre Nummer, erreiche sie aber nicht. Und dann ist das Zeitfenster für mögliche Telefonate auch schon geschlossen. »Du sollst nicht telefonieren«, sagt mein Sohn und zieht mich an der Hand zu einem Karussell. Ich besteige den bösen Wolf. Der Kleine klettert auf ein Geißlein, mein Mann holt den Fotoapparat aus dem Rucksack. Fünf Runden später gehen wir weiter zu einer kleinen Achterbahn. Diesmal ist mein Mann an der Reihe. Gemeinsam mit dem Kleinen klettert er in eine Gondel. Ich winke den beiden zu und setze mich auf eine Holzbank. Ein herrlicher Frühlingstag, die Bäume blühen, ich kann Flieder riechen, Amseln hören und nackte Frauenbeine unter kurzen Röcken sehen.

Eine sichtlich Schwangere geht mit einem vielleicht vierjährigen Kind an mir vorbei. Das Kind zieht an der Hand der Mutter, sie kommt aufgrund ihrer Leibesfülle kaum hinterher. Meine Gedanken kreisen wieder um ein zweites Kind. Was wäre dann mit der Arbeit? All die mühsam errungenen Strukturen – würden die auch zwei Kindern standhalten? Immerhin, in Sachen Kita könnte ich den Vorteil des Geschwisterkindes geltend machen. Mir würde eine neue Suche erspart bleiben.

Vielleicht bin ich ja schon schwanger. Ich klicke in meinem Handy zum Kalender, um zu sehen, wann meine letzte Blutung war. Vor drei Wochen. Aber möglich wäre es ja trotzdem. Ich stelle mir vor, wie mein Vorgesetzter auf die Nachricht reagieren würde. Mit einem »Das habe ich kommen sehen«? Oder vielleicht ein »Ich bin froh, ein Arbeitsumfeld zu schaffen, das Sie ermuntert, Kinder zu bekommen«? Es fällt mir schwer, ihn einzuschätzen, und sicher wird sich seine Reaktion auch danach richten, ob die junge Kollegin ihr Kind behält oder nicht. Mir hat mein Chef beim letzten Mal gratuliert, damals vor fast vier Jahren. Aber er war trotzdem relativ kurz angebunden, hat unser Gespräch ziemlich schnell beendet und mich auf spätere Termine vertröstet. Vielleicht weil er geschockt war. Vielleicht weil er selbst Bedenkzeit haben wollte.

Neben dem »B« für »Blutung« steht in meinem Kalender auch eine Notiz »Elternzeit«. Das hatte ich völlig vergessen – vor drei Wochen ist meine Elternzeit abgelaufen!

Unser Sohn rennt begeistert auf mich zu. Die erste Achterbahnfahrt seines Lebens hat ihm so gut gefallen, dass er gleich noch mal fahren will. Und dann noch mal. Zuerst wieder mit meinem Mann, dann mit mir. Ich bleibe auf der Bank sitzen und erhole mich von dem kleinen Schock: Meine Elternzeit ist abgelaufen.

Ich bin die erste Frau in meiner Abteilung, die nach einer Entbindung wieder zurück an ihren alten Platz gekommen ist – es gibt überhaupt wenig Mütter im Büro, und die, die es gibt, haben große Kinder wie die ältere Grafikerin. Ich bin nicht nur die Erste, die wiedergekommen ist, ich bin auch die Erste, die die Familienteilzeit, die mir ja arbeitsrechtlich zusteht, in Anspruch genommen hat.[30] Immerhin das habe ich vor der Geburt meines Sohnes mit meinem Vorgesetzten vereinbaren können: dass ich zwölf Monate nicht komme und dann vierundzwanzig Monate verkürzt arbeite.

Im ersten Abschnitt meiner Elternzeit habe ich Elterngeld erhalten. Ich habe drei Jahre lang Kündigungsschutz genossen. Seit einem Monat ist dieser rechtlich geschützte Zeitraum aber vorüber, wie ich gerade festgestellt habe. Unser Sohn ist vor gut drei Wochen drei Jahre alt geworden. Deshalb muss ich dringend ein Gespräch mit meinem Vorgesetzten über eine eventuelle Neuausrichtung meiner Stelle führen. Der Vorgesetzte kann mich verpflichten, wieder auf Vollzeit zu gehen. Denn wie heißt es so schön im Familien-Wegweiser des Familienministeriums[31]: *Wurde die Arbeitszeit während der Elternzeit reduziert, gilt nach deren Ende wieder die frühere Arbeitszeit.*

Ob der Vorgesetzte auch »Elternzeit« in seinem Kalender stehen hat, kombiniert mit meinem Namen? Sicher hat er solche Termine automatisch auf Wiedervorlage. Und vielleicht hat er mich deswegen so kritisiert vorgestern, als Warm-up für ein unangenehmes Gespräch.

Da kommen Mann und Sohn zurück. Der Kleine ist immer noch aufgeregt wegen der Achterbahnfahrt. Er will jetzt unbedingt mit mir fahren. Ich frage meinen Mann, ob die Achterbahn gut für Loopinggreenhorns sei. »Keine Loopings, keine schnellen Kurven. Du musst keine Angst haben«, sagt er. Also setze ich mich neben meinen Sohn in Schneewittchens gläserne Achterbahn. Die Wagen haben in Anlehnung an Schneewittchens Glassarg durchsichtige Wände und Böden. Wir können meinen Mann von oben sehen. Er sitzt auf der Bank und winkt. Er hat recht, keine Loopings, keine schnellen Kurven. Eine gute Kinderachterbahn. Und eine gute Achterbahn für ängstliche Mütter wie mich.

Der Vormittag vergeht schnell. Mein Sohn reitet auf allen drei kleinen Schweinchen, fährt mit einer Dampflok und lacht mit uns über die Mützen der sieben Zwerge. Dann machen wir auf einer Bank Brotzeit und essen belegte Semmeln und Apfelstücke. Ich versuche noch einmal, meine Mutter zu erreichen. Sie geht nicht ans Telefon. Ich finde wieder einen Grund dafür, diesmal stelle ich sie mir auf einem langen Spaziergang am Fluss vor. Vielleicht mit ihrer Nachbarin. Oder einer Theaterbekanntschaft. Doch eigentlich glaube ich das gar nicht. Stattdessen ist mir längst klar, dass etwas passiert sein muss. Ich schiebe diese ganzen Erklärungen vor, die das Leben meiner Mutter zu einer farbenprächtigen Bilderbuchidylle machen, um mir nichts Schlimmes ausmalen zu müssen. Dabei wächst das Gefühl, dass das, was passiert ist, etwas sehr Schlimmes ist, mit jeder Minute, die ich sie nicht erreiche.

»Tika will Ach-Bahn fahren!« Mein Sohn zieht an meiner Hand. Ich schiebe das Handy in die Tasche und die Gedanken an meine Mutter beiseite.

13:00 Uhr – der Kleine will Pommes essen. Mit Ketchup. Wir gehen zum Restaurant in der Mitte des Märchenparks und setzen uns an einen Terrassentisch. Wir sind in einem Kindervergnügungspark, deswegen gibt es hier nicht nur einen Hochstuhl für kleine Kinder, sondern zehn. Der Tisch ist bunt und die Speisekarte absolut kinderfreundlich: drei verschiedene Menüs, und es darf kombiniert werden. Dafür bleiben die Bedürfnisse der Eltern, nein, der salat- und rohkostinteressierten Mütter, ein wenig auf der Strecke. Es gibt Schnitzel mit Pommes, Bratwürste mit Kraut oder Nudeln mit roter Sauce. Mein Mann bestellt das Schnitzel und ein Bier dazu, darauf hat er sich schon den ganzen Morgen gefreut. Ich nehme die Bratwürste, der Kleine bleibt bei Pommes.

Nach einer weiteren Runde auf der Ach-Bahn will unser Sohn im Märchenparkshop noch ein Spielzeug kaufen. Es ist inzwischen 15:12 Uhr. Wir einigen uns auf eine Bilderbuchvariante von *Die drei kleinen Schweinchen* mit Happyend für alle Schweine im Steinhaus. Vor dem Bücherregal des Ladens treffe ich eine frühere Kollegin, die Vorgängerin der jüngeren Grafikerin. Sie ist mit ihrer Tochter im Märchenpark; ihr Mann trainiert eine Jugend-Handballmannschaft und konnte nicht mitkommen, weil heute ein Spiel ist. »Wie alt bist du denn?«, frage ich die Kleine. »Fünf«, sagt sie. »Im Sommer.« Ich staune. »Dann bist du seit fünf Jahren raus aus dem Büro«, sage ich zu der früheren Kollegin. Sie nickt. »Arbeitest du wieder? Denn zu uns bist du ja nicht zurückgekommen.« Sie sagt, dass sie halbtags Kleinanzeigen layoutet. Ein Job, der sie kreativ überhaupt nicht fordert, ihr aber völlig ausreicht. Kurz nach der Geburt schon war ihr klar geworden, dass sie überhaupt keine Lust mehr auf ihre alte Stelle hatte. »Diese ewigen Präsentationen und Broschüren, die die meisten doch eh ungelesen in den Müll werfen«, sagt sie. »Abends kam ich heim, oft total fertig vom Layouten. Und ich konnte meinem Mann nicht mal sagen, um was es inhaltlich ging. Weil ich immer nur darauf geachtet habe, dass die Bildunterschriften einzeilig waren und der Text unter den Bildern in einem vorbildlichen Flattersatz aufgebaut war: eine Zeile kurz, eine Zeile lang. Eine Zeile kurz, eine Zeile lang.« Sie schüttelt den Kopf. »Und dann gab's jedes Mal so einen Stress wegen eines Tippfehlers oder eines falschen Bildes … Ist das immer noch so?«, fragt sie dann ein wenig neugierig. »Ja. Leider. Eine Broschüre, eine Präsentation in dieser Woche«, sage ich. »Ein Tippfehler, ein veraltetes Logo: Es gab viel Ärger.« Die frühere Kollegin lacht. Und meint, sie könne sich schon vorstellen, wie der Chef erst rumgemäkelt hat und dann hinterher voll des Lobes war. Ich lache auch. Obwohl es ganz schön wehtut, das zu hören. Denn natürlich hat sie recht.

Wir verabschieden uns, ich gehe mit Mann und Kind zurück zum Parkplatz. Plötzlich stampft mein Sohn mit dem Fuß auf. »Sie ist tot!«, ruft er. »Wer ist tot?«, frage ich mit einigem Entsetzen. Er zeigt auf eine Ameise, die neben seinem Fuß auf dem Boden liegt. Ich frage vorsichtig weiter, ob er weiß, dass die Ameise nun nicht mehr weglaufen kann. Und dass ich sie auch nicht mehr reparieren kann. Weder der Papa mit seinem Werkzeugkasten noch der Kinderarzt könnten helfen. Der Kleine nickt. Und sagt noch einmal: »Sie ist tot!«

Ich bin überrascht, dass er neuerdings keine Ameisen mag. Und dass er vom Totmachen spricht. Sicher hat er das aus dem Kindergarten, sagt mein Mann. Ich nehme mir vor, mit dem Kleinen über Sterben und Tod zu sprechen. Vielleicht finde ich ein Bilderbuch als Grundlage. Wieder fällt mir meine Mutter ein. Ich schiebe den Gedanken schnell weg.

Rückfahrt. Auf halber Strecke halten wir an einer Eisdiele an, der Kleine isst Schokoladeneis, mein Mann und ich trinken Eiskaffee. 15:30 Uhr – wir hätten noch zweieinhalb Stunden im Märchenpark bleiben können. Aber ich bin sicher, dass es so schon mehr als genug war, für die ganze Familie. Ich überschlage kurz, was uns der heutige Ausflug gekostet hat: Eintritt, Mittagessen, Bilderbuch, Eis. Macht insgesamt 92,00 Euro, Benzin und Brotzeit nicht mitgerechnet. So ein Familientag ist ganz schön teuer.

Muss das sein?, frage ich mich. Natürlich ist mein Sohn froh, wenn er Märchenpark, Pommes, Buch und Eis an einem Tag bekommt. Und ist er froh, sind wir es auch. Trotzdem komme ich mir gerade vor wie die reiche Tante, die mit teuren Mitbringseln über die Tatsache hinwegtrösten will, dass sie nie Zeit hat für ihren Neffen. Die dem Kind zu Weihnachten ein Fahrrad und zu Ostern einen Skikurs schenkt, aber nie eine halbe Stunde neben seinem Bett sitzt und etwas vorliest. Weil sie ja auch nie da ist. Bin ich so eine Tante, obwohl ich doch die Mutter bin und den ganzen Tag renne und hetze, um den Bedürfnissen meines Kindes gerecht zu werden? Halt, das ist ein Denkfehler: Es sind nicht die Bedürfnisse meines Kindes, die mich rennen lassen, es sind meine eigenen. Und wahrscheinlich ist »Bedürfnis« auch nicht das richtige Wort. »Verpflichtung« trifft es besser.

Ich will arbeiten gehen. Ich muss es gar nicht. Das Gehalt meines Mannes würde ausreichen, wenn wir an manchen Stellen – Stichwort Familientag – ein wenig aufs Geld schauen würden. Aber ich will arbeiten gehen, und zwar auch deshalb, weil ich meine eigene Unabhängigkeit bewahren möchte. Haushaltsgeld zu bekommen, Quittungen zu sammeln und mit dem Mann größere Anschaffungen zu besprechen finde ich entsetzlich.

Während ich meinen Gedanken nachgehe, liest mein Mann unserem Sohn das neue Bilderbuch vor und versucht, es vor Eisflecken zu schützen.

Die Kindergartenmutter, deren Sohn diese Woche mit uns auf dem Spielplatz war, hat mir auf dem Elternabend erzählt, sie musste ihren Mann am Ende des Winters bitten, ihr Geld zu geben. Ihr Sohn brauchte dringend einen neuen Anorak. Die Frau arbeitet Teilzeit in einer Autovermietungsfirma und hat da viel Stress, sie ist wie ich eine der Rennerinnen und Hetzerinnen. Und sie kommt für die meisten Anschaffungen der beiden Kinder auf. Dass sie am Ende des Winters kein Geld für eine Jacke hatte, lag an einer hohen Zahnarztrechnung. Eigentlich keine große Sache. Doch ihr Mann reagierte komisch, meckerte, dass die Kinder ständig neue Kleider brauchen würden und dass das eine Geldverschwendung sei, Anfang Februar noch Wintersachen zu kaufen. Das hat mich fürchterlich geärgert, so die Kindergartenmutter. Dass ihr Mann ihr den unterschwelligen Vorwurf gemacht hat, sie sei schuld daran, dass ihr Sohn im Februar plötzlich längere Arme und einen längeren Oberkörper hat als im Dezember. Als hätte sie ihn mit Kraftfutter schnell größer werden lassen.

Ich habe ihren Ärger gut verstanden und das auch gesagt. Da hat sie dann dagegengehalten und gemeint, natürlich würde ihr Mann sonst auch zahlen, sie hätten so eine Aufteilung, dass er alles, was mit der Wohnung zu tun hat, zahlt, und sie alles, was für die Kinder anfällt. Und dass das sonst auch gut funktionieren würde, nur eben nicht in diesem Fall.

Eine grauenhafte Vorstellung, in einer solchen Abhängigkeit zu sein. Ich glaube, daran würde meine Ehe kaputt gehen. Ich war schon in den ersten Monaten nach der Geburt wahnsinnig genervt, kein Geld zu haben und auf das Elterngeld so lange warten zu müssen. Ich kam mir vor wie eine Schmarotzerin, die Geld haben will, ohne etwas dafür zu leisten.

Mein Mann beginnt eine Diskussion mit meinem Sohn, der unbedingt auch einen Eiskaffee haben möchte, nachdem er von seinem probieren durfte. Ich sende böse Blicke zu meinem Mann, da ich Kaffeegetränke nicht passend finde für einen Dreijährigen. Und dazu gibt es noch Gejammer von meinem Sohn. Er versucht jetzt, mich davon zu überzeugen, dass ein Eiskaffee für ihn etwas Gutes wäre. Ich wähle die Flucht und sage, dass ich zur Toilette muss.

Als ich mir die Hände wasche, betrachte ich mich prüfend im Spiegel. Bin ich jetzt mehr ich selbst als gestern Mittag im Büro auf dem Weg von der Honorarabteilung in mein Büro? Oder spiele ich wieder eine Rolle? Meine Schulfreundin hat mich vor kurzem gefragt, ob ich lieber ein Mädchen bekommen hätte als einen Sohn. Spontan habe ich gesagt, ich wäre zufrieden, wie es ist, und hätte nie tauschen wollen. Doch in mir klang die Frage noch länger nach, so lange, dass ich meine Freundin ein paar Tage später angerufen und eine erweiterte Antwort gegeben habe.

Ich bin sogar ziemlich froh, einen Sohn zu haben, genau diesen Sohn zu haben. Weil er mir eine Welt eröffnet, die mir sonst verborgen gewesen wäre. Als Kind habe ich mich nie für die wilden Dinge interessiert, ich habe selten getobt, Sport hat mich nicht begeistert, ich war eher ängstlich als abenteuerlustig. Volksfeste waren für mich kein Anziehungspunkt, da ich vor den meisten Fahrgeschäften einen Heidenrespekt hatte. Mein Sohn ist genau das Gegenteil: Ja, er mag auch Lesen und Malen – hier ist er dann mein Kind – und hilft auch gerne beim Kochen. Aber er springt auch gern auf dem Spielplatz vom Klettergerüst in den Sand. Er will rennen, mit Bällen werfen und ins Wasser hüpfen. Dadurch entdecke ich Dinge, die ich nicht kannte, oder von denen ich dachte, sie wären nichts für mich. Inzwischen gehe ich gerne ins Schwimmbad. Ich bin sogar Achterbahn gefahren mit meinem Sohn, heute, im Märchenpark. Was nicht mal mein Mann weiß: Es war auch für mich die erste Achterbahnfahrt meines Lebens. Und ich hatte Spaß dabei.

Trotzdem muss ich mir eingestehen, dass ich diesen Familientag geplant habe, um mich von einem schlechten Gewissen freizukaufen. Wie viel sogenannte Qualitätszeit habe ich mit meinem Sohn in dieser Woche gehabt? Ich habe ihn fortwährend angetrieben, schnell in den Kindergarten, nach Hause, zum Turnen, zum Spielplatz, wieder nach Hause zu gehen. Weil für ein Gehen in seiner Geschwindigkeit eigentlich nie Zeit ist – der gestrige Morgen, an dem ich aufgrund seiner Stocksuche zu spät zum Jour fixe kam, ist mir gut in Erinnerung. Auf dem Spielplatz, zu Hause und sogar an dem Tag, an dem er krank war, habe ich nicht nur viel mit dem Büro telefoniert, sondern auch ständig daran gedacht. Und abends war ich froh, wenn er endlich eingeschlafen war. Damit ich ihn »los war«, keine fünf Stunden, nachdem ich ihn vom Kindergarten abgeholt hatte. Und warum er sich neuerdings Tika nennt, habe ich immer noch nicht herausgefunden.

Es gibt Studien[32], die belegen, dass voll berufstätige Mütter weniger Zeit mit ihren Kindern verbringen als die, die nicht arbeiten. Mütter, die nicht oder Teilzeit arbeiten, sind mehr mit ihren Kindern zusammen. Dass dieses mehr aber zwangsläufig besser bedeutet, ist nicht gesagt. Schließlich gibt es auch Untersuchungen, die bestätigen, dass Kinder nicht unter Fremdbetreuung wie Kindergarten oder Kinderkrippe leiden.[33] Dem Kind geht's also nicht schlecht – aber was sagen die Studien über den emotionalen Zustand der berufstätigen Mutter? Die sich zerrissen fühlt, weil sie zwischen ihrem Mutterleben und ihrem Berufsleben hin- und herspringt. Von ihrem Eheleben mal ganz abgesehen, das ja meistens an letzter Stelle steht. Und da ist es wieder, mein schlechtes Gewissen.

Ich gehe zurück zu Mann und Kind und aktualisiere dabei meine Top 5: Ich bin eine schlechte Mutter, weil …

… ich mein Kind immer antreibe,

… ich mein Kind meinem Terminkalender unterordne,

… ich fast ständig versuche, mein Kind aus meinem Leben wegzuorganisieren,

… ich nicht wirklich bereit bin, mich meinem Kind zu widmen,

… Haushalt und Büro mir wichtiger als mein Kind sind.

Ich könnte diese Liste problemlos zu einer Top 100 ausbauen. Mein armes Kind.

Aber wenn ich meinen Mann da sehe mit unserem Kleinen, wie sie lachen und sich gegenseitig mit Eis füttern, denke ich mir, dass ich doch auf jeden Fall etwas richtig gemacht habe: Unser Sohn ist glücklich. Ob ich nun eine erfolgreiche Mutter oder eine gute Mutter oder einfach nur eine Mutter bin – er ist glücklich. Und das macht mich auch glücklich. Ich setze mich zu den beiden, schlürfe den Rest meines Eiskaffees und gebe zuerst meinem Sohn, dann meinem Mann einen kalten, klebrigen Kuss auf die Wange. »Ich bin froh, dass ich euch habe«, sage ich. Sie nicken und geben mir kalte, klebrige Küsse zurück.

Ich versuche noch einmal, meine Mutter zu erreichen. Sie geht nicht ans Telefon. Es ist etwas passiert. Auf dem Heimweg singen wir alle drei lautstark. Die Texte denken wir uns selbst aus. Das Lieblingslied unseres Sohnes: »Das La-la-lama hat eine al-te Mama. Ihr Haar ist weiß, sie isst gern Eis.«

Um 17:33 Uhr sind wir zu Hause. Tika möchte die Häuser der drei kleinen Schweinchen aus Lego nachbauen. Ich baue mit, mein Mann bereitet das Abendessen vor und hilft dann auch beim Hausbau. Das Strohhaus wird rot-weiß, das Holzhaus gelb, und das Steinhaus hat keine Fenster. Zum Abendessen gibt es Spaghetti Bolognese und Salat. Unser Sohn liebt Nudeln mit roter Sauce, aber Salat mag er keinen. Gemeinsam räumen wir nach dem Essen die Küche auf. Dann bringt mein Mann unseren müden Sohn ins Bett. Ich räume den Wäschetrockner aus und versuche noch einmal, meine Mutter zu erreichen. Sie geht nicht ans Telefon.

19:47 Uhr. Zwei Abende hintereinander ausgehen – das sieht meiner Mutter nicht ähnlich. Ich setze mich an den Küchentisch. Es ist etwas passiert.

Mein Mann kommt rein und schließt die Küchentür. »Kind schläft«, sagt er. »Lust auf ein Glas Wein?« Ich nicke. Und sage, dass ich meine Mutter wieder nicht erreicht habe. »Da muss was passiert sein«, wiederhole ich meine Gedanken. Mein Mann fragt, was ich machen will. Ich bin unschlüssig. Zwar habe ich einen Schlüssel zur Wohnung meiner Mutter. Aber abends möchte ich da nicht einfach auftauchen – vielleicht ist sie ja nicht allein und geht deshalb nicht ans Telefon.

»Deine Mutter ist verliebt?«, fragt mein Mann, nachdem ich ihm meine Überlegungen dargelegt habe. Es klingt nicht spöttisch, nur fragend. Ich sage, dass ich über das sogenannte Privatleben meiner Mutter nicht gut Bescheid weiß. Mein Vater ist seit über einem Jahr tot, die letzten Monate lag er nur im Bett und musste rund um die Uhr betreut werden. Das hat meine Mutter gemacht, und sie hat nie darüber geklagt. Ich habe sie nie gefragt, ob es da vielleicht jemanden gibt, und sie hat auch nie etwas erwähnt.

»Ich fahre morgen früh zu ihr. Gegen acht. Wenn sie dann nicht zu Hause ist, läute ich bei ihrer Nachbarin.« Mein Mann nickt. Guter Plan, sagt er.

»Brauchst du eigentlich noch was für deine Amerika-Reise?«, frage ich. Ich will nicht weiter über meine Mutter reden. Mein Mann holt seinen Laptop. Er zeigt mir die Internetseite des Hotels, in dem er in der nächsten Woche untergebracht ist. Dann zeigt er mir Bilder des Autos, das vorgestellt wird. Zuerst sehe ich das Auto von außen, dann von innen – mein Mann ist stolz auf das Design, das er mit entwickelt hat. »Schau, statt eines Aschenbechers haben wir einen Kleenex-Spender eingebaut. Und hier gibt es einen Getränkehalter in variabler Größe: passend für Wasserflaschen und für Milchflaschen.«

Ich staune. Wie die Details unseres Lebens in die Arbeit meines Mannes einfließen. Wir suchen ständig ein Taschentuch im Auto. Und haben scheußliche, eingetrocknete Milchflecken auf den Polstern unserer Autositze. »Wie wäre es mit einem wasserdichten Überzug für den Beifahrersitz«, sage ich. »Optional fürs Handschuhfach. Weißt du noch, wie wir auf dem Weg in den Urlaub zum ersten Mal im Auto wickeln mussten? Ich hatte solche Angst vor der vollen Windel. Und vor den Leuten, die uns auf dem Parkplatz an der Autobahnraststelle beobachtet haben.« Mein Mann lacht. Und notiert meine Idee.

Ich hole ein paar Käsecracker und schenke noch mal Wein nach. Qualitätszeit mit meinem Mann – die darf auch nicht immer zu kurz kommen, denke ich. Ich muss wirklich noch einen Babysitter finden. Damit wir mal wieder ins Kino gehen können. Oder ein Glas Wein trinken – mal nicht am Küchentisch.

Da klingelt das Telefon. Meine Mutter, denke ich, und gehe ins Wohnzimmer. Das Telefon liegt auf dem Sofa. Ich sehe auf die Uhr. 21:20 Uhr. Da bist du ja, sage ich in den Hörer. Doch die Anruferin ist nicht meine Mutter, sondern die Nachbarin meiner Mutter. Sie hat den ganzen Tag versucht, mich zu erreichen. Während ich noch erkläre, dass wir keinen Anrufbeantworter haben, steigt in mir die Angst hoch. Ganz sicher, es ist etwas passiert mit meiner Mutter.

Gestern Abend war sie mit meiner Mutter im Stadttheater, sagt die Nachbarin. Und in der Pause hat meine Mutter gesagt, dass sie sich nicht wohl fühlt. Dass sie plötzlich nicht mehr richtig sehen kann. Sie sind dann mit einem Taxi heimgefahren. Im Taxi schon ist meine Mutter seltsam gewesen. »Ich hab sie kaum verstanden, so undeutlich hat sie gesprochen«, sagt die Nachbarin. »Zu Hause hab ich ihr dann auf der Treppe geholfen, sie konnte das eine Bein nicht mehr abwinkeln. Und hat es vor ihrer Wohnungstür auch nicht geschafft, den Schlüssel ins Schloss zu stecken.« Schlaganfall, schießt es mir durch den Kopf. Nein! »Ich hatte kein gutes Gefühl«, sagt die Nachbarin, »und da hab ich einen Krankenwagen gerufen. Ihre Mutter liegt jetzt im Städtischen Krankenhaus.«

Die Nachbarin sagt, sie hat heute Vormittag im Städtischen Krankenhaus angerufen, aber man wollte ihr nichts sagen. Weil sie ja nur die Nachbarin ist und keine Verwandte. Deswegen weiß sie nichts Genaueres. Ich sage ihr, dass ich sofort im Krankenhaus anrufe. Und ihr dann Bescheid gebe.

Ich notiere die Telefonnummer der Nachbarin und die des Städtischen Krankenhauses. Schnell wähle ich die Nummer der Telefonzentrale und frage nach meiner Mutter. Sie ist gestern Abend eingeliefert worden, sage ich und wiederhole ihren Namen. Ich werde mit Station 3a verbunden: Neurologie. Stroke Unit. Schlaganfall, denke ich wieder. Es dauert ein bisschen, bis ich die Nachtschwester am Telefon habe. Tiefe Nacht im Krankenhaus. Die Schwester bestätigt, dass meine Mutter auf ihrer Station liegt. Sie ist gestern Abend mit Verdacht auf Schlaganfall eingeliefert worden. Jetzt schläft sie, sagt die Schwester.

Wie geht es ihr denn?, frage ich. Sie schläft, wiederholt die Schwester, mehr kann sie gerade nicht sagen. Als sie um 20 Uhr ihre Schicht angetreten hat, war meine Mutter bereits eingeschlafen. In ihrer Krankenakte steht, dass sie Blutverdünner bekommt und heute eine Kernspintomographie gemacht wurde. Das war schon die zweite. Die erste wurde gestern Abend gleich nach der Einlieferung gemacht. Weitere Untersuchungen sind für Montag angesetzt. »Morgen gegen neun ist Visite«, sagt die Schwester. »Da können Sie die Stationsärztin nach Details fragen.« Ich bedanke mich und hinterlasse meine Telefonnummer. Dann lege ich auf und setze mich auf den Boden. Merke erst, dass ich weine, als mein Mann ins Wohnzimmer kommt und fragt, was los ist.

Er nimmt mich in die Arme und streichelt meinen Rücken, meinen Kopf. Ich schluchze und versuche, ihm zu sagen, was passiert ist. Doch das geht nicht, weil es mich so schüttelt vor lauter Weinen. Es dauert einige Minuten, bis ich mich so weit beruhigt habe, dass ich normal sprechen kann.

»Meine Mutter hatte einen Schlaganfall«, sage ich. Ich erzähle vom Telefonat mit der Nachbarin. Und vom Telefonat mit dem Krankenhaus. Und dass ich es nicht gewusst habe, dass ich zwar ein schlechtes Gefühl hatte, dass ich aber nicht ahnen konnte, dass ich am Donnerstag schon dachte, dass sie schlecht aussieht, dass ich mir da schon Vorwürfe gemacht habe, weil ich sie als Babysitterin herbestellt hatte. Hier unterbricht mich mein Mann. »Schhhtt«, sagt er. Und dass ein Schlaganfall nicht durch ein paar ruhige Stunden mit einem Enkelkind verursacht wird. »Ich rufe jetzt die Nachbarin an und bringe sie auf den neuesten Stand«, sagt er.

Er nimmt das Telefon und geht damit in die Küche.

21:45 Uhr. Ich starre auf die Uhr und sehe, wie die Sekunden verrinnen. Um 21:47 Uhr kommt mein Mann mit einem Glas Wasser wieder ins Wohnzimmer. »Sie schickt schöne Grüße«, sagt er und reicht mir das Glas. »Sie schaut nach der Post und gießt die Blumen deiner Mutter. Du musst dich wegen der Wohnung erst mal um nichts kümmern.«

»Am liebsten würde ich gleich zu meiner Mutter fahren«, sage ich. »Aber wahrscheinlich ist das keine gute Idee.« »Du fährst morgen früh hin«, sagt mein Mann. »Dann ist sie wach. Das ist besser, für sie und für dich. Außerdem kannst du dann mit den Ärzten sprechen.« Schlaganfall, denke ich. Halbseitige Lähmung. Verlust der Sprache. Verlust der Bewegungsfähigkeit. Verlust der Identität. Pflegefall. Tod. »Ich weiß«, sagt er, »Schlaganfall klingt schlimm. Aber vielleicht erholt sie sich wieder. Mit Medikamenten und Reha. Deine Mutter ist ja noch nicht so alt.« Sie ist achtundsechzig, denke ich. Sie hat ein Jahr lang meinen Vater gepflegt, der vom Krebs zerfressen wurde und am Schluss nur noch sterben wollte. Aber sie hatte nie irgendwas. Meine Mutter ist schlank, sie hat nie geraucht, sie passt beim Essen auf und trinkt kaum Alkohol.

Ich muss irgendwas tun, sage ich. Mein Mann holt seinen Laptop aus der Küche. »Vielleicht hilft es dir, wenn wir uns etwas informieren«, sagt er. Wir sitzen auf dem Boden vor dem Sofa und lesen gemeinsam, was das Internet über das Thema Schlaganfall weiß.

Wir finden sehr viele Informationen. Schlaganfall. Stroke. Häufig eine Durchblutungsstörung im Gehirn. Nach Krebs und Herzinfarkt die häufigste Todesursache in Deutschland. Bessere Heilungschancen bei schnellem Handeln, weil durch Medikamente mögliche Blutgerinnsel im Gehirn aufgelöst werden können und somit keine dauerhaften Schäden verusacht werden. Viele Folgestörungen: Lähmungen, Probleme beim Sprechen, beim Sehen, beim Erkennen von Gegenständen und ihrer Funktion. Aber auch erstaunliche Regenerationsmöglichkeiten des Gehirns. Rückkehr in einen selbstbestimmten Alltag.

»Lass uns den Computer ausschalten«, sage ich zu meinem Mann. So viele Informationen. Woher kam das Blutgerinnsel? Hätte es verhindert werden können? Liegt das in der Familie? Bin ich erblich belastet, und ist mein Sohn es vielleicht auch? Wird sie mich erkennen, weiß sie, was passiert ist? Wer bezahlt eine Reha, und hat sie eine Patientenverfügung unterschrieben? Ich bin aufgewühlt, habe viele Fragen und sehe durch die vielen Informationen eher pessimistisch in die Zukunft.

Ich gehe ins Kinderzimmer und schaue nach meinem Sohn. Er schläft. Viertel vor zwölf. Ich gehe ins Bad, ziehe mich aus und putze meine Zähne. Dann lege ich mich ins Bett. Schließe die Augen. Öffne die Augen. An Schlaf ist nicht zu denken. Versuch, dich zu entspannen, sagt mein Mann. Er hat recht. Ich werde Kraft brauchen – für meine Mutter, für mich. Und meinen Kleinen. Wie soll ich ihm nur erklären, was passiert ist?

SONNTAG

Das letzte Mal habe ich um 5:35 Uhr auf mein Handy geschaut. Jetzt ist es 6:40 Uhr. Ich habe nicht geschlafen in dieser Nacht. Fast nicht. Ich war in Gedanken bei meiner Mutter, habe mir vorgestellt, wie sie im Krankenhaus liegt, an Überwachungsgeräte angeschlossen. Wie sie da liegt und vielleicht nicht versteht, warum sie da liegt. Weil ihr Gehirn nicht mehr richtig funktioniert. Weil sie hilflos ist, so hilflos wie ein Kind, wie mein Sohn, wenn er dort liegen würde.

Mein Mann schläft noch. Leise stehe ich auf. Mein Sohn schläft auch noch. Nach einer schnellen Dusche ziehe ich mich an und gehe in die Küche. Während die Kaffeemaschine heiß wird, wähle ich die Nummer des Krankenhauses.

»Ihre Mutter ist wach«, sagt die Schwester. Sie kann ihr das Telefon bringen, wenn ich das möchte. »Ja, bitte«, sage ich. Und dann höre ich die Stimme meiner Mutter. »Ja?«, sagt sie. »Mama«, sage ich und versuche, meine Tränen zu unterdrücken. »Was machst du denn für Sachen? Ich komme jetzt gleich zu dir, und dann wird alles gut«, sage ich. »Ja«, sagt meine Mutter. Dann ist wieder die Schwester am Apparat. »Das Sprechen fällt ihr noch ein bisschen schwer. Kommen Sie heute vorbei?« Ich sage, dass ich in spätestens einer Stunde im Krankenhaus bin. Die Schwester nennt mir die Zimmernummer und meint, meine Mutter würde sich sicher über ein eigenes Nachthemd freuen.

Mein Mann kommt in die Küche und wünscht mir einen guten Morgen. Er gießt uns beiden Kaffee ein. »Willst du schon los?« »Ja, bald«, sage ich, und dass ich noch ein Nachthemd und vielleicht Hausschuhe und Unterwäsche aus der Wohnung meiner Mutter holen und mitnehmen will. »Bring ihr doch ein Foto mit, von dir und dem Kleinen«, sagt mein Mann. »Gute Idee«, sage ich. Er geht ins Wohnzimmer und nimmt ein gerahmtes Bild von der Wand: Meine Mutter, mein Sohn und ich beim Eisessen. Mein Mann hat uns an Ostern fotografiert, als wir Ferien in Südtirol gemacht haben. Ich stecke das Bild in meine Tasche. Mein Mann schneidet einen Apfel auf und reicht mir ein Stück. »Iss was«, sagt er. Ich nicke.

Unser verschlafenes Kind kommt aus dem Kinderzimmer, den Plüschhasen im Arm. »Der Hase will einen warmen Kakao«, sagt der Kleine. Ich nehme ihn in den Arm. Mein Mann gießt Milch in einen Topf und bereitet die heiße Schokolade zu. »Ich muss gleich zur Oma«, sage ich zu unserem Sohn. »Sie ist leider krank geworden.« Er fragt, ob die Oma ein Pflaster braucht. Und ob ich pusten muss. Ich nicke und merke, dass ich wieder anfange zu weinen. Ich wende mein Gesicht ab und versuche, ruhig zu bleiben. Nicht mehr weinen, denke ich und beiße die Zähne zusammen. Der Kleine trinkt einen Schluck Kakao. Dann setzt er die Tasse ab und geht ins Kinderzimmer. Mit einer

Zange kommt er wieder in die Küche. »Nimm die doch mit«, sagt er, »dann kannst du die Oma reparieren.« Ich stecke die Zange in meine Tasche und verabschiede mich von Mann und Kind.

Ich hole das Auto aus der Tiefgarage und fahre zur Wohnung meiner Mutter. Die Straßen sind leer, die meisten Ampeln ausgeschaltet oder grün. Ich packe drei Nachthemden und Unterwäsche, Zahnbürste, Zahnpasta, Gesichtscreme und Haarbürste und ihre Hausschuhe in die kleine Reisetasche, die in der Diele steht.

Als ich an der Küche vorbeigehe, sehe ich, dass am Kühlschrank ein Zettel hängt: Donnerstag um 4, steht darauf, darunter der Name meines Sohnes. Ich kämpfe mit den Tränen und schäme mich, dass ich vor ein paar Tagen so ungeduldig war mit ihr. Ich atme tief durch. Dabei fällt mir auf, wie sehr es in der Wohnung nach meiner Mutter, nein, eigentlich nach meinen Eltern riecht: Nach Lavendel, den meine Mutter so liebt, überall hat sie selbst genähte Duftkissen mit getrockneten Lavendelblüten versteckt. Und nach Pfeifentabak – auch wenn mein Vater schon über ein Jahr tot ist und in den letzten Monaten nicht mehr geraucht hat, ist der Duft nach Vanille immer noch zu riechen.

Ich ziehe die Wohnungstür leise hinter mir zu und sperre ab. Die Tür der Nachbarwohnung öffnet sich. »Ach, Sie sind es«, sagt die Nachbarin. »Guten Morgen.« Sie fragt, ob ich etwas Neues weiß von meiner Mutter. Ich sage ihr, dass ich auf dem Weg ins Krankenhaus bin. Und ein bisschen Wäsche geholt habe für meine Mutter. Die Nachbarin nickt. »Möchten Sie einen Kaffee mittrinken?« Ich lehne ab, bedanke mich und verspreche, am Abend noch mal anzurufen, um zu berichten, wie es meiner Mutter geht.

Wieder im Auto schalte ich das Radio an und fahre los. Das Krankenhaus ist in der Nähe der Wohnung meiner Mutter. Ich stelle das Auto auf dem Besucherparkplatz ab und gehe durch den Haupteingang. Am Empfang frage ich nach Station 3a. Ich gehe durch einen langen Gang und fahre mit dem Aufzug in den dritten Stock zur Stroke Unit. Die Tür zur Station ist verschlossen, ich muss klingeln. Eine Schwester öffnet mir. Ich sage meinen Namen und dass ich meine Mutter besuchen möchte. Die Schwester zeigt auf eine Tür. »Handy bitte aus«, sagt sie, »die Geräte hier sind sehr empfindlich.«

Meine Mutter liegt in einem Bett am Fenster. Sie hat die Augen geschlossen. Das Bett neben ihr ist leer. Ich bleibe in der Tür stehen und schaue sie an. Und schlucke Tränen herunter. Sie ist verkabelt: Ein Schlauch mündet in ihren linken Handrücken. Der Inhalt von zwei Flaschen läuft langsam über den Schlauch in ihre Hand. In der großen ist sicher Kochsalzlösung, in der kleinen wahrscheinlich ein Medikament. Blutverdünner, hat die Nachtschwester gestern Abend gesagt. An der Kuppe ihres linken Zeigefingers steckt ein Clip, mit dem die Sauerstoffsättigung und der Puls gemessen werden, Kabel ragen aus ihrem Nachthemd heraus, offensichtlich wird ein EKG abgeleitet, mittels einer Manschette am Oberarm wird der Blutdruck kontrolliert.

Leise trete ich ein und setze mich auf einen Stuhl, der neben dem Bett steht. Ich nehme ihre rechte Hand, die neben der Bettdecke liegt. Meine Mutter reagiert nicht darauf, ihre Hand liegt ganz ruhig in meiner. Nach einer Weile erst öffnet sie die Augen und dreht den Kopf zu mir. Sie lächelt – ihr Lächeln ist schief, der rechte Mundwinkel lächelt nicht mit.

»Herzchen«, sagt sie. Ich bin froh, dass sie mich erkennt. »Ja, Mama, ich bin da.« Ich streichle ihre Hand und sage erst mal nichts. Dann hole ich das gerahmte Foto aus meiner Tasche. »Schau, was ich dir mitgebracht habe«, sage ich und zeige ihr das Bild vom Eisessen. Sie sieht es sich an, betrachtet es einige Zeit und sagt dann: »Das ist aber länger her, der Kleine ist ja schon viel größer.« Ich nicke. Das Foto wurde an Ostern, also erst vor ein paar Wochen gemacht. Ich stelle das Bild auf das Fensterbrett, sodass sie es sehen kann. Dann nehme ich ihre Hand und spüre wieder keine Reaktion. Ihre Finger umfassen meine nicht.

Eine Schwester kommt ins Zimmer und nimmt die Reste des Frühstücks mit. Meine Mutter hat nur von der trockenen Semmel gegessen, Marmelade und Butter sind unberührt. Die Semmel sieht aus, als wäre sie von Mäusen bearbeitet worden. Zuerst wundert mich das. Ich kenne meine Mutter als Meisterin der Tischsitten. Doch dann verstehe ich. An der linken Hand Schläuche und Instrumente, die rechte Hand gelähmt. Wie ungenehm muss es meiner Mutter sein, schon an der Hürde Frühstück beinahe zu scheitern.

Die Schwester kommt wieder herein. Sie bittet mich, kurz rauszugehen, da sie Blut abnehmen möchte. Und den Katheter wechseln. »Ich warte draußen«, sage ich zu ihr und zu meiner Mutter. Ich gehe vor der Tür auf und ab, bis die Schwester rausschaut. »Wollen Sie ihr beim Waschen helfen?«, fragt sie. »Ja, gerne«, sage ich. Meine Mutter liegt im Bett. Sie ist abgedeckt. Auf dem Nachttisch steht eine Schüssel mit Seifenwasser. Die Schwester zeigt auf Waschlappen und Handtuch und drückt mir ein frisches Krankenhausnachthemd in die Hand. »Ich habe ihr ein eigenes Nachthemd mitgebracht«, sage ich zur Schwester. »Gut – aber passen Sie mit den Schläuchen und den Kabeln auf«, sagt die Schwester und geht aus dem Zimmer.

Ich habe meine Mutter noch nie gewaschen. Ich habe sie auch noch nie angezogen. Das sage ich ihr. Und auch, dass ich mich daran erinnern kann, wie sie mich angezogen hat, als ich klein war. Und wie sie mir abends im Bett die Zähne geputzt hat, wenn ich nicht schlafen konnte und noch ein Glas Milch verlangt habe. Ich wasche sie, trockne sie ab. Dann helfe ich ihr, das weiße Krankenhausnachthemd auszuziehen und ihr eigenes anzuziehen. Ich hole auch eine frische Unterhose aus ihrer Tasche.

Ich bemerke die Folgen des Schlaganfalls: Meine Mutter kann beide Beine bewegen, aber der rechte Arm und die rechte Hand funktionieren nicht so recht. Ich decke sie zu und reiche ihr die Zahnbürste. »Kannst du das machen?«, bittet sie. »Klar.« Es ist ähnlich wie mit meinem Sohn, dem ich beim Zähneputzen auch oft helfen muss, vor allem, wenn er abends müde ist und nicht mehr allein putzen mag. Ich hole die Haarbürste aus der Tasche und kämme meine Mutter vorsichtig. »Creme?«, frage ich. Sie nickt. Ich creme ihr Gesicht ein. Dann nehme ich meinen Taschenspiegel und zeige ihr ihr Spiegelbild. »Siehst gut aus«, sage ich. Und es ist nicht mal gelogen. Im eigenen

Nachthemd sieht sie deutlich besser aus als in dem weißen Krankenhausgewand, das am Rücken mit Bändern zugeknotet werden muss.

Die Tür geht auf. Visite. Die Stationsärztin, zwei Schwestern und zwei junge Männer in Weiß treten ein. »Guten Morgen«, sagt die Stationsärztin. Meine Mutter schweigt und schaut aus dem Fenster. Ich wünsche auch einen guten Morgen, stelle mich kurz vor und frage, ob ich während der Visite im Zimmer bleiben kann. Die Stationsärztin ist einverstanden und stellt die Männer vor: Medizinstudenten, die gerade ein Praktikum im Krankenhaus machen.

Die Stationsärztin sieht die Akte durch und nimmt eine kleine Lampe aus ihrer Tasche. »Schauen Sie mal in das Licht«, sagt sie. Sie leuchtet in die Augen meiner Mutter. Meine Mutter folgt den Bewegungen der Lampe. Dann fragt die Ärztin, ob meine Mutter weiß, welcher Tag heute ist. Meine Mutter nickt. »Samstag«, sagt sie. »Nicht ganz«, sagt die Stationsärztin. »Heute ist Sonntag.« Sie zeigt auf mich. »Wissen Sie, wer das ist?« Meine Mutter nickt wieder. »Meine Tochter.«

Die Stationsärztin steht auf und verabschiedet sich. »Ich komme gleich wieder«, sage ich zu meiner Mutter und gehe mit Ärztin, Schwestern und Famulanten aus dem Zimmer. Ich bitte die Stationsärztin um ein kurzes Gespräch. Sie bleibt im Gang stehen und nimmt noch einmal die Akte meiner Mutter zur Hand. »Geht in fünf Minuten weiter«, sagt sie zu den Schwestern, die darauf im Schwesternzimmer verschwinden. Die Praktikanten bleiben bei uns.

»Ihre Mutter hat Glück gehabt, dass sie so schnell zu uns gekommen ist«, sagt die Stationsärztin. »Bei einem

Schlaganfall geht es um Minuten – wenn wir innerhalb von vier Stunden therapieren können, sind die Chancen auf Heilung gut.« Sie zeigt mir das Kernspinbild von Freitagnacht und weist mich auf eine dunkle Fläche hin. Außerdem sehe ich einige kleine weiße Flächen. Dann zeigt sie mir das Kernspinbild von Samstagmorgen, auf dem die dunkle Fläche verschwunden ist. Die weißen Flächen sind aber immer noch da. »Auf dem MRT haben wir das Blutgerinnsel deutlich gesehen, das den Schlaganfall verursacht hat. Außerdem zeigte die Patientin eindeutige Symptome: Beeinträchtigung der Sehfunktion, des Sprachapparates, einseitige Lähmungen. Durch gezielte Medikamentierung hat sich das Gerinnsel aufgelöst.«

Ich frage, ob die Lähmung und die Verwirrtheit auch wieder verschwinden. Die Ärztin will sich nicht festlegen. Für den kommenden Tag sind weitere Untersuchungen angesetzt, außerdem wird mit Physiotherapie und Logopädie begonnen. »Ein Schlaganfall ist oft ein Schuss vor den Bug«, sagt die Ärztin. »Zum Glück ist Ihre Mutter nicht übergewichtig und auch sonst bei ganz passabler Gesundheit.« Sie weist mich darauf hin, dass ein Patient nach einem Schlaganfall nicht allein gelassen werden sollte; dass neben dem medizinischen Personal die Angehörigen ganz wichtig sind. Ich sage, dass mein Vater tot ist, dass meine Mutter nur noch mich hat. »Sprechen Sie doch morgen nach der Visite mit dem Oberarzt«, sagt die Ärztin. Außerdem empfiehlt sie mir die Schlaganfallinfostelle im Krankenhaus, die unter der Woche vormittags besetzt ist. Dann verabschiedet sie sich und geht, begleitet von den Studenten, weiter.

Ich bleibe stehen, fühle mich überfordert. Ich bin nicht sicher, ob ich alles verstanden habe. Und bemerke, dass ich ganz viele Fragen nicht gestellt habe: Warum ist das passiert? Passiert das wieder? Wie lange muss meine Mutter im Krankenhaus bleiben? Muss sie eine Reha machen? Wird sie wieder gesund?

Ich gehe zurück zu meiner Mutter. Sie ist eingeschlafen. Vorsichtig setze ich mich neben sie und nehme ihre rechte, gelähmte Hand. Tränen laufen mir über die Wangen, aber ich kann das Weinen kontrollieren und bleibe ganz leise. Ich suche in meiner Tasche nach einem Taschentuch und finde die Spielzeugzange, die mir mein Sohn mitgegeben hat.

Nach einer Weile gehe ich aus dem Zimmer und schalte im Treppenhaus mein Handy an. Es ist 9:30 Uhr. Ich rufe meinen Mann an, erzähle von dem Gespräch mit der Ärztin und dass meine Mutter jetzt schläft. Dass ich sie gewaschen und angezogen habe. Wieder laufen mir Tränen über die Wangen, diesmal muss ich auch schluchzen. Ich beende das Telefonat schnell, weil ich es so furchtbar finde. Und zwar alles – am Telefon weinen, im Krankenhaus sein, dass meine Mutter verkabelt ist und nicht mehr weiß, was wir an Ostern gemacht haben. Einige Minuten später habe ich mich beruhigt und rufe meinen Mann noch mal an. Er sagt, ich soll mir so viel Zeit lassen, wie ich brauche, im Krankenhaus. Er sagt, dass ich mittags in der Krankenhauscafeteria etwas essen kann. Und dass er jetzt mit unserem Sohn an den Fluss will.

Nach diesem Telefonat fühle ich mich besser. Ich schalte das Handy aus und gehe zurück ins Zimmer meiner Mutter. Sie schläft immer noch. Ich setze mich auf den Stuhl neben ihrem Bett und betrachte sie. Es ist erstaunlich, wie vertraut und auch fremd sie mir gleichzeitig ist.

Ich kann mich nicht erinnern, dass meine Mutter in meiner Kindheit jemals krank war. Nicht mal einen Schnupfen hatte sie – anders als mein Vater, der manchmal mit böser Migräne aus dem Büro heimkam und den Feierabend im abgedunkelten Zimmer verbringen musste. Meine Mutter ist immer stark gewesen, mit geradem Rücken und kräftigen Armen. Sie hat immer gewusst, was zu tun ist und wo etwas anzupacken ist – zumindest in meiner kindlichen Wahrnehmung. Ich habe sie auch nie traurig gesehen oder mit Tränen in den Augen.

Als ich mit meinem Sohn schwanger war, hat sich das Verhältnis zwischen meiner Mutter und mir verändert. Sie hat sich mir mehr geöffnet, mich ins Vertrauen gezogen. Mir etwa von einem Schwangerschaftsabbruch erzählt, für den sie sich entschieden hatte, als ich vier war. Mein Vater hätte gerne ein zweites Kind gehabt, aber sie wollte nicht. Sie konnte sich das nicht vorstellen, noch einmal alles aufzugeben für ein Baby, noch einmal neu anzufangen. Ich war ganz schön überrascht und auch verletzt, als sie das sagte. Das hat sie gemerkt und versucht, es mir noch besser zu erklären. »Ich wollte einfach unabhängig sein. Weil ich die Abhängigkeiten in meiner Familie so sehr gehasst habe. Außerdem hatte ich schon dich. Dich habe ich über alles geliebt – das tue ich auch heute noch. Aber durch dich war meine Unabhängigkeit dahin: weil du abhängig von mir warst.« Es ist meiner Mutter nicht leichtgefallen, mir das zu erzählen. Und ich hatte ganz schön Probleme, sie zu verstehen, ihre Entscheidung zu akzeptieren. Eine Schwester oder einen Bruder – das habe ich mir oft gewünscht.

Meine Mutter hat mir noch gesagt, dass sie – ohne auch nur den geringsten Besitzanspruch anzumelden – durch meine Schwangerschaft das Gefühl hat, eine zweite Chance zu bekommen. Noch ein Kind aufwachsen zu sehen, noch ein Kind so sehr lieben zu können wie das eigene. Und sie hat auch zugegeben, dass sie sich schon vor der Geburt meines Sohnes gewünscht hat, ihr Enkelkind wäre auch abhängig von ihr. Wenigstens ein bisschen.

Meine Mutter öffnet die Augen. »Du bist ja noch da«, sagt sie und lächelt schief. Sie setzt sich auf und stützt sich dabei auf die rechte Hand. Wahrscheinlich ist es eher eine unbewusste Bewegung – aber die rechte Hand macht mit. Die Lähmung scheint langsam abzuklingen. Sie schaut aus dem Fenster. »Ist richtiges Hermannswetter heute«, sagt sie. Ich nicke. Ein strahlend schöner Tag.

Ich frage sie, ob sie sich an den Freitagabend erinnern kann. »Du warst im Theater«, helfe ich ihr. Sie nickt. Sagt, dass sie im Theater nicht mehr richtig sehen konnte. Sie spricht leise und etwas undeutlich, was wohl auch mit dem hängenden rechten Mundwinkel zu tun hat. »Ich wollte heim«, sagt sie. Ich erzähle ihr, was ich von der Nachbarin erfahren habe. Dass sie mit dem Taxi heimgefahren sind, in der Pause der Theateraufführung. Dass die Nachbarin ihr auf der Treppe geholfen hat und beim Öffnen der Wohnungstür mit dem Schlüssel. Dass die Nachbarin dann den Krankenwagen gerufen hat. »Seitdem bist du hier«, sage ich. Sie nickt. Wirkt aber erschöpft, so als würde sie das Ringen um Erinnerung sehr anstrengen.

Ich frage nicht weiter, sondern erzähle ihr, dass meine Männer zum Fluss gegangen sind. »Sie wollen Steine werfen«, sage ich. Meine Mutter schaut auf das gerahmte Bild, das immer noch auf ihrem Nachttisch steht. »Ihr passt aber gut auf den Kleinen auf«, sagt sie. Ich nicke.

Die Schwester kommt. Sie bringt das Mittagessen. Fleischbällchen und Reis mit Sauce, dazu eine kleine Schüssel Salat. Zum Nachtisch Birnenkompott. Und eine Flasche Wasser und ein Glas. »Sie müssen viel trinken«, sagt die Schwester und schenkt Wasser in das Glas. Ich helfe meiner Mutter, sich im Bett hinzusetzen, klemme das Kopfkissen zwischen Rücken und Bettgestell und schiebe den am Nachttisch angeschraubten Tisch zu ihr. Sie nimmt die Gabel in die rechte Hand. Dann legt sie die Gabel wieder hin. »Kannst du mir helfen?«, fragt sie. Ich vermenge Reis mit Sauce, spieße ein kleines Stück Fleisch auf und helfe meiner Mutter beim Essen. Was mir viel normaler erscheint als das Waschen und Anziehen heute Morgen. Wer kann schon ohne zu kleckern im Bett essen, wenn im linken Handrücken ein Venenkatheter steckt, am linken Zeigefinger ein Clip und die rechte Hand bis vor kurzem noch gelähmt war? Vor allem, wenn es Reis gibt. Das Füttern klappt gut, meine Mutter isst viel, auch Salat. Nur Kompott will sie nicht. »Später«, sagt sie.

Ich schiebe den Betttisch weg und reiche ihr das Glas. Sie trinkt. »Du hast doch sicher auch Hunger«, sagt sie. »Jetzt hab ich alles aufgegessen, das tut mir leid.« Ich lächle. Das ist typisch meine Mutter. Sie hat immer geschaut, dass meine Bedürfnisse gestillt waren, dann erst hat sie sich um sich selbst gekümmert. Nur beim Essen musste sie zuerst dran sein. Sie kriegt entsetzlich schlechte Laune, wenn sie in den Unterzuckerbereich kommt. Das hat sie mir schon früh erklärt.

»Ist schon gut«, sage ich. »Ich habe gar keinen Hunger.« Ich nehme ihre rechte Hand und halte sie fest. »Weißt du noch, wie wir diese lange Wanderung gemacht haben? Irgendwann sind wir falsch abgebogen, weil Papa die Karte nicht eingesteckt hatte. Und wir haben die Wirtschaft Zur schönen Aussicht einfach nicht gefunden. Ich war müde und wollte, dass du mich trägst. Du hast es nicht gemacht, bis ich dir den Schokoladenhasen gegeben habe, den ich heimlich aus dem Osternest genommen und in meinen Rucksack gesteckt hatte. Zuerst wolltest du schimpfen – es war ein großer Hase. Der in der Sonne ziemlich weich geworden war. Dann hast du aber gelacht und die Schokolade mit mir geteilt.« Meine Mutter sieht mich an und lächelt ihr schiefes Lächeln. »Und der Papa hat uns fotografiert, mit unseren Schokoladenmündern«, sagt sie.

»Wo ist er denn, der Papa?«, fragt sie dann und dreht den Kopf zum Fenster. Ich drücke ihre Hand und schließe die Augen, weil ich spüre, wie die Tränen wieder hochsteigen. Jetzt nicht weinen, denke ich. Ich kämpfe lange mit den Tränen. Dann öffne ich wieder die Augen. Meine Mutter ist eingeschlafen. Ich lasse ihre Hand los und stehe auf. Vielleicht esse ich doch etwas in der Cafeteria, denke ich und gehe aus dem Zimmer.

Die Cafeteria ist ein großer Raum mit anschließender Terrasse im Erdgeschoss des Krankenhauses. Die Tische und Stühle sind blau, es gibt eine Glasvitrine mit Kuchen und eine Theke, an der man warme und kalte Snacks bestellen kann. Ich entscheide mich für ein Sandwich mit Salatbeilage, dazu eine Cola.

Ich setze mich an einen der blauen Tische und schalte mein Handy ein. 12:05 Uhr. Ich bin seit gut vier Stunden in diesem Krankenhaus. Ob es am ausgeschalteten Handy liegt oder am Ort selbst – mein Zeitgefühl funktioniert hier nicht. Es kommt mir vor, als wäre ich gerade erst angekommen. Langsam esse ich Sandwich und Salat. Ich merke, dass ich noch nicht zurück ins Zimmer meiner Mutter will, und sehe mich in der Cafeteria um.

Fünf Tische sind besetzt, von Familien mit kleinen Kindern, aber auch älteren Erwachsenen, die Patienten, einige im Rollstuhl, besuchen. Eine Frau hat ein Baby auf dem Arm, neben ihr sitzt ein anderes, vielleicht dreijähriges Kind. Mir ist nicht klar, ob die drei auf jemanden warten oder selbst in Behandlung sind. In jedem Fall weint das Baby, und das Kind quengelt, beide sind ziemlich laut. Die Frau versucht das Baby zu beruhigen, sie wiegt es in den Armen und bietet immer wieder einen Schnuller an. Gleichzeitig ermahnt sie das andere Kind, Ruhe zu geben.

Eine elegante ältere Frau, die am Nebentisch sitzt, dreht sich zu der Frau mit den Kindern um und schimpft: »Ein Krankenhaus ist kein Spielplatz! Sorgen Sie bitte für Ruhe!« Dann wendet sie sich wieder ihrer Begleitung zu, einem älteren Mann in Bademantel und Hausschuhen. »Also, Leute gibt's«, zischt sie ihm zu. Von den anderen Gästen reagiert niemand. Ein Mann betritt die Cafeteria, in Trainingsjacke und -hose. Er rollt ein Gestell neben sich her, an dem eine Flasche hängt, über einen Schlauch mit seinem Handrücken verbunden. Der Mann setzt sich zu der Frau mit den Kindern.

Meine Sympathie gilt ganz klar der Mutter mit den Kindern. Es ist Sonntag. Ihr Mann ist im Krankenhaus. Sie will ihn besuchen. Und natürlich wollen die Kinder ihn auch sehen, genauso wie er seine Familie sehen möchte. Ja, Krankenhäuser sind keine Spielplätze. Aber sie sind doch Begegnungsstätten für Gesunde und Kranke. In mir steigt mal wieder großer Zorn hoch, der sich auf die ältere Frau entlädt: Ich stehe auf und gehe an ihren Tisch. Der ältere Mann sieht mich zuerst und schaut überrascht. »Entschuldigen Sie bitte die kurze Störung«, sage ich. Seine Frau wendet sich mir zu. »Ich gebe Ihnen recht: Ein Krankenhaus ist kein Spielplatz.« Die Frau nickt und will mir zustimmend ins Wort fallen. »Genau«, setzt sie an, doch ich hebe die Hand und bringe sie damit zum Schweigen. »Ein Krankenhaus ist ein Ort, an dem kranke Menschen sind, denen es hilft, wenn sie von den gesunden Menschen nicht vergessen werden. Wenn sie von den gesunden Menschen besucht werden. Das gilt für alte Leute«, ich wende den Kopf kurz zu dem älteren Mann neben ihr, der mich entgeistert anstarrt, »ebenso wie für Kinder.« Die Frau will wieder ansetzen, etwas zu sagen, wieder schneide ich ihr das Wort ab. »Wir alle müssen lernen, besser miteinander auszukommen. Schlagen Sie das Wort ›Toleranz‹ im Lexikon nach, wenn Sie nach Hause kommen. Denn auch Sie können durchaus noch etwas dazulernen.« Ich wünsche einen schönen Tag und verlasse die Cafeteria.

Auf dem Weg durch die Krankenhausgänge bin ich stolz auf mich. Weil ich mich getraut habe, etwas zu sagen, weil ich Partei ergriffen habe. Für andere, aber auch für mich selbst. Und das schon das zweite Mal in dieser Woche, fällt mir ein, schließlich habe ich dem IT-Mann vor ein paar Tagen in der Teeküche auch meine Meinung gesagt – zum Thema »Mütter im Büro«.

Es ist seltsam. Die ach so wichtigen Dinge, denen ich täglich hinterrenne, sind mir plötzlich gar nicht mehr so wichtig. Der Bus zum Büro, der Proof für die Broschüre und dieser blöde Aufzug. Der Streik fällt mir wieder ein. Ach ja. Es erscheint mir alles gerade recht bedeutungslos angesichts dieses Krankenhauses, in dem meine Mutter um ihr Leben ringt.

Was ist das auch für ein komisches Ungleichgewicht: Mein Berufsleben ist wichtiger als mein Mutterleben oder mein Privatleben. Busfahrpläne, Kindergartenschließzeiten und Jour-fixe-Termine sind meiner Ehe, meinem Kind, meiner Mutter übergeordnet. Das muss ich ändern, ich will nicht so viel Zeit in einem künstlich geschaffenen Parallelleben verbringen, aus dem ich die Wünsche eines Dreijährigen ebenso wegorganisieren muss wie Zweisamkeit oder Zeit für Krankheit.

Vor dem Aufzug entschließe ich mich, die Treppen zu nehmen. Und während ich die Treppen hochsteige, frage ich mich, ob ich die ganzen Tränen heute wegen meiner Mutter vergossen habe oder auch wegen mir selbst. Als mein Vater vergangenes Jahr starb, weinte ich mehr für meine Mutter als für mich. Sie hat den Mann verloren, mit dem sie viele Jahre lang zusammenlebte, ist allein zurückgeblieben. Sie hat sich darüber nicht beklagt, aber ich weiß, dass mit meinem Vater auch ein Teil von meiner

Mutter gestorben ist. Der sich nicht einfach ersetzen lässt durch einen neuen Mann. Oder eine Kreuzfahrt auf dem Nil. Ich habe Angst davor, mir vorzustellen, dass meine Mutter stirbt. Und deswegen schiebe ich andere Dinge vor: Wie soll ich es schaffen, sie jeden Tag im Krankenhaus zu besuchen, wenn ich doch an den Koordinaten Kindergarten/Büro nur schwer etwas verändern kann? Nicht mal zur Schlaganfallinfostelle kann ich ohne Weiteres vormittags, denn da sitze ich im Büro. Wo soll meine Mutter hin, wenn sie rund um die Uhr betreut werden muss? In unser Gästezimmer oder in ein Pflegeheim? Ganz schön egoistisch, diese Gedanken, stelle ich fest.

Ich öffne die Tür. Meine Mutter ist wach. »Da bist du ja wieder«, sagt sie. Ich setze mich neben sie und nehme ihre rechte Hand. Ihre Finger reagieren auf die Berührung. Ich lächle und erzähle, dass ich in der Cafeteria war und einer Frau, die sich über kleine Kinder beschwert hat, die Meinung gesagt habe.

»Wo ist denn der Kleine?«, fragt meine Mutter und sieht sich suchend um. Ich sage, dass er mit meinem Mann am Fluss ist und Steine ins Wasser wirft. Und vielleicht ein Eis essen geht. Dass er nicht hier ist heute, und dass die Frau in der Cafeteria über andere Kinder geschimpft hat. »Er ist ja auch so brav«, sagt meine Mutter. Ich nicke. Und erzähle ihr dann vom Märchenpark. Ich muss ziemlich viel erklären, da sie längere Zeit nicht versteht, was das ist, ein Märchenpark. Sie denkt zuerst an Bilderbücher, dann an Kasperltheater und Kinderbühnen. So richtig versteht sie es erst, als ich ihr die Bergwerkbahn der Sieben Zwerge beschreibe.

Die Schwester kommt ins Zimmer und bringt ein Tablett mit Kuchen und Tee. Meine Mutter will nicht essen, nippt nur am Tee und schläft dann wieder ein. Ich bin sicher, das lange Reden strengt sie an. Ich sitze an ihrem Bett. Sehe, wie sie atmet, wie sich ihr Brustkorb hebt und senkt. Sie sieht friedlich aus. Wann habe ich das letzte Mal so viel Zeit mit meiner Mutter verbracht? Ich kann mich nicht erinnern. Die letzten Monate haben wir uns eher die Türklinke in die Hand gegeben, weil sie auf den Kleinen aufgepasst hat, während ich zu einem Termin gehetzt bin. Und unsere Telefonate waren auch immer nur kurz. Auch das muss ich ändern, denke ich.

Ich greife nach einem Magazin, das auf dem Nachttisch liegt. Eine Schauspielerin, Mitte sechzig, also nur ein paar Jahre jünger als meine Mutter, dafür aber oscargekrönt, sagt im Interview: *Eltern, die ihre Freiheit für das Glück ihrer Kinder opfern, sind die wahren Helden unserer Gesellschaft.*[34] Die Schauspielerin selbst ist kinderlos. Gewünscht kinderlos.

Ist es wirklich ein Opfern der Freiheit, ein Kind glücklich zu machen? Ich bin mir nicht sicher, ob ich nicht erst durch mein Kind den Unterschied zwischen wahrer Freiheit und scheinbarer Freiheit erkannt habe. Ist es wirklich Freiheit, täglich stundenlang in einem Büro zu sitzen und für eine Firma zu arbeiten, die an mir als Individuum wenig interessiert ist, die mich nur als einen von vielen Pfeilern nimmt, auf denen ihr Fundament ruht?

All die Dinge, auf die Eltern verzichten müssen – ausgehen, ausschlafen, Extremsportferien machen. Mir fallen eigentlich nur Sachen ein, die mir total egal sind. Bis auf das mit dem Schlaf vielleicht, doch ich weiß ja, dass die Nächte wieder ruhiger werden, wenn die Kinder älter sind. Mir kommt es so vor, als wäre Freiheit ein Versteck für Egoismus, und dann kann man »Kinder« auch mit »pflegebedürftige Eltern« ersetzen: Eltern, die ihre Freiheit für das Glück ihrer pflegebedürftigen Eltern opfern, sind die wahren Helden unserer Gesellschaft.

Ich lege das Magazin wieder auf den Nachttisch und erinnere mich an das, was ich heute Morgen im Autoradio gehört habe.[35] Ein Mann hat sich nach dem Tod seiner Mutter fürchterlich mit seiner Schwester zerstritten. Die Schwester wirft dem Mann vor, dass er die Mutter für die letzten Jahren ihres Lebens in ein Pflegeheim gesteckt und sie nicht in seiner Wohnung betreut hat. Der Mann ist pensioniert – frühzeitig, nach drei Herzinfarkten. Die Schwester ist die Inhaberin einer kleinen Pension. Sie wollte die Mutter nicht in ihrem Haus aufnehmen, weil sie Vollzeit arbeitet. Nun reden die Geschwister nicht mehr miteinander.

Wo ist eigentlich mein Recht auf Glücklichsein?, hat der Mann gefragt. Und wieder und wieder beteuert, wie schlecht es ihm rein gesundheitlich geht nach drei Herzinfarkten. Er wünscht sich Ruhe und Frieden mit seiner Schwester, dem letzten Rest seiner Familie. In der Radiosendung war auch ein Experte, ein Familienanwalt. Der meinte, dass um Geld einfach viel gestritten wird. Und die Pflege eines Elternteils kostet natürlich viel Zeit und Energie, manchmal durch ein fettes Erbe oder gesellschaftliche Anerkennung entlohnt, von der Gesellschaft aber nicht wirklich anerkannt. Weil es keine Übersetzung der Betreuung in Geldwerte gibt.

Ich habe dann daran gedacht, dass das Elterngeld genau das macht – es übersetzt Kinderbetreuung in Geldwerte. So und so viele Monate beim Kind sein ist so und so viele Monate Gehalt wert. Nein, nicht mal 70 Prozent davon. Gibt es dasselbe auch für die Zeit, die man in die Pflege einer Mutter investiert, die einen Schlaganfall hatte?

Meine Mutter schläft immer noch. Sie sieht nicht sonderlich krank aus, nur etwas blass. Krank wirkt sie durch die Schläuche und Kabel. Ich kann sie mir nicht in einem Pflegeheim vorstellen. Einmal habe ich eine Einrichtung der Arbeiterwohlfahrt besucht, und war entsetzt, wie traurig die Menschen dort waren. Sie wirkten, als würden sie nur noch auf das Ende warten.

Aber wohin dann mit meiner Mutter, wenn sie nicht mehr allein sein kann? Diese Frage stelle ich mir sonst, wenn es um meinen Sohn geht: Wohin mit dem Kind, das noch nicht allein sein kann? In meinem hektischen Leben gibt es weder Zeit noch Platz für solche Fragen. Noch einmal denke ich, dass sich etwas ändern muss.

Es tut mir gut, hier zu sein. Meiner Mutter zuzusehen, wie sie schläft. Dadurch wird das Neue, das Bedrohliche, vertrauter und sofort weniger schrecklich. Meine Mutter ist immer noch meine Mutter. Auch wenn sie einen Schlaganfall hatte.

Die Schwester kommt ins Zimmer und holt das Tablett. »Sie sind ja immer noch da«, sagt sie. Es klingt nicht vorwurfsvoll, eher überrascht. »Ja«, sage ich, »das Hiersein hilft mir, besser mit all dem zurechtzukommen.« »Verstehe«, sagt die Schwester und geht wieder aus dem Zimmer. Kurz darauf wacht meine Mutter auf. Sie reibt sich die Augen –

mit beiden Händen. Ich sage ihr, dass ich jetzt nach Hause fahren werde. Und dass ich morgen wiederkomme. Dass sie keine Angst haben soll. Sie nickt. Ich bin nicht sicher, ob sie wirklich ganz wach ist. Trotzdem verabschiede ich mich und gehe.

Um 17:00 Uhr sitze ich wieder zu Hause am Küchentisch. Mein Sohn sitzt neben mir und hat Papier und Wasserfarben geholt. Er will den Fluss malen und die Steine, die er hineingeworfen hat. Ich freue mich und bin überrascht, dass die Zeit, die er mit meinem Mann verbracht hat, so einen tiefen Eindruck hinterlassen hat. Wenn ich mit ihm am Fluss bin, will er einen Stein mit nach Hause nehmen. Den Fluss malen, das hat er bislang noch nie gewollt.

Wenn ich tief in mich hineinhöre, finde ich neben dem schlechten Gewissen, dass ich am Sonntag nicht bei meinem Kind war, auch ein kleines bisschen Eifersucht auf meinen Mann. Auf die schöne Zeit, die er mit dem Kleinen hatte. Es waren etwa zehn Stunden, die ich weg war. Zehn Stunden, die sich anfühlen wie ein Zwei-Wochen-Trip in einen unbekannten Dschungel. Ich bin sehr erschöpft. Vom Am-Bett-Sitzen und Handhalten. Vom Nachdenken. Vom Weinen und vom Weinenunterdrücken. Mein Mann sitzt neben mir am Küchentisch. Ich bin froh, dass er nicht fragt, keine Einzelheiten wissen will.

Dann schälen wir Kartoffeln. Mein Sohn hält den Sparschäler, ich die Kartoffeln. Es dauert lang, bis alle Kartoffeln geschält sind. Ich schneide die Kartoffeln in Stücke und werfe sie in die Pfanne. »Papa, wir kochen Bratkartoffeln«, ruft der Kleine. Mein Mann kommt aus dem Wohnzimmer. Er hat gerade mit einem alten Schulfreund telefoniert, der seit kurzem als Staatsanwalt arbeitet. Vor vier Wochen ist der Staatsanwalt Vater geworden. Mittags fährt er vom Gericht nach Hause, um seine Tochter wenigstens kurz bei Tageslicht zu sehen. Seine Arbeitszeiten gehen bis spät in die Nacht. Der Schulfreund hat sich sein Leben so nicht vorgestellt, sagt mein Mann. Was ihn zermürbt, sind nicht die schlaflosen Nächte oder die viele Arbeit. Sondern die Gewissheit, dass es nicht besser werden wird: dass ihm immer Zeit fehlen wird. Zeit, die er nicht bei seiner Familie sein kann.

Dabei verdienen Staatsanwälte doch nicht schlecht, sage ich. Und erinnere mich, wie ich mich vor ein paar Wochen über die Behauptung einer kinderlosen Kollegin geärgert habe: Es sei egal, ob eine berufstätige Frau Kinder habe oder nicht, die Karrierestufen könnten bei gleicher Qualifikation und, wie sie es genannt hat, gleichem »Biss« genauso leicht erreicht werden. Schwierigkeiten könnten in beiden Fällen auftreten. Angeblich gibt es dazu auch Studien. Ich habe dagegengehalten, dass es oft nicht um Qualifikation oder Biss geht, sondern um das Geld, das zur Verfügung steht. Wer sich die Kinderbetreuung individuell zusammenstellen kann und nicht auf die Schließzeiten von Kitas oder den Feierabend einer Tagesmutter angewiesen ist, hat es leichter. So machen es doch auch die Stars in Hollywood: Nehmen ihr Kind einfach mit zum Dreh, jetten in der Mittagspause schnell mal ins Hotel. Heute würde ich noch hinzufügen, dass eine kinderlose Frau vielleicht auch weniger Gründe hat, früher nach Hause zu kommen als eine Frau mit Kindern. Und dass man das auch bedenken muss.

Mein Mann bestätigt, dass der Schulfreund als Staatsanwalt ganz gut verdiene. Doch um mit einem Hubschrauber in der Mittagspause zur Familie geflogen zu werden, dafür würde es nicht reichen. Abgesehen davon, dass ein Staatsanwalt in der Anfangszeit einfach sehr viel arbeiten muss. »Das gehört eben dazu«, sagt mein Mann. Ich finde das nicht akzeptabel. Und sage absichtlich naiv, dass Staatsanwälte doch Beamte sind. Und dass es bestimmt auch Teilzeitstaatsanwälte gibt. »Aber die haben vielleicht kein Interesse an einer großen Karriere«, sagt mein Mann. »Ach, darum geht es deinem Freund: Er will die große Karriere und die glückliche Familie«, sage ich bissig. »Ganz genau«, sagt mein Mann. »So wie ich auch.«

Später essen wir Bratkartoffeln und Schnitzel und Salat und hinterher noch Grießbrei mit Zimt und Zucker. Mein Sohn will nach dem Essen baden, mein Mann lässt ihm Wasser ein. Ich nutze die Zeit, um die Nachbarin meiner Mutter anzurufen. Ich berichte vom Gespräch mit der Stationsärztin und beschreibe den Zustand meiner Mutter. Die Nachbarin fragt viel nach. Sie will wissen, ob ich das Gefühl habe, dass meine Mutter versteht, was passiert ist.

»Ich bin nicht sicher«, sage ich. »Wissen Sie«, sagt die Nachbarin, »sie hat immer gesagt, sie würde nie in ein Pflegeheim gehen wollen. Sie würde lieber zu Hause sterben, und lieber schnell als von Maschinen und Medikamenten verlangsamt.« Ich bin überrascht. Frage die Nachbarin, ob sie etwas von einer Patientenverfügung weiß. »Nein«, sagt die Nachbarin. »Nach dem Tod Ihres Vaters hat sie sich etwas verschlossen. Und ist längeren Gesprächen aus dem Weg gegangen. Nicht dass sie unfreundlich war. Sie schien nur so mit sich selbst beschäftigt zu sein.«

Ich sage, dass ich sie weiterhin auf dem Laufenden halte. Die Nachbarin verspricht, nach der Wohnung meiner Mutter zu schauen, den Briefkasten zu leeren und die Pflanzen zu gießen. Dann lege ich auf, halte das Telefon aber noch in der Hand. Ich schaue auf die Uhr. 19:03 Uhr. Sicher schläft meine Mutter jetzt.

War meine Mutter mir gegenüber auch verschlossen? Ich habe es nicht bemerkt, weil ich irgendwann nach dem Tod meines Vaters wieder auf Normalität umgeschaltet habe. Umschalten musste – das Jonglieren zwischen Kind und Büro war an vielen Tagen so anstrengend, dass ich nicht viel fragen konnte, wenn wir telefoniert haben. Ich habe sie oft angerufen, eine Zeitlang jeden Tag. Das ist weniger geworden, ebenso wie meine Geduld mit ihr.

Ihr Leben hat sich in den letzten zwei Jahren sehr verändert durch den Kampf gegen die Krankheit meines Vaters. Die Spuren sind immer noch zu sehen: Die Umbauten in der Wohnung – Griffe neben Badewanne und Toilette, ein Bett, dessen Kopfteil sich per Knopfdruck heben und senken lässt. Und die ganzen Medikamente sind noch da. Das ist mir heute Morgen aufgefallen, als ich Wäsche für meine Mutter geholt habe. Ich weiß nicht, ob sie diese Dinge für sich selbst aufhebt oder ob sie für sie die letzten Erinnerungen sind. Weder vor noch nach dem Tod meines Vaters habe ich mit meiner Mutter darüber gesprochen, was sie sich wünscht, wenn sie ernsthaft krank wird.

Ich stelle das Telefon auf die Ladestation und gehe ins Bad. Mein Mann trocknet den Kleinen ab. »Ich war im

Fluss«, sagt mein Sohn. »Ich war ein großer Stein.« Ich ziehe ihn auf meinen Schoß und umarme ihn ganz fest. »Kriege ich noch einen Gutenachtkuss von meinem großen Stein?«, frage ich. Der Gutenachtkuss ist feucht, dann gehen Mann und Sohn ins Kinderzimmer.

Ich wäre gerne hinterhergegangen, hätte mich gerne dazugelegt, einfach um bei ihnen zu sein und nicht weiter über meine Mutter nachdenken zu müssen. Stattdessen gehe ich ins Wohnzimmer und schalte den Fernseher ein. Auf einem Kanal läuft eine Diskussionsrunde. Eine Frau, sympathisch, gut gekleidet, etwa dreißig, erzählt von einem Gespräch mit ihrem Chef. Die Frau ist Reporterin für einen Radiosender und wollte mehr Geld, obwohl sie gerade erst wieder in den Job eingestiegen war – nach der Elternzeit. Ihr Chef lachte sie aus. »Als Mutter haben Sie keine Chancen«, sagt er. »Wir können Sie ja noch nicht mal spontan in ein anderes Studio schicken – weil Sie dann nicht pünktlich am Kindergarten erscheinen, um Ihr Kind abzuholen.« Die Frau wollte sich so was nicht bieten lassen und sagte, dass es auch Gesetze gebe, die ihr recht gäben. Der Chef lachte noch lauter. »Gesetze? Die gelten hier nicht!« Der Moderator schweigt, die anderen Gäste der Diskussionsrunde sehen betroffen aus. Als die Kamera aufs Publikum schwenkt, sieht man einige Leute schadenfroh grinsen.

Mein Mann kommt rein. »Kind schläft«, sagt er. Und: »Was schaust denn du an?« Ich schüttle den Kopf und sage, ich weiß es nicht. Dann schalte ich den Fernseher aus. Wir gehen in die Küche. Zeit, zu reden. Mein Mann schenkt mir ein Glas Wein ein. Ich sitze am Tisch und will etwas sagen, aber ich weiß nicht, was. Also beginnt er. »Und wenn wir beide nur noch dreißig Stunden arbeiten? Wenn ich weniger Zeit im Büro bin und du damit mehr Zeit hast? Die du vielleicht bald auch für deine Mutter brauchst?« Jetzt weine ich. Mein Mann setzt sich neben mich und streichelt mich. Er tupft mir die Tränen ab. »So schlimm kann das doch nicht sein, wenn ich mehr zu Hause wäre«, versucht er es mit einem Witz. Er schafft es, mich damit zum Lächeln zu bringen.

»Nein«, sage ich dennoch. Wenn er mehr Zeit hätte, wäre das nicht schlimm, sondern großartig. Schlimm wäre es, einfach so weiterzumachen wie bisher. Immer nur weiterzurennen und nicht nach links und rechts schauen zu können vor lauter Rennen. »Bist du vor etwas auf der Flucht?«, fragt mein Mann.

Spontan will ich antworten, dass ich nicht davonrenne, sondern hinterher. Weil ich immer zu wenig Zeit habe. Dann denke ich noch mal nach. Nehme noch einen Schluck Wein. »Ich glaube, ich habe Angst zu versagen. Zuzugeben, dass ich es eben doch nicht schaffe, in allen drei Leben gut zu sein: als Mutter, als Karrierefrau, als Ehefrau.« Er sagt, dass er dieses Gefühl gut kennt, dass er es sehr oft selbst empfindet. Etwa, wenn er mich mit unserem kranken Kind zu Hause verabschiedet und zur Arbeit geht. Dass er sich oft als Fremdkörper fühlt, wenn er abends heimkommt und sieht, wie innig ich mit dem Kind bin, so verbunden. So als würde niemand, nicht mal er als Vater, Mann, Partner, mehr einen Platz haben in dieser Zweisamkeit.

Ich sage, dass er dazugehört. Dass wir aufhören müssen, uns gegenseitig zu unterstellen, den anderen allein zu lassen (was ich mache) oder den anderen nicht zu brauchen (was er macht). Dass wir zusammenhalten müssen. Um diese schwierigen, merkwürdigen, anstrengenden Zeiten nicht nur zu überstehen, sondern vielleicht auch zu genießen. Wir stoßen mit unseren Weingläsern an.

Mein Mann schlägt vor, dass wir ein Problem nach dem anderen angehen. Nicht zuerst die großen Fragen stellen, sondern die Dinge in den Griff bekommen, die in der nächsten Woche anstehen. Ich fange an: »Morgen ist Kindergartenstreik.« Wir überprüfen noch einmal alle Möglichkeiten. Mein Mann ist weg. Es gibt keinen anderen Babysitter. Ich habe keinen Krankentag und keinen Urlaubstag zur Verfügung. Ich will nicht lügen und mich krankschreiben lassen mit Kopfschmerzen oder Menstruationsbeschwerden. »Das ist ja nicht die achte Klasse, in der ich den Sportunterricht schwänzen will«, sage ich. »Nimm den Kleinen mit«, sagt mein Mann. Er schlägt vor, dass ich Malsachen, ein Puzzle und vielleicht seine Lieblings-DVD einpacke und den Tag mit dem Kleinen im Büro verbringe. »Vor was hast du Angst? Dass dir gekündigt wird, weil du dein Kind in einem Betreuungsengpass mit ins Büro genommen hast? Das traut sich keine Firma. Und wenn, dann ist es sowieso besser, dass du da rauskommst.«

Mir gefällt die Idee, die Theorie in die Praxis umzuwandeln. Eine Mitarbeiterin hat ein dreijähriges Kind, das nicht allein gelassen werden kann. Und dann lege ich mir gleich einen Satz zurecht, den ich allen zur Begrüßung sagen kann: Im Kindergarten wird gestreikt, deshalb ist mein Sohn heute hier bei mir. So muss ich nicht nachdenken und nach Erklärungen ringen und erspare mir eine Menge Nervosität. »Jetzt du«, sage ich zu meinem Mann.

»Am Montag muss ich in die USA. Ich komme erst am Sonntagmittag zurück«, sagt er. »Wie soll das gehen, wenn du doch Unterstützung brauchst mit deiner Mutter?« »Die Unterstützung brauche ich die Woche drauf auch noch«, sage ich. Und schlage vor, dass er die Reise einfach genießt, vielleicht sogar ein bisschen Kraft tankt für das, was danach auf ihn wartet. »Lass dich bei der Präsentation ordentlich bejubeln im Namen deines Teams. Und sag dann deinem Chef, dass du mehr willst.« Ich atme tief ein. »Weißt du, eine Möglichkeit von Beförderung ist auch, statt mehr Geld mehr Zeit zu fordern.« Mein Mann lächelt. »Du bist schlau«, sagt er. Ich sage, dass er eh den Stempel des Windeldiplomierten hat. Dass er daraus doch eine Tugend machen kann. »Sag doch einfach, dass deine Frau sich um ihre kranke Mutter kümmern muss. Und dass du dich deshalb mehr um deinen Sohn kümmern willst.« Ich ermuntere ihn, ein paar Studien zu lesen, über Probleme von Jungen, die ohne Vater aufwachsen. »Was soll dein konservativer Spießerchef denn groß sagen, wenn du ihm erklärst, dass ein Junge einen Mann als Vorbild braucht, in dieser Welt der Erzieherinnen, Lehrerinnen, Mütter.« Jetzt lacht mein Mann. »Ich schlage ihn mit seinen eigenen Waffen. Und lege ihm das Buch von Altkanzlersohn Walter Kohl[36] auf den Schreibtisch – mein Chef ist nämlich ein glühender Kohl-Anhänger. Und Vater von zwei Söhnen.« Wir stoßen an und trinken noch einen kleinen Schluck Wein.

»So. Was mache ich denn jetzt mit meiner Mutter?«, frage ich. »Du kannst gar nicht so viel machen«, sagt mein

Mann. »Warte die Untersuchungen ab, sprich mit den Ärzten, beobachte deine Mutter. Besuch sie so viel, wie du kannst, aber setz dich dabei nicht allzu sehr unter Druck.« Er sagt, dass ich auch nächste Woche und nächsten Monat noch Kraft haben muss. Dass es nicht darauf ankommt, in der ersten Woche täglich zehn Stunden an ihrem Bett zu sein. »Was mache ich denn mit dem Kleinen?«, frage ich weiter. »Nimm ihn mit«, sagt mein Mann. Ihm ist natürlich klar, dass Krankenhäuser kein optimaler Ort sind für dreijährige Kinder: Keime an jeder Türklinke. Aber die Oma gehört zu unserem Leben dazu. Und wenn es der Oma schlecht geht, darf unser Sohn das wissen. Und er darf auch spüren, dass sich deswegen etwas verändert in unserem alltäglichen Leben. »Außerdem hilft es dir, ihn dabeizuhaben: Erstens weil du so keinen Babysitter suchen musst. Zweitens weil du so deinen Aufenthalt im Krankenhaus zeitlich begrenzt. Und drittens weil er dich unterstützt – moralisch.« Ich muss lachen. Mein dreijähriger Sohn als moralische Stütze am Krankenbett meiner Mutter. Aber irgendwie hat mein Mann auch recht mit dem, was er sagt.

Er räuspert sich. »Kommen wir zum nächsten Problem: Was ist, wenn deine Mutter zum Pflegefall wird?« Ich bin froh, dass er ausspricht, wovor ich mich fürchte. »Ja, was dann«, sage ich. Wir könnten ein Pflegeheim für sie finden, schlage ich vor. Oder sie in unserem Gästezimmer einquartieren, schlägt er vor. »Meinst du das ernst?«, frage ich. Er nickt. Und sagt, dass für ihn Familie auch bedeutet, dass man in schweren Zeiten näher zusammenrückt. »Lass uns nichts überstürzen«, sagt er. »Zuerst informieren wir uns, sprechen mit deiner Mutter, den Ärzten und sonst wem. Und dann entscheiden wir. Gemeinsam. Ebenso wie wir gemeinsam entscheiden, was für unser Kind das Richtige ist.« Er sagt auch, dass er besonders in den letzten Tagen erkannt hat, dass meine Belastbarkeit Grenzen hat. »Du bist gereizt, gehetzt und nur noch entspannt, wenn du ein Glas Wein getrunken hast.« Er sieht meine Empörung und nimmt meine Hand. »Nein! Ich will damit nicht sagen, dass du ein Alkoholproblem hast. Ich will damit sagen, dass dir gerade alles zu viel ist. Das war schon so, bevor deine Mutter einen Schlaganfall hatte.«

Er gibt mir einen Kuss auf die Wange. »Ich will nicht, dass wir unser Kind wegorganisieren, um Vollzeitbürger zu sein, und auch noch deine Mutter.« Ich nicke. »Hey, und außerdem glaube ich einfach nicht, dass sie sich nicht wieder erholt. Wo ist unser Optimismus?« Er hält mir sein Weinglas entgegen und will noch einmal anstoßen. In meinem Glas ist ein winziger Rest, ich stoße an, trinke aber nicht. Gerade ist mir der Alkohol zuwider. Es hat ganz schön wehgetan zu hören, dass ich nur noch mit einem Glas Wein entspannt sein kann.

Es ist spät geworden, aber die Uhrzeit erscheint mir bedeutungslos. Nicht nur mein Mann hat bemerkt, dass ich am Ende bin mit meinen Kräften, ich habe es selbst schon auch gespürt. Meine Aversion gegenüber mir als vermeintlicher Karrierefrau. Warum renne ich denn immer in dieses Büro? Die Antwort darauf gefällt mir nicht sonderlich: Ich habe Angst davor, zu spät zu kommen. Aufzufallen. Mich stellen zu müssen. Und zuzugeben, dass mir mein Job eigentlich herzlich egal ist. Weil ich verstanden habe, dass es noch etwas anderes gibt im Leben, etwas, das durchaus mehr Sinn macht, mehr Glück schenkt und mehr Energie spendet: ein glückliches Familienleben. Partnerschaft. Und ein Kind. Mich treibt noch nicht einmal die Angst an, verlassen zu werden und arm zu sein. Mich treibt die Angst an zuzugeben, dass dieses ganze Berufstätigkeitsgerede als einziger Lebensinhalt dumm ist.

Doch wenn ich mein Leben weiterhin durch diese Angst lenken lasse, ist es ein ganz schön beschissenes Leben. Wenn meine Beziehung zu meinem Mann deshalb in die Brüche geht, dann bin ich daran mitschuldig. Dann liegt es vielleicht auch daran, dass ich keine Zeit mehr übrig habe, um sie in unsere Beziehung zu investieren. Das muss besser werden.

Als ich ins Bett gehe, fällt mir die Mail meiner Freundin wieder ein, in der sie das Buch des französischen Soziologen erwähnt.[37] Einzelne Abschnitte daraus hat sie in die Mail kopiert. An einer Stelle geht es um das »Unbehagen in der Arbeitswelt«, wenn ich mich recht erinnere. Das dadurch zustande kommt, dass Autonomie immer mehr an Bedeutung gewinnt. Lauter Einzelkämpfer, durch nichts miteinander verbunden. Und statt Bänder zu knüpfen oder Brücken zu bauen, werden lieber Ellbogen ausgefahren oder das große Einmaleins des Mobbing ausprobiert. Das muss auch besser werden, denke ich und schlafe ein.

MONTAG

Ich schrecke vom Klingeln meines Handys hoch. 5:15 Uhr. Meine Mutter? Als ich das Telefon in der Hand halte, verstehe ich, dass es nicht klingelt, weil ich angerufen werde. Sondern weil ich heute früher aufwachen wollte. Um meinen Mann zu verabschieden, der in einer Viertelstunde ins Taxi zum Flughafen steigt. Deshalb habe ich gestern Abend die Weckfunktion aktiviert. Ich schalte das Handy aus und brauche einen kurzen Moment, um mich zu orientieren. Montag, meine Mutter, das Krankenhaus, mein Mann, die Dienstreise, mein Kind, der Kindergarten, der Streik, das Büro. Ich bin überrascht, dass ich geschlafen habe. In der Nacht vor diesem Tag.

Mein Mann ist schon auf, ich höre ihn im Bad. Ich bleibe im Bett liegen und versuche, wach zu werden. Dabei schlafe ich ein, wache wieder auf, als mein Mann mir einen Kuss auf die Wange gibt. »Das Taxi ist da«, sagt er. »Gute Reise«, murmle ich schlaftrunken. Als Nächstes höre ich meinen Sohn. Es ist 6:40 Uhr. Er klettert zu mir ins Bett. »Gehen wir heute in den Kindergarten?«, fragt er mich. »Nein«, sage ich. Und Guten Morgen. »Wir gehen heute zusammen in mein Büro.« Ich nehme ihn in den Arm.

»Aber vorher trinkst du einen warmen Kakao.« Mein Sohn schaut mich an. »Wo ist denn der Papa?« Ich gebe ihm einen Kuss. »Der Papa muss mit dem Flugzeug ins Büro fliegen. Und kommt erst in ein paar Tagen wieder.« Der Kleine nickt. Er fragt, ob mein Mann ihm ein Geschenk mitbringt. Bestimmt, ein großes, sage ich.

Es ist ein fast normaler Morgen: Ich ziehe meinen Sohn an und bereite das Frühstück vor. Wir frühstücken zu zweit. Mein Sohn trödelt mit den Cornflakes. Als ich ihn ermahne, sagt er: »Ich muss telefonieren. Mit dem Büro.« Und hält sich den Löffel wie ein Telefon ans Ohr. »Du sollst nicht telefonieren«, sage ich und gebe ihm einen Kuss auf die Wange.

Ich gehe ins Bad. Unter der Dusche sage ich zehnmal: »Im Kindergarten wird gestreikt. Deshalb ist mein Sohn heute hier bei mir.« Beim Haareföhnen wiederhole ich das noch dreimal.

Ich packe eine DVD, ein Puzzle, einen kleinen Bagger und zwei Kipplaster für meinen Sohn in die Tasche. Pünktlich um 8:15 Uhr verlassen wir die Wohnung. Wir gehen denselben Weg wie jeden Morgen, doch diesmal biegen wir nicht ab, um zum Kindergarten zu laufen, sondern steuern direkt auf die Bushaltestelle zu. »Gehen wir heute in den Kindergarten?«, fragt mein Sohn wieder. »Nein. Der Kindergarten ist heute zu. Wir gehen heute zusammen in mein Büro«, sage ich.

Der Kleine hüpft. Er ist vergnügt und hält meine Hand fest. Mit der anderen Hand trägt er seinen Plüschhasen. Wir haben Zeit, hüpfen ein paar Schritte zusammen und gehen dann ganz langsam weiter. Wir haben so viel Zeit –

selbst eine Stocksuche wäre kein Problem. Doch heute interessiert sich mein Sohn nicht für Stöcke.

Um 8:29 Uhr steigen wir in den Bus. Mein Sohn will am Fenster sitzen. Der Bus füllt sich mit jeder Station. Ich sehe Gesichter, die müde sind. Ein Mann versteckt sich hinter einer Zeitung, eine Frau isst hastig eine belegte Semmel. Der Kleine kommentiert die Fahrgäste und das, was er durchs Fenster sieht: einen Krankenwagen, ein Taxi, eine Frau mit einem Kinderwagen, einen Mann auf einem Fahrrad. Der Bus hält am Bürogebäude an. Viele Leute stehen an der Haltestelle. Sie drängen in den Bus, als sich die Türen öffnen. »Dürfen wir bitte erst aussteigen«, sage ich laut und bahne mir einen Weg zur Tür. Den Kleinen habe ich auf den Arm genommen.

Die Ampel ist rot. Mein Sohn drückt auf den Knopf, kurz darauf wird die Ampel grün. Wir gehen über die Straße auf das Bürohaus zu. Am Empfang zeige ich meinen Ausweis und bitte den Pförtner, das Drehkreuz für mich und meinen Sohn zu öffnen. Dann stehen wir an den Aufzügen. »Tika will drücken.« Ich hebe ihn hoch, damit er den Nach-oben-Knopf erreichen kann. Es ist 8:33 Uhr. Eine Frau stellt sich zu uns, ich kenne sie vom Sehen, sie ist aus der Honorarabteilung. »Guten Morgen«, sage ich. Die Frau hält für einen ganz kurzen Moment inne, als sie den Kleinen neben mir sieht. Ich lächle sie an. Premiere: »Im Kindergarten wird gestreikt. Deshalb ist mein Sohn heute hier bei mir.« »Na, dann wünsche ich euch viel Spaß bei Mamas Arbeit«, sagt die Frau und lächelt meinen Sohn an. Der Aufzug kommt, wir steigen ein. Wieder will Tika auf den Knopf drücken. Ich hebe ihn hoch, damit er die

Fünfzehn erreichen kann. »Und Sie?«, frage ich die Frau. »Zehnter Stock«, sagt sie freundlich. Tika drückt auch auf die Zehn.

Oben angekommen steuere ich als Erstes auf das Büro des Vorgesetzten zu. Er kommt erst in knapp dreißig Minuten. »Wie immer«, sagt seine Sekretärin. »Dann gebe ich Ihnen schon mal Bescheid«, sage ich. »Im Kindergarten wird gestreikt. Deshalb ist mein Sohn heute hier bei mir.« Ich lege meine Hände auf seine Schultern. Die Sekretärin nickt.

»Wie heißt du denn?«, fragt sie den Kleinen. Er wartet kurz und sagt dann: »Tika.« »Ah, Dietmar. So heißt mein Vater auch.« Sie fragt weiter. »Und wie heißt dein Hase?« Er schweigt. »Magst du was malen? Ich habe großes Papier und ganz dicke Stifte«, sagt sie dann. Er nickt. Sie holt mehrere Bogen DIN-A3-Papier aus einer Schublade und reicht ihm Textmarker in verschiedenen Farben. »Bis später«, sagt sie. »Ja, bis später«, sage ich.

Die nächste Station ist mein Büro. Die junge Kollegin sitzt bereits an ihrem Schreibtisch. Als wir vor ihr stehen, schaut sie überrascht. »Ja, hallo«, sagt sie. »Wer bist denn du?« Ich stelle ihr meinen Sohn vor und sage dann: »Im Kindergarten wird gestreikt. Deshalb ist mein Sohn heute hier bei mir.« Sie korrigiert mich. »Bei uns.« Dann sagt sie zu ihm, dass sie sich freut über seinen Besuch. Der Kleine sagt nichts. Er hält meine Hand fest und weicht keinen Zentimeter von meiner Seite.

Ich ziehe ihm die Jacke aus und hänge sie neben meine an den Garderobenständer. »Jetzt holen wir mal einen Stuhl für dich«, sage ich und nehme ihn wieder an der

Hand. »Und für den Hasen«, sagt er. Wir gehen zur Teeküche. Dort holt sich die ältere Grafikerin einen Kaffee aus dem Automaten. »Guten Morgen«, sage ich. »Im Kindergarten wird gestreikt. Deshalb ist mein Sohn heute hier bei mir.« Die Grafikerin zwinkert ihm zu. »Na, dann wünsche ich euch nicht nur einen guten Morgen, sondern auch einen guten Tag hier«, sagt sie und wendet sich an mein Kind. »Wenn du später Lust hast, mit mir ein paar Fotos anzuschauen, komm vorbei. Ich hab ein paar tolle Bilder von Hubschraubern und Feuerwehrautos.« Er sagt nichts, hält meine Hand fest und drückt den Plüschhasen an seine Brust. »Gute Idee«, sage ich. Dann nehme ich einen Stuhl aus dem Abstellraum hinter der Teeküche. Wir bringen ihn zu zweit in mein Büro: Mein Sohn hält ein Stuhlbein, ich trage den Rest.

In meinem Büro hat die junge Kollegin ein kleines Büfett aufgebaut mit Reiswaffeln, Crackern und Rosinen. »Die habe ich immer in der Tasche«, sagt sie erklärend. »Weil mir dauernd schlecht ist.« Sie lächelt. Ich auch. Das Wochenende hat ihr gutgetan, denke ich. Mein Sohn nimmt sich einen Cracker und setzt sich auf den Stuhl, den ich ihm an meinen Schreibtisch geschoben habe. Neben ihm sitzt der Plüschhase. Er nimmt Papier und Stifte von der Sekretärin und fängt an zu malen. »Ich male ein Bild für die Oma«, sagt er. Ich setze mich auch an den Tisch und drücke ihm einen Kuss auf die Wange. Dann fahre ich meinen Computer hoch. Während ich meinen Posteingang kontrolliere, malt er. Und holt sich noch einen Cracker und eine Handvoll Rosinen.

Ich habe Glück: Heute stehen keine Termine an. Der

wichtigste Punkt ist die neue Präsentation, die ich am Freitag auf den Tisch des Vorgesetzten gelegt habe. Wenn er mir die Freigabe gibt, kann ich sie im hausinternen Copyshop vervielfältigen und binden lassen. Die Rechnung an die Druckerei habe ich auch schon weitergeleitet – ein ruhiger Tag also.

Die nächsten zwei Stunden verlaufen problemlos: Ich sortiere einige Angebote von Fotografen, die sich mit ihren Bildern bei mir bewerben. Einige der Fotos zeige ich meinem Sohn, es sind Aufnahmen von Wellen und Palmen, die ihm gut gefallen. Die ältere Grafikerin kommt vorbei und fragt den Kleinen, ob er ihre Fotos von Baggern, Kränen und Lastwägen sehen möchte. Er geht mit und kommt erst zwanzig Minuten später wieder mit ihr zurück. Als ich ihn frage, ob ihm die Fotos gefallen haben, nickt er. »Besonders mochte er ein Bild von einem Bagger, der ein Haus abreißt«, sagt die ältere Grafikerin. Nach dem kleinen Ausflug möchte mein Kind auf meinem Schoß sitzen. Ich nehme einen Anruf der Sekretärin des Vorgesetzten entgegen – Freigabe für die Präsentation.

Zwanzig Kopien der Präsentation werden gebraucht – eigentlich könnte ich das telefonisch im Copyshop bestellen. Aber ich glaube, Kopierapparate und Bindemaschinen könnten meinem Kind gefallen. Wir fahren mit dem Aufzug in den ersten Stock, das Layout der Präsentation habe ich auf einer Flashcard dabei. Es ist nicht viel los im Copyshop. Die zwei Mitarbeiter freuen sich über Abwechslung. Während der eine meinen Auftrag erledigt, hilft der andere meinem Sohn, Bilder aus einer älteren Broschüre auszuschneiden – schon wieder Bagger! – und auf ein weißes

Papier aufzukleben. Von der Collage wird dann eine Farbkopie gemacht, die zum Deckblatt seines neuen Malbuchs wird: Vorne drauf Baumaschinen, innen drin leere Blätter in den Farben des Regenbogens. Mein Sohn ist begeistert und besteht darauf, sein neues Malbuch selbst zu tragen. Ich nehme zwei Exemplare der kopierten und gebundenen Präsentation in Empfang, die restlichen Kopien werden per Hauspost direkt ins Büro des Vorgesetzten geliefert. Wir bedanken uns bei den Mitarbeitern des Copyshops. Dann gehen wir zum Aufzug und fahren zurück in den fünfzehnten Stock zu meinem Büro.

Mittagspause, beschließe ich. Aber diesmal richtig! Ich frage die junge Kollegin, ob sie uns zum Italiener begleiten möchte. Sie lehnt ab, meint, Essen sei gerade nicht so gut. Mein Sohn und ich fahren mit dem Aufzug nach unten und laufen zu dem italienischen Restaurant zwei Straßen weiter. Wir sind die Ersten aus meiner Abteilung. Was mich erleichtert. Bis jetzt ist alles wirklich großartig verlaufen. Aber ich brauche eine kleine Pause von meinen Adrenalinschüben.

Wir bestellen Nudeln, Pizzabrot, Salat und Apfelschorle. Der Kellner bringt die Getränke. Tika will auf meinen Schoß. Ich kann ihn verstehen: So viele neue Eindrücke und Gesichter, so viel ist fremd, laut, anders. Er bleibt auf meinem Schoß sitzen, bis das Essen kommt. Dann rutscht er auf seinen Stuhl, den ich mit drei Polstern ausgestattet habe, damit er wenigstens einigermaßen an den Tisch kommt. Denn natürlich gibt es in diesem Restaurant keinen Hochstuhl – es ist ja auch ein typisches Businesslunchlokal.

»Magst du noch ein Eis?«, frage ich den Kleinen nach dem Essen. Er nickt. Ich bestelle eine Kugel Schokoladeneis für ihn und einen Espresso für mich. »Wir müssen dann noch mal ins Büro«, sage ich zu ihm. Er nickt wieder. Schaut mich derart ernst an, dass ich eigentlich sofort mit ihm nach Hause rennen möchte, fliehen will aus diesem seltsamen Dasein, in dem Bürotätigkeiten so wichtig sind. Ich ziehe ihn noch einmal auf meinen Schoß und flüstere ihm ins Ohr, dass ich sehr stolz auf ihn bin. Und dass wir es bald geschafft haben im Büro. Er kuschelt sich in meinen Arm. Dann zahle ich. Nach einem kurzen Toilettenbesuch gehen wir Hand in Hand wieder zurück.

Ich lasse ihn das Tempo bestimmen, aber obwohl er könnte, trödelt er nicht. Und hält auch nach keinem Stock Ausschau. Die beiden Grafikerinnen kommen uns auf halber Strecke entgegen. »Na, was könnt ihr uns denn empfehlen?«, fragt die ältere und lächelt. »Die Pasta von der Tageskarte war gut«, sage ich. »Und du«, sagt sie zu meinem Sohn. »Hast du ein Eis gekriegt?« Er nickt. »Gut«, sagt sie. Die junge Grafikerin holt einen Kaugummi aus ihrer Jackentasche und zeigt ihn meinem Sohn. »Magst du den?« Er nimmt den Kaugummi. Sagt nichts. Ich bedanke mich und meine, dass wir uns ja gleich wiedersehen. Dann gehen wir weiter.

Ich erkläre dem Kind, dass die eine Frau eine Tochter hat (die ältere mit den weißen Haaren) und dass die andere immer Kaugummi kaut (die jüngere mit der Brille). Er hört schon zu, wirkt aber in seine eigenen Gedanken vertieft. Vor dem Aufzug hebe ich ihn hoch, damit er auf den Nach-oben-Knopf drücken kann. Und im Aufzug hebe ich ihn noch mal hoch, damit er auf die Fünfzehn drücken kann.

Um 12:55 Uhr kommen wir zurück in mein Büro. Die junge Kollegin sitzt an ihrem Schreibtisch. Immer noch? Schon wieder? Ich frage, ob sie schon Mittagspause gemacht hat. Sie verneint und erklärt, dass sie mit starker Übelkeit kämpft. Ich erinnere mich an die Mittelchen, die ich während meiner Schwangerschaft ausprobiert habe, um mit der sogenannten *morning sickness* zurechtzukommen. Und erzähle ihr davon, auf eine unaufdringliche Art und Weise. »Sie hat Bauchweh«, erkläre ich meinem Sohn. »Du musst Tee trinken«, sagt er dann zu ihr. Sie lächelt und meint, dass sie es versuchen wird.

»Hast du Lust auf einen Film?«, frage ich den Kleinen. Und bin erleichert, er jubelt. Ich setze ihn auf meinen Stuhl und schiebe eine DVD ins PC-Laufwerk. Während der Film lädt, überprüfe ich noch einmal meinen Posteingang. Eine Mail vom Vorgesetzten ist da. Er lädt mich zu einer Konferenz mit möglichen Kooperationspartnern ein, die am kommenden Morgen um elf stattfindet. Außerdem bittet er mich, mehrere Inhalte vorzubereiten. Wunderbar, denke ich, das schaffe ich gerade noch bis Dienstschluss.

Mein Sohn schaut die DVD an und kaut den Kaugummi, den er von der jüngeren Grafikerin geschenkt bekommen hat. Ich mache mir handschriftlich Notizen für das morgige Meeting und bin überrascht, wie gut das ohne Computer geht. Morgen früh werde ich die Notizen überarbeiten und zu einem kurzen Handout zusammenfassen, das ich dem Vorgesetzten dann vor dem Termin ausdrucke.

Dafür veranschlage ich maximal sechzig Minuten – Zeit genug also, wenn ich um 8:40 Uhr ins Büro komme.

Ich merke, wie leicht mir die Arbeit fällt, wie entspannt ich bin, obwohl ich mir gestern Nacht überhaupt nicht vorstellen konnte, begleitet von meinem Sohn im Büro zu sein und zu arbeiten. Doch alles läuft so reibungslos. Er verhält sich wie ein Musterknabe, ist so brav und still, dass ich schon fast Angst habe, was aus ihm herausbricht, wenn wir erst zu Hause sind.

Woran ich überhaupt noch nicht gedacht habe – weil ich es verdrängt habe – ist der Krankenhausbesuch, der heute noch ansteht. Anstatt des Kinderturnens. Ich möchte unbedingt wieder zu meiner Mutter. Sehen, wie es ihr geht. Die Ergebnisse der weiteren Untersuchungen abfragen und mit dem Oberarzt sprechen. Und den Kleinen muss und will ich dabeihaben.

Ich rufe im Krankenhaus an, lasse mich mit der Stroke Unit verbinden. Zuerst frage ich, ob die Schwester mir etwas über die Untersuchungsergebnisse sagen kann. Sie sagt, dass Untersuchungen gemacht wurden. Die Auswertung können aber nur Stationsärztin oder Oberarzt kommentieren. Ich frage, ob der Oberarzt oder die Stationsärztin heute Nachmittag für ein kurzes Gespräch verfügbar seien. »Prinzipiell ja«, sagt die Schwester. »Die Schicht von Frau Doktor endet um fünf, der Herr Professor Doktor ist meistens bis vier da.« Einen Termin kann sie leider nicht vereinbaren. Ich bedanke mich und frage, ob sie das Telefon kurz zu meiner Mutter bringen kann. Ich höre, wie sie aus dem Schwesternzimmer geht, über den Flur läuft und eine Tür öffnet. Dann sagt sie sehr laut den Namen meiner Mutter. Sofort steigt in mir die Sorge hoch – hat sich meine Mutter versteckt? Dann ist die Schwester wieder am Apparat. »Ihre Mutter ist gerade aufgewacht. Ich gebe Sie Ihnen jetzt.«

»Ja?«, sagt meine Mutter, und sie klingt wirklich sehr verschlafen. »Mama, ich bin es. Schlaf ruhig weiter, ich komme später mit dem Kleinen zu dir«, sage ich. »Ist recht«, sagt meine Mutter. Dann ist die Leitung unterbrochen.

Ich atme tief durch.

»Ist was passiert?«, fragt die junge Kollegin. Sie sitzt an ihrem Schreibtisch und hat mein Telefonat natürlich mitbekommen. Mein Sohn starrt auf den Kinderfilm im Computer. »Meine Mutter ist im Krankenhaus«, sage ich. »Oh«, sagt sie. »Was Schlimmes?« Ich schüttle ganz leicht den Kopf. Und schaue zu meinem Sohn, dann wieder zu ihr. Sie nickt, versteht, dass ich vor dem Kind nicht über schlimm oder nicht schlimm in Zusammenhang mit meiner Mutter sprechen möchte.

»Hast du es schon gehört?«, fragt sie dann. »Der Generalsekretär der Liberalen ist dafür, das Elterngeld abzuschaffen. Weil er findet, dass die Politik keine Familienplanung machen sollte. Er möchte das durch die Abschaffung eingesparte Geld lieber in den Ausbau der Kinderbetreuung investieren.«[38] Ich seufze. Sie fährt fort. »Die konservative Familienministerin ist aber dagegen, sie will am Elterngeld festhalten.«[39] Ich seufze noch einmal. Wer weiß, wie lange noch. Bundestagsabgeordnete dürfen kein Elterngeld beantragen und nicht in Elternzeit gehen. Dann können sie es auch abschaffen. Eine neue Form von Solidarität, denke ich bitter.

Wenn tatsächlich irgendjemand in der Politik geglaubt hat, allein wegen des Elterngeldes würden die Leute ab Stichtag der Einführung reihenweise Kinder zeugen, ist das so naiv, dass es schon wieder lustig ist. Bei einer Zeugungsentscheidung gibt es immer noch ein paar Dinge, die nicht durch den Bundestag reguliert werden können.

Ich kann mir gut vorstellen, wie dieses neoliberale Gerede eines Politikers meiner jungen Kollegin zu schaffen macht. Gerade sie, die so viel Unsicherheit um sich herum sieht – Job, verheirateter Kindsvater, alleinerziehend –, hätte wenigstens an einer Stelle Gewissheit gebraucht. Also halte ich dagegen: »Es gehört zur Jobbeschreibung eines Spitzenpolitikers, zu reden. Und das, was geredet wird, wird dann durch die Medien noch mal so aufbereitet, dass uns allen die Ohren schlackern. Wahrscheinlich schreibt die Familienministerin bald ein Buch über ihre Schwangerschaft, um zu beweisen, dass es gar kein Problem ist, ein Kind zu bekommen und sofort nach der Geburt wieder zu arbeiten.« Die junge Kollegin lacht kurz. »Ich kann mich noch daran erinnern, wie die Familienministerin gesagt hat, sie wünscht sich, dass mehr Leute auf ehrenamtlicher Basis Alten und Kranken vorsingen würden.«[40]

»Dabei geht es gar nicht ums Singen«, sage ich. »Irgendjemand muss sich um unsere Alten und Kranken kümmern, wenn wir es nicht können. Und das hat wiederum mit der Zukunft von Frauen auf dem Arbeitsmarkt zu tun.« Ich sage ihr, dass die ganzen Bemühungen in Sachen Frauenförderung und Verständnis für die Doppelbelastung von berufstätigen Müttern ziemlich schnell zum Erliegen kommen werden, wenn unser Arbeitsmarkt noch mehr geöffnet wird. Gerade im Pflegebereich werden bei uns Fachkräfte gesucht – gute Chancen für qualifizierte Frauen. Trotz des Handicaps Kind. Wenn aber aus anderen Ländern qualifizierte Leute zu uns kommen, die erstens keine Handicaps haben und zweitens womöglich noch viel billiger sind als wir, dann ist es wieder vorbei mit der Frauenförderung.

Sie schaut mich entsetzt an. »Es geht also gar nicht um die Erschaffung einer besseren Welt?« »Nein«, sage ich. »Es geht wie immer ums Geld.« »Das macht mich echt fertig«, sagt sie. Sie greift zu einer Reiswaffel, beißt ab und kaut langsam, fast schon meditativ. »Muss es aber nicht. Es liegt ja an dir, was du aus deinem Leben machst. Und wie du mit Angeboten, zum Beispiel aus der Politik, umgehst.« Ich möchte sie ermuntern, mehr darüber nachzudenken, was sie selbst will, und sich nicht von ihren Ängsten und den vielen Was-wäre-Wenns leiten zu lassen. »Angst ist bei den meisten Entscheidungen eine schlechte Ratgeberin«, sage ich. »Aber auf wen soll ich dann hören?«, fragt die junge Kollegin. »Auf dich selbst«, sage ich. Sie sagt nichts. Gesprächspause, denke ich, vielleicht auch besser so.

Ich beobachte meinen Sohn. Er scheint unsere Unterhaltung zwar wahrgenommen, aber nicht verfolgt zu haben. Ihn interessiert sein Kinderfilm mehr. »Magst du was trinken?«, frage ich ihn. Er schüttelt den Kopf und schaut weiter auf den Bildschirm. Ich gönne ihm die Erholung. Den Film haben wir schon sehr oft zusammen angesehen, er ist wie ein Stück Zuhause für ihn.

Inzwischen ist es 14:01 Uhr. Meine handschriftlichen Aufzeichnungen für das morgige Treffen habe ich so gut wie abgeschlossen. Ich lese noch einmal durch, was ich aufgeschrieben habe, und markiere einige Punkte farbig.

Meine Gedanken kreisen um das Gespräch mit der jungen Kollegin. Ich habe mich auch viel von Angst leiten lassen. Versucht, mich abzusichern, kein Risiko einzugehen, lieber Kompromisse zu machen, als etwas zu wagen. Aus Vernunftgründen vielleicht. Oder aus Bequemlichkeit. Das ärgert mich sehr. Klar, als mein Mann und ich überlegt haben, wie es wäre, ein Kind zu bekommen, haben wir auch über diese Dinge gesprochen, Elterngeld, Elternzeit, ökonomische Sicherheiten. Doch dass wir unser Kind deshalb bekommen haben, weil es dafür Geld vom Staat gegeben hat, das geht mir zu weit.

Ich will mein Leben nicht nach den Vorgaben von Politikerinnen und Politikern ausrichten, ebenso wenig wie ich meinem Vorgesetzten einen zu großen Einfluss auf mein Denken und Handeln einräumen möchte. Diese Leute kommen und gehen. Ich aber bleibe. Natürlich ist es in meinem Interesse, wenn die Bundesregierung versucht, ein Umfeld zu schaffen, das mir Möglichkeiten und Chancen bietet. Ich will aber trotzdem eigene Entscheidungen fällen.

Mein Telefon läutet. Die Sekretärin des Vorgesetzten fragt, ob es noch geht, dass ich kurz komme. Der Vorgesetzte möchte etwas mit mir besprechen, was etwa zwanzig Minuten dauert. Sie kennt meine Arbeitszeiten und weiß, dass ich um Punkt 14:45 Uhr gehen muss. Und sie weiß, dass Termine beim Vorgesetzten selten in fünf Minuten erledigt sind. Ich bin froh, dass sie so rücksichtsvoll ist, und willige ein. Erkläre meinem Sohn, was ich zu tun habe, und sehe meine Kollegin fragend an. Als sie nickt, sage ich, dass ich gleich wieder da bin. Dass ich nur ein paar Türen weiter bin. »Du sollst nicht weggehen«, sagt er. Dann schaut er weiter auf den Bildschirm. Der Film läuft noch etwa zwanzig Minuten. Das müsste reichen, denke ich mir, stehe auf und gehe aus dem Raum. Er protestiert nicht.

Die Sekretärin telefoniert und bedeutet mir mit einer Handbewegung, in das Zimmer des Vorgesetzten gehen. Ich klopfe an die angelehnte Tür und trete ein. »Ah, die junge Mutter«, begrüßt mich der Vorgesetzte. »Sie haben Ihr Kind heute ins Büro gebracht. Wie kommt's, dass ich davon erst jetzt und nicht von Ihnen erfahre?« Ich erkläre, dass ich aufgrund eines angekündigten Streiks im Kindergarten keine andere Betreuungsmöglichkeit gesehen habe. Dass ich seiner Sekretärin heute Morgen Bescheid gegeben habe – noch bevor er im Büro war. Und dass sich bei mir niemand über die Anwesenheit des Kindes beschwert hat. »Im Gegenteil«, sage ich. »Die Kolleginnen und Kollegen reagieren ausnehmend positiv auf meinen Sohn.« Der Vorgesetzte lächelt. »Das freut mich«, sagt er. Und fragt, wie lange der Streik im Kindergarten denn dauert. Ob ich noch ein, zwei Tage unbezahlten Urlaub brauche. Er würde mich gerne unterstützen.

Ich bin überrascht. Und frage mich, ob es eine Falle ist, ob er das E für Elternzeit in seinem Kalender gefunden hat und mir ein Bein stellen möchte. Sei wachsam, sage ich zu mir. Und nutze diesmal deine Chance.

Ich bedanke mich für sein Angebot. Sage, dass ich darauf zurückkommen werde, wenn es eng wird. Da der Streik im Kindergarten aber befristet ist und morgen alles wieder wie gewohnt laufen wird, brauche ich keinen unbezahlten Urlaub. Ich füge »vorerst« hinzu – schließlich hat meine Mutter gerade einen Schlaganfall gehabt. Was mein Vorgesetzter aber nicht weiß.

»Ich hätte da noch ein anderes Thema«, sage ich dann. »Vergangenen Monat ist mein Sohn drei Jahre alt geworden. Damit ist der Zeitraum, den Sie mit mir für meine Elternzeit, also die Kombination aus Elterngeld und Teilzeitarbeit, vereinbart haben, abgelaufen. Ich möchte gerne mit Ihnen über meine Zukunft sprechen.«

Jetzt ist er überrascht. Meine Befürchtung, dass er mir eine Falle stellen wollte, weil ich keinen Kündigungsschutz mehr genieße, scheint sich nicht zu bewahrheiten. »Das hatte ich gar nicht auf dem Schirm«, sagt er und wählt die Nummer seiner Sekretärin. Er bittet sie, meine Akte zu holen. »Haben Sie sich denn schon Gedanken gemacht, wie Sie hier in Zukunft arbeiten möchten?«, fragt er. Die Sekretärin kommt mit einer roten Mappe ins Zimmer, auf der mein Name steht. Sie legt die Mappe auf den Tisch und geht wieder raus. Der Vorgesetzte blättert in den Unterlagen. Es fällt mir schwer, nachzudenken – obwohl ich weiß, dass es jetzt besonders wichtig ist, mich nicht über den Tisch ziehen zu lassen. Ich werde erst mal zu nichts Ja sagen, nehme ich mir vor.

»Tatsächlich«, sagt der Vorgesetzte. »Ihre Elternzeit ist vorbei. Wir müssen einen neuen Vertrag machen.« Nun sieht er mich an. »Sind Sie denn an einer Veränderung interessiert? Oder sind Sie wieder schwanger?« Ich will nur die erste Frage beantworten. »Ich bin grundsätzlich immer an Veränderungen interessiert, wenn sie mir guttun.« Und mit dem Wohl der Firma in Einklang zu bringen sind, füge ich nach einer kurzen Pause hinzu. »Was können Sie mir denn anbieten?«, frage ich dann. Ihm den Ball zuspielen, fragen, nicht rechtfertigen.

»Also, auf jeden Fall möchte ich Sie nicht verlieren«, sagt er. Dann holt er aus, meint, dass er mich weder unter- noch überfordern will. Und dass er die vielen Sorgen, die eine junge Mutter, eine junge Familie umtreiben, aus eigener Erfahrung kennt. Und dass es ihn ja nichts angeht, ob ich noch mehr Kinder möchte. »Ich bin mit Ihnen und Ihrer Arbeit zufrieden und würde es gerne sehen, wenn Sie weiter für mich arbeiten«, sagt er.

»Können Sie sich vorstellen, mir mehr Verantwortung zu übergeben?«, frage ich. »Prinzipiell ja«, sagt er. Er lobt meine Zuverlässigkeit und dass ich immer weiß, wie ich Aufträge zu seiner Zufriedenheit erledigen kann. Was denn in den letzten Jahren in Sachen Weiterbildung geschehen ist, will er dann wissen und blättert in der roten Mappe. »Nicht sehr viel«, sage ich. Und dass ich daran Interesse hätte – weitere Qualifikationen zu erlangen, sei ja auch im Sinne der Firma.

»Diese junge Mitarbeiterin«, sagt er, »ist die gut?« Ich wittere erneut eine Falle, und zwar eine für sie und für mich. Ich sage, dass die Zusammenarbeit mit meiner Assistentin angenehm verläuft, dass sie selbstständig und zuverlässig die Aufgaben erfüllt, die anstehen. Dass sie mir zuarbeitet und mich unterstützt. »Aha«, sagt er. Ich bin mir nicht sicher, ob ich gut geantwortet habe. Also hole ich weiter aus. »Es ist natürlich anders als früher, als ich noch Vollzeit gearbeitet habe und alle Aufgaben allein erledigt habe. Ich sage anders, nicht schlechter. Ich kann mir aber gut vorstellen, einzelne Projekte vollständig an meine Assistentin abzugeben, um so die Möglichkeit zu haben, mich anderen, langfristigeren, komplexeren Dingen zuzuwenden.« Ich hole tief Luft. »Ich schlage Folgendes vor: Wir vereinbaren einen Termin in der nächsten oder übernächsten Woche, und ich werde Ihnen konkrete Ideen für meine Zukunft vorlegen. Und Sie mir.«

»Einverstanden«, sagt der Vorgesetzte. Es klopft an der Tür. Die Sekretärin kommt herein und schaut mich an. »Ihr Sohn«, beginnt sie, da läuft der Kleine an ihr vorbei auf mich zu. Die junge Kollegin folgt ihm. »Mama, ich hab dich gesucht«, sagt mein Sohn. »Er wollte unbedingt zu dir«, sagt die junge Kollegin und lächelt unsicher. Ich nehme den Kleinen auf den Arm und stelle ihn dem Vorgesetzten vor. »Wir haben ja alles besprochen, wegen des Termins meldet sich meine Sekretärin«, sagt er. Er wendet sich an den Kleinen. »Na, du kleiner Mann – hältst hier gleich drei Frauen auf Trab?« Er streichelt ihm über den Kopf und fragt: »Wie heißt du denn?« – »Tika«, sagt mein Sohn. »Aha«, sagt mein Vorgesetzter und nickt mir zu. Termin beendet.

Ich verabschiede mich und gehe mit Kind und Kollegin zurück in mein Büro. Im Gang kommt uns der Kollege aus der IT-Abteilung entgegen, den ich letzte Woche so zurechtgewiesen habe. »Das nenne ich wahre Vereinbarkeit von Beruf und Familie«, sagt er. »Kindergarten und Büro auf einem Stockwerk.«

Kurz stelle ich mir vor, wie es wäre, wenn meine Firma ein Eltern-Kind-Zimmer hätte. Dann wären Tage wie dieser deutlich stressfreier für mich. Es wäre zwar trotzdem eine Ausnahme, mein Kind mit ins Büro zu nehmen, aber es gäbe wenigstens einen Raum mit Spielsachen, die Möglichkeit, eine Kinderbetreuung zu kontaktieren. Und vor allem eine gewisse Normalität – hätten mehr Kolleginnen und Kollegen kleine Kinder, würde sich so eine Einrichtung wirklich lohnen.

14:36 Uhr. Ich packe DVD, Stifte, Bilder, das neue Heft aus dem Firmencopyshop und den Plüschhasen in meine Tasche. »Wir besuchen jetzt die Oma im Krankenhaus«, sage ich zu meinem Sohn. »Juhu«, ruft er. Er ist froh, das Büro verlassen zu können und die Oma zu treffen. Mir geht es ähnlich. Bis auf den Ort unseres Treffens – das Krankenhaus.

Wir verabschieden uns von meiner Kollegin. Dann fahren wir mit dem Aufzug nach unten und gehen zur Bushaltestelle. Die Ampel ist grün. Wir müssen nicht hetzen, sondern kommen in gemächlichem Tempo an der Haltestelle an. Der Bus fährt vor. Wir finden zwei Sitzplätze. Am Bahnhof müssen wir aussteigen, um mit einem anderen Bus zum Krankenhaus zu kommen. Ich bin froh, dass wir nicht lange auf den anderen Bus warten müssen, denn ich fühle mich ganz schön erledigt. Es ist erst Montag, und der Tag war so anstrengend wie eine ganze Woche. Mein Sohn zählt auf, was er vom Busfenster aus sehen kann: einen Lastwagen, einen Mann, der einen Fahrradanhänger schiebt, einen großen Kran.

Auf dem Weg von der Bushaltestelle zum Haupteingang des Krankenhauses gehen wir am Krankenhausgarten vorbei. »Da sind aber viele Omas«, sagt der Kleine. Er hat

Recht. Bestimmt zehn ältere Frauen in Bademänteln sitzen dort, einige im Rollstuhl. Sie genießen die Frühlingssonne, manche mit ihrem Besuch. »Gehen wir mit der Oma auch in den Garten?« »Ich glaube nicht«, sage ich. »Die Oma ist noch recht krank.«

Während der Busfahrt habe ich überlegt, wie ich ihm erklären soll, was mit meiner Mutter passiert ist. Wie macht man einem Dreijährigen klar, dass seine Großmutter einen Schlaganfall erlitten hat? Dass sie ihn vielleicht nicht mehr erkennt, dass sie Probleme hat mit dem Sprechen, dass sie in einem Bett liegt, an Instrumente angeschlossen ist, die ihre Lebensfunktionen überwachen. Ich habe beschlossen, ihn nicht mit Details und Erklärungen vorzubereiten. Sondern ihm einfach zu erklären, was er sieht und wonach er fragt.

Vor der Station 3a schalte ich das Handy aus. Die Tür ist geschlossen. Ich klingle. Eine Schwester kommt. »Ist das Ihr Kind?«, fragt sie. Ich bejahe. »Wir wollen meine Mutter besuchen.« Ich nehme meinen Sohn an die Hand. »Dann ist es in Ordnung«, sagt sie, »wir möchten sicherstellen, dass nur Angehörige die Patienten besuchen. Einfach, um für ein wenig Ruhe zu sorgen, was hier auf der neurologischen Station sehr wichtig ist.« Sie weist mich darauf hin, dass ich das Kind nicht unbeaufsichtigt lassen darf. »Das werde ich nicht«, sage ich.

Ich spüre, wie mein Sohn meine Hand umklammert. »Wo ist die Oma?«, fragt er. Ich nehme ihn auf den Arm, klopfe an ihre Zimmertür und öffne die Tür.

Meine Mutter liegt wie gestern im Bett am Fenster, sie liegt auf der Seite, mit dem Rücken zur Tür. Das Bett daneben ist immer noch leer. »Überraschung«, sage ich. »Oma!«, ruft mein Sohn. Meine Mutter dreht sich zu uns und lächelt. Es scheint ihr besser zu gehen, denke ich, ihre Bewegungen wirken sicherer. Ich sehe auch, dass keine Kabel mehr aus ihrem Nachthemd kommen, nur noch der Venenkatheter und der Clip sind an der linken Hand.

Ich setze mich auf ihr Bett und nehme den Kleinen auf meinen Schoß. Er traut sich nicht, meine Mutter zu umarmen, wie er es sonst tut. »Wie geht es dir denn heute?«, frage ich und nehme ihre rechte Hand. »Ganz gut, Herzchen«, sagt sie. Ihre Augen sind wach. »Hast du ein Aua?«, will mein Sohn wissen. Und streichelt ihre Hand, die in meiner Hand liegt. »Nein, nein, mir tut gar nichts weh«, sagt sie. »Ich bin nur recht müde. Und in meinem Kopf ist etwas komisch, deswegen bin ich hier in dem Krankenhaus.« Ich bin überrascht, wie klar sie ist. Und wie gut sie ihren Zustand beschreiben kann.

»Weißt du«, sage ich zu meinem Sohn, »hier im Krankenhaus gibt es sehr viele Ärzte. Und Ärztinnen. Die können rausfinden, was den Kopf von der Oma komisch macht. Und dann können sie der Oma helfen.« Er nickt. Meine Mutter auch. Wenn nur alles so einfach wäre.

»Wir haben dir was mitgebracht«, sage ich. »Ein Bild.« Ich hole das Bild aus meiner Tasche und gebe es meinem Sohn. »Ich habe im Büro ein Bild für dich gemalt«, sagt er und überreicht es meiner Mutter. Sie sieht es genau an. Dann sagt sie: »Da musst du mir aber jetzt helfen. Mein Kopf ist so komisch, dass ich nicht erkennen kann, was du gemalt hast.« Ich lache. Das Bild ist natürlich nicht gegenständlich, sondern zeigt bunte Striche in mehreren Farben und ein paar Punkte: die Zeichnung eines Dreijährigen. Auch ich kann nicht wirklich erkennen, was er gemalt hat, kann es nur erahnen. Und tippe auf Fluss und Steine. »Das ist der Fluss.« Mein Sohn deutet auf die Striche. »Und das sind die Steine.« Er deutet auf die Punkte. »Ah«, sagt meine Mutter. »Jetzt erkenne ich es auch.« Sie atmet hörbar aus, unser Besuch freut sie und strengt sie gleichzeitig an.

»Bist du heute wieder untersucht worden?«, frage ich. Sie bestätigt das, sagt aber nicht mehr. Ich verstehe. Details, Ergebnisse, Prognosen – all das muss ich bei der Stationsärztin erfragen. Ich sehe, dass sie immer noch das Nachthemd trägt, das ich ihr gestern angezogen habe. »Brauchst du irgendwas?«, frage ich sie. »Ich könnte dir helfen, ein frisches Nachthemd anzuziehen.« Sie sieht mich an, sagt aber nichts. »Soll ich lieber die Schwester darum bitten?« Sie nickt. »Mach ich«, sage ich.

Ich verbiete mir die Selbstzerfleischung, ihr gestern vielleicht nicht sanft genug geholfen oder so entsetzt gewirkt zu haben, dass meine Mutter meine Hilfe lieber nicht mehr in Anspruch nehmen möchte. Sie will einfach gerade nicht, dass ich ihr ein frisches Nachthemd anziehe, denke ich.

Auf dem Nachttisch steht ein Tablett mit einem Stück Käsekuchen und einem Apfel. »Hast du Lust auf Kuchen?«, frage ich meine Mutter. Sie nickt. Ich setze meinen Sohn auf den Stuhl, der neben dem Bett steht und schiebe das Tablett zum Bett. Mit der Gabel zerkleinere ich den Kuchen. Ich drücke ihr die Gabel in die rechte Hand und breite die Serviette so aus, dass sie herunterfallende Brösel auffängt. Meine Mutter sticht in ein Kuchenstück und schiebt es sich langsam in den Mund. Feuerprobe bestanden, denke ich. Sie kann wieder allein essen.

»Magst du ein Stück Apfel?«, frage ich meinen Sohn. Er will. Also schäle ich den Apfel mit dem Messer, das auch auf dem Tablett liegt, und schneide ihn in Spalten. Er nimmt ein Stück, meine Mutter schüttelt den Kopf und isst weiter Käsekuchen. Sie hat sich sehr unter Kontrolle, isst zwar langsam, kleckert aber nicht. Ich bin erleichtert.

Als Apfel und Käsekuchen aufgegessen sind, kommt die Schwester. Ich frage, ob die Stationsärztin da ist und ob ich mit dem Oberarzt sprechen kann. Der Herr Doktor ist schon weg, sagt die Schwester, und die Frau Doktor ist gerade nicht zu sprechen. Ich schlucke meine schlechte Laune runter und berufe mich nicht auf das Telefonat, das ich vor zwei Stunden mit ihr oder ihrer Kollegin geführt habe, in der mir zugesichert wurde, dass sowohl Frau Doktor als auch Herr Professor Doktor am Nachmittag im Krankenhaus sind. Sondern frage stattdessen, ob ich morgen früh mit der Stationsärztin oder dem Oberarzt telefonieren kann. »Von halb neun bis elf ist Visite«, sagt die Schwester und nimmt das Tablett. »Eins noch«, sage ich, als sie gerade die Tür öffnet. Die Schwester dreht sich zu mir um. »Können Sie meiner Mutter vor dem Schlafengehen helfen, ein frisches Nachthemd und frische Unterwäsche anzuziehen? Ich lege die Sachen hier auf den Stuhl.« Die Schwester nickt und geht raus. »Wer war das?«, fragt mein Sohn. »Das war die Schwester«, sage ich und erkläre ihm, dass es in einem Krankenhaus viele Schwestern gibt, die sich um die Kranken kümmern.

Ich weiß nicht, wie spät es ist, aber mein Gefühl sagt

mir, dass es jetzt reicht. Sowohl meiner Mutter als auch meinem Sohn. »Wir gehen nach Hause«, sage ich. »Ich ruf dich morgen früh an.« Meine Mutter nickt. Sie wirkt müde, so als könnte sie die Augen nur noch schwer offen halten. Wir verabschieden uns. Ich nehme den Kleinen an die Hand und gehe zur Tür. Als ich mich noch einmal umdrehe, sehe ich, dass ihre Augen bereits geschlossen sind. Gut, wenn sie schlafen kann, denke ich mir.

Wir verlassen die Stroke Unit, gehen zum Haupteingang und von dort zur Bushaltestelle. Mein Sohn hält immer noch meine Hand. Ich spüre, dass er meine Nähe gerade besonders braucht, dass ihn der Besuch angestrengt hat. Und vielleicht auch ein wenig verstört. Krankenhäuser sind keine Spielplätze, denke ich und erinnere mich an die Szene in der Krankenhauscafeteria. Nein. Sind sie nicht. Trotzdem bin ich froh, dass er dabei war. Für ihn, für meine Mutter und auch für mich.

Wir haben Glück, der Bus kommt gleich. Als wir sitzen, hole ich ein paar Kekse aus meiner Tasche. »Magst du?«, frage ich den Kleinen. Es sind seine Lieblingskekse. Er isst einen Keks und sagt dann: »Gehen wir jetzt nach Hause?« Ich streichle seine Wange. »Ja«, sage ich. »Jetzt gehen wir nach Hause.« Auf dem Heimweg machen wir noch Zwischenstopps bei der Apotheke und im Supermarkt.

Wir kommen um 16:55 Uhr zu Hause an, waschen uns gründlich die Hände und essen in der Küche noch mehr Kekse und Apfelstücke. Dann spielen wir Verstecken. Später beschließen wir, eine Karottensuppe zu machen. »Tika liebt Karotten«, sagt mein Sohn und hilft mir beim Schälen – er hält den Sparschäler, ich die Karotten.

Ich schäle noch ein Stück Ingwer, dann steht die Suppe auf dem Herd. Gemeinsam decken wir den Tisch. »Wann kommt der Papa?«, fragt mein Sohn. Ich knie mich zu ihm auf den Boden und nehme ihn in die Arme. »Der Papa ist doch mit dem Flugzeug weggeflogen. Er kommt bald wieder, aber noch nicht heute«, sage ich. »Morgen?«, fragt der Kleine. »Überüberüberüberübermorgen«, sage ich.

Während die Suppe kocht, lese ich ihm die Geschichte von der kurzsichtigen Hexe vor. »Ihr Kopf ist komisch«, erklärt er mir. »Wie bei der Oma.« Ich nicke. »Aber jetzt geht es der Hexe wieder gut. Und der Oma wird es auch wieder besser gehen, ganz bald schon.« Eigentlich mag ich keine Durchhalteparolen. Aber an dieser Stelle erscheint es mir angebracht, meinem Kind Mut zu machen.

Wir essen Suppe. Der Kleine gähnt. Nach der Suppe gibt es noch ein bisschen Joghurt. Ich räume schnell die Küche auf, während mein Sohn auf dem Küchenboden sitzt und mit Autos spielt. Er gähnt wieder. »Wollen wir Fotos anschauen?«, frage ich. Wir gehen ins Wohnzimmer und setzen uns mit zwei Alben aufs Sofa. Im einen sind Bilder von meiner Kindheit, im anderen Bilder von meiner Hochzeit, meiner Schwangerschaft und den ersten Monaten nach der Geburt meines Sohnes. Es sind seine Lieblingsalben, die er oft ansehen will.

Um 19:02 Uhr sage ich ihm, dass jetzt Schlafenszeit ist. Er ist einverstanden. Ich gehe in die Küche und bereite den Kakao vor. Dann rufe ich ihn, doch er kommt nicht. Hat er sich versteckt? Ich gehe durch die Wohnung und suche ihn. Aus dem Bad höre ich ein leises »Piep«. Da sitzt er, in der Dusche, hinter dem Duschvorhang und strahlt. »Gefunden!«, rufe ich. Er lacht und will auf meinen Arm. Ich drücke ihn an mich und fühle mich gut. Erstaunlich komplett, gar nicht zerstückelt oder gehetzt wie sonst.

Kakao, Schlafanzug, Zähneputzen, und schon liegt er im Bett. Er möchte seinen Plüschhasen haben. Ich hole ihn aus meiner Tasche. Dann will er noch mal das Buch mit der kurzsichtigen Hexe lesen. An derselben Stelle wie zuvor sagt er, dass der Kopf der Hexe komisch sei. Ich stimme ihm zu. Und sage diesmal nichts von der Oma und ihrem komischen Kopf. Nach dem Buch mache ich das Licht aus. Mein Sohn nimmt meine Hand und drückt sie noch einmal. Dann schläft er ein, den Hasen im Arm. Ich bleibe lange bei ihm sitzen, halte seine Hand und beobachte ihn beim Schlafen. Er atmet ruhig, liegt auf der Seite.

Ich bin sehr stolz auf ihn. Es war ein wirklich schwerer Tag mit schwierigen Situationen. Erst das Büro, dann das Krankenhaus, Orte, an denen er noch nie zuvor war. Meine Anspannung hat er sicher auch gespürt.

Ist das jetzt eine positive Form der Vereinbarkeit, frage ich mich, wenn ein Kind so gut mitspielt? Und dann wächst in mir auch schon das schlechte Gewissen. Was habe ich ihm da nur zugemutet, ihn zur Arbeit mitzuschleppen. Doch so schlecht schien es ihm dort nicht gefallen zu haben. Außerdem hat er jetzt eine Vorstellung von dem, was ich mache, während er im Kindergarten ist. Meine Arbeit ist jetzt für ihn verknüpft mit einem Ort und mit Gesichtern. Das finde ich gut.

Und dass ich ihn mit ins Krankenhaus genommen habe, das werfe ich mir auch nicht vor. Er wird schon kein Bündel an Krankheiten mit auf die Stroke Unit gebracht haben. Oder mitgenommen haben. Ich hoffe natürlich, dass er an keinem Treppengeländer mit bösen Keimen in Berührung gekommen ist, die ihn krank machen. Dass er seine Großmutter auch mal schwach und krank gesehen hat, hilft ihm vielleicht, damit zurechtzukommen, wenn sie sich von dem Schlaganfall nicht mehr wirklich erholt. Oder eines Tages stirbt.

Das Telefon läutet. Leise stehe ich auf und gehe ins Wohnzimmer. Es ist mein Mann. Flugzeug gelandet, er wartet auf sein Gepäck. Er will noch ins Hotel und kurz Essen gehen, bevor die Vorbesprechungen für die Präsentation der Familienlimousine beginnen. »Aber«, sagt er, »erzähl du, wie es bei dir gelaufen ist.«

»Im Büro ist alles gut gegangen«, sage ich und erzähle dann noch von meinem Gespräch mit dem Vorgesetzten. »Du hast mir gar nicht gesagt, dass die Elternzeit rum ist«, sagt mein Mann. »Ich hab's vergessen«, sage ich. »Weil es dann doch nicht so wichtig war.« Eigentlich wollte ich am Samstagabend mit ihm darüber sprechen. Aber dann kam ja alles anders. »Und im Krankenhaus?«, fragt mein Mann. »Eigentlich nichts Neues«, sage ich, und dass ich morgen versuchen werde, Ärztin oder Arzt ans Telefon zu bekommen. »Wenigstens ist morgen der Kindergarten wieder auf«, sagt mein Mann. Er gähnt, und ich sage, er soll jetzt was essen und sich wenn möglich etwas ausruhen.

Ich bleibe auf dem Sofa sitzen, das Telefon noch in der Hand. Mein Mann fehlt mir. Es ist schwer, Pläne in die Tat umzusetzen, wenn man allein ist.

Ich überlege, was diese Woche ansteht. Morgen zunächst das Gespräch mit der Stationsärztin und/oder dem Oberarzt. Ich nehme mir vor, um acht im Krankenhaus anzurufen. Und dann muss ich mich um eine neue Putzfrau kümmern. Ich suche die letzte Abrechnung von Zsófia, an der ein Post-it-Zettel klebt. Mit einer Handynummer von Borbála, ihrer Freundin, die auch putzt. Der Vorname klingt ungarisch. Ich schaue auf die Uhr. 19:54 Uhr. Da kann ich ja noch eine SMS schicken. Kaum abgeschickt, bekomme ich Antwort. Borbála weiß schon Bescheid – von Zsófia – und kommt gerne vorbei. Sie schlägt Donnerstag vor, zum Kennenlernen auch fünfzehn Minuten früher. Also um acht, schreibe ich zurück und bestätige den Termin. Das war ja unkompliziert. Bleibt noch eins: ein neuer Babysitter. Ich werde mich demnächst auf dem Spielplatz mit ein paar Müttern austauschen.

Dann reicht es mir mit der To-do-Liste und den Pflichten. Heute Abend habe ich noch etwas geplant, was auf keiner Liste steht. Ich hole meine Nähmaschine aus dem Flurschrank. Ein altes Modell, und ich bin lausig im Handarbeiten. Was mir aber egal ist. Ich will ein kleines Kissen nähen und mit Lavendelblüten füllen – dafür reichen meine Fähigkeiten. Frühlingsduft für den Kleiderschrank. Ein Geruch, der mich an meine Mutter erinnert. Den Lavendel habe ich in der Apotheke gekauft, als Stoff nehme ich ein rot-weiß kariertes Geschirrtuch. Während ich den Stoff schneide, bügle, abstecke und nähe, merke ich, dass ich mich gut fühle. Das war ein anstrengender Tag heute, nicht nur für meinen Sohn, sondern auch für mich, für die ganze Familie. Vielleicht war der Tag ein Anfang.

In jedem Fall war es ein guter Tag.

ANMERKUNGEN

1 Zum Nachdenken regt Barbara Unmüßig, Vorstandsmitglied der Heinrich-Böll-Stiftung, an, etwa in der *taz* im September 2005: »Wenn wir von Vereinbarkeit von Familie und Beruf reden und von Familienpolitik, dann wird etwa gefordert, dass Familien monetär besser gestellt werden sollen oder Frauen mehr Teilzeit angeboten werden muss. Aber wer redet darüber, dass Männer ihren Teil am Haushalt machen müssen? Einschlägige Zahlen belegen, dass Männer, wenn sie Väter werden, etwa 5 Prozent mehr ihrer Zeit im Haushalt verbringen. Ich hab darauf auch keine einfachen Antworten, weil die Polin oder Philippinerin umgekehrt vielleicht ganz froh ist, hier einen Job zu bekommen. Aber dann müssen sich alle, nicht nur die frauenpolitisch Engagierten, auch mit Fragen konfrontieren wie: Was heißt das für den Rechtsstatus der Haushaltshilfe? Was heißt das für die Einwanderungs- und Migrationspolitik?«

2 Auszug aus *§ 45 SGB V Krankengeld bei Erkrankung des Kindes*:
(1) Versicherte haben Anspruch auf Krankengeld, wenn es nach ärztlichem Zeugnis erforderlich ist, dass sie zur Beaufsichtigung, Betreuung oder Pflege ihres erkrankten und versicherten Kindes der Arbeit fernbleiben, eine andere in ihrem Haushalt lebende Person das Kind nicht beaufsichtigen, betreuen oder pflegen kann und das Kind das zwölfte Lebensjahr noch nicht vollendet hat oder behindert und auf Hilfe angewiesen ist. § 10 Abs. 4 und § 44 Absatz 2 gelten.
(2) Anspruch auf Krankengeld nach Absatz 1 besteht in jedem

Kalenderjahr für jedes Kind längstens für 10 Arbeitstage, für alleinerziehende Versicherte längstens für 20 Arbeitstage. Der Anspruch nach Satz 1 besteht für Versicherte für nicht mehr als 25 Arbeitstage, für alleinerziehende Versicherte für nicht mehr als 50 Arbeitstage je Kalenderjahr.

3 Äußerung der SPD-Generalsekretärin Andrea Nahles im *BR*-Feature *Feige Frauen und kalte Küche? Über die Vereinbarkeit von Beruf und Familie – ein Reality-Check* von Kathi Grünhoff und Barbara Streidl im April 2011.

4 *Mein Job weckt Begehrlichkeiten* – SPD-Generalsekretärin Andrea Nahles im Interview mit der *Brigitte* im November 2010.

5 Vgl. die Studie *Monitor Familienleben 2010 – Einstellungen und Lebensverhältnisse von Familien. Ergebnisse einer Repräsentativbefragung des Instituts für Demoskopie Allensbach.*

6 Vgl. die Meldung im Juli 2011 über Andrea Nahles' Rückkehr in die Berufswelt: »Es gab fiese Briefe von wegen Egotrip, karrieregeil und so. Überwiegend von Männern.«

7 So zitiert die *Süddeutsche Zeitung* René Obermann, Konzernchef der Deutschen Telekom, im Juli 2011.

8 Vgl. das Informationsblatt *Mutterschutz und Mutterschaftsgeld* der Techniker Krankenkasse.

9 Nachzulesen in *BR Klassik*, Musikmagazin des Bayerischen Rundfunks, 2. Ausgabe 2011.

10 Gemeint ist das Buch von Johanna Haarer *Die deutsche Mutter und ihr erstes Kind*. 1938. Eine kritische Auseinandersetzung damit hat Sigrid Chamberlain 1997 veröffentlicht: *Adolf Hitler, die deutsche Mutter und ihr erstes Kind – Über zwei NS-Erziehungsbücher.*

11 *Immer mehr Väter gehen in Elternzeit*, so gefunden im *Focus* im Mai 2011.

12 Ausschnitt aus der Rede von Bundeskanzlerin Angela Merkel beim Arbeitgebertag im November 2006:
»Meine Damen und Herren, wir haben mit dem Elterngeld einen Paradigmenwechsel in der Sozialpolitik vollzogen; aber weniger, weil wir jetzt finden, dass auch Väter sich einmal um kleine Kinder kümmern können. Das bedarf noch einer gewissen Durchsetzungskraft, aber da setze ich ganz auf die Wirtschaft. Bitte schelten Sie nie einen Vater, wenn er zwei Monate Erziehungszeit im Rahmen des Elterngeldes nehmen möchte. Das ist meine herzliche Bitte an die Wirtschaft. Die Männer haben es nicht so einfach. Sie sind das noch nicht gewöhnt. Sie werden erst einmal komisch angeguckt, und das soll nicht geschehen. Da ja manche von Ihnen Großväter sind, werden Sie dafür Verständnis haben, insbesondere, Herr Hundt, wenn Sie intelligente Töchter haben, die auch wieder in den Beruf zurückkehren möchten.«

13 So gesehen in »Quotenstreit – Ist dein Boss morgen 'ne Frau?«, Talkshow mit Maybrit Illner im Februar 2011, die u. a. mit dem ehemaligen BDI-Präsidenten Michael Rogowski diskutierte.

14 Einen guten Einblick in männliches Gehabe und weibliches Verhalten liefert Marion Knaths Buch *Spiele der Macht*, erschienen 2007.

15 Vgl. Alain Ehrenbergs Buch *Das Unbehagen in der Gesellschaft* von 2011.

16 Eine ökonomische Betrachtung des Krippenbesuchs liefert die Studie *Volkswirtschaftlicher Nutzen von frühkindlicher Bildung in Deutschland* der Bertelsmann-Stiftung von 2008. Hier wird ein Nettonutzeneffekt von 13.616 Euro je betreutes Kind ermittelt – was bedeutet, dass Krippenplätze sich volkswirtschaftlich mehr als rechnen.

17 Auszug aus dem Beitrag »Neues Unterhaltsrecht: Die Verlierer sind die Frauen« im *Bayern 2 Notizbuch* im November 2010: »Das neue Unterhaltsrecht geht zudem von derzeit noch nicht existierenden gesellschaftlichen Verhältnissen aus. Es basiert nicht nur auf einer idealen Betreuungssituation in Krippen, Horten und Kindergärten, sondern auch darauf, dass sich traditionelle Rollen aufweichen: dass Frauen eben nicht mehr ganz zu Hause bleiben, um sich um Kinder und Haushalt zu kümmern, sondern Kinder bekommen und gleichzeitig arbeiten gehen.«

18 Der Artikel von Ursula März »Lasst mich in Ruhe! Warum ich die ständigen Debatten über die gesellschaftliche Rolle der Frau nicht länger ertrage« ist im Mai 2011 in der *Zeit* erschienen.

19 Vgl. Peter Erlbeck, Harald Giesecke, *Soziale Berufe sind Mehr-Wert. Tarifverhandlungen für den Sozial- und Erziehungsdienst* erschienen in *Sozial Extra* März/April 2009.

20 Vgl. die Studie *Ergebnisse einer bundesweiten Befragung bei Kindertagesstätten. Zusammenfassung für die teilnehmenden Einrichtungen* des Deutschen Jugendinstituts von 2008, durchgeführt von Nicola Gragert, Christian Peucker, Liane Pluto, Mike Seckinger.

21 Auszug aus *§ 616 Vorübergehende Verhinderung* des BGB: »Der zur Dienstleistung Verpflichtete wird des Anspruchs auf die Vergütung nicht dadurch verlustig, dass er für eine verhältnismäßig nicht erhebliche Zeit durch einen in seiner Person liegenden Grund ohne sein Verschulden an der Dienstleistung verhindert wird.«

22 Auszug aus Till Krauses Artikel »Mütter an die Macht«, erschienen im *SZ-Magazin* im Mai 2011: »Für die Frauen hatten die konservativen Parteien lange Jahre nur eine Rolle vorgesehen: Sie waren für die Kinder zuständig und hatten keine Zeit, sich um Politik zu kümmern, außerdem überließen sie so etwas Kompliziertes ohnehin lieber ihren Männern. Das hat sich erst grundlegend geändert, seit Sarah Palin

mit ihrem Neugeborenen auf Wahlkampftour gegangen ist. ›Seitdem gilt es als Zeichen weiblicher Durchsetzungskraft, wenn man viele Kinder hat, weil es zeigt, dass eine Frau einen großen Haushalt organisieren kann.‹«

23 *§ 6 Förderung von Teilzeitarbeit* des Gesetzes über Teilzeitarbeit und befristete Arbeitsverträge:
»Der Arbeitgeber hat den Arbeitnehmern, auch in leitenden Positionen, Teilzeitarbeit nach Maßgabe dieses Gesetzes zu ermöglichen.«

24 Artikel von Stefan Schultz auf *Spiegel Online* »Chef-Sprüche – Wann Sie überlastet sind, bestimme ich«, veröffentlicht im April 2011.

25 Vgl. der Artikel »Ungenutzte Potenziale in der Teilzeit – Viele Frauen würden gerne länger arbeiten« von Susanne Wanger im *IAB Kurzbericht* im April 2011, hg. vom Institut für Arbeitsmarkt- und Berufsforschung.

26 Die Düsseldorfer Tabelle enthält Leitlinien für den Unterhaltsbedarf von Unterhaltsberechtigten.

27 »Urteil in Karlsruhe – BGH verschärft Arbeitspflicht Alleinerziehender«, vgl. *Süddeutsche Zeitung* im April 2011.

28 Auszug aus *Alleinerziehende in Deutschland*, Begleitmaterial zur Pressekonferenz des Bundesamts für Statistik im Juli 2010:
»Das Alleinerziehen ist insofern ›Frauensache‹, als in neun von zehn Fällen (90 Prozent) der alleinerziehende Elternteil im Jahr 2009 die Mutter war. Bei nur jeder zehnten Ein-Eltern-Familie war der alleinerziehende Elternteil der Vater.«

29 Vgl. Elternbrief der Stadt München, *3 Jahre 6 Monate*.

30 Auszug aus »Elternzeit und Teilzeit – Mehr Zeit für die Familie« des Bundesministeriums für Wirtschaft und Technologie:

»Unter bestimmten Voraussetzungen besteht während der Elternzeit ein Anspruch auf eine Teilzeittätigkeit gegenüber der Arbeitgeberseite.«

31 Vgl. Familien-Wegweiser.de des Bundesministeriums für Familie, Senioren, Frauen und Jugend.

32 Laut einer Untersuchung der OECD kümmern sich voll berufstätige Mütter in Deutschland durchschnittlich gut eine Stunde um ihre Kinder. Frauen, die in Teilzeit oder gar nicht arbeiten, verbringen durchschnittlich drei Stunden am Tag mit der Kinderbetreuung.

33 Die US-amerikanische Psychologin Rachel Lucas-Thompson hat 69 Studien aus den Jahren 1960 bis 2010 zusammengefasst und kommt zu dem Schluss, dass Kinder, die vor dem dritten Lebensjahr fremdbetreut werden, nicht unbedingt mehr Probleme haben als Kinder, die zu Hause sind.

34 Interview mit der Schauspielerin Helen Mirren im *SZ-Magazin* im April 2011.

35 Vgl. *Bayern 2 Tagesgespräch* im Mai 2011 zum Thema »Verflixtes Erbe – Warum gibt es so viel Streit um den Nachlass?« mit Professor Klaus Michael Groll, Präsident Deutsches Forum für Erbrecht.

36 Vgl. Walter Kohls autobiografisches Buch *Leben oder gelebt werden – Schritte auf dem Weg zur Versöhnung* von 2011.

37 Vgl. Alain Ehrenbergs Buch *Das Unbehagen in der Gesellschaft* von 2011.

38 »Kinder werden nicht am grünen Tisch gemacht. Deshalb sollte sich die Politik auch dieses familienplanerischen Impetus enthalten.« So gesagt von FDP-Generalsekretär Christian Lindner im Mai 2011.

39 CDU-Familienministerin Kristina Schröder will am Elterngeld nicht rütteln. Erwähnt in der *Tagesschau* im Mai 2011.

40 Äußerung von CDU-Ministerin Kristina Schröder in der *Bild* im Juli 2010: »Ich wünsche mir, dass sich mehr Menschen ehrenamtlich in der Pflege engagieren und z. B. alten und kranken Menschen aus der Zeitung vorlesen oder ihnen vorsingen.«

DANKSAGUNG

Mein Dank geht an meine Familie, meine Freundinnen und Freunde. Ohne euch hätte ich das nicht geschafft.

Und einen besonderen Dank an Bärbel Wossagk für den geliehenen Satz »Du willst nur das Zweitbeste für dein Kind«. Ebenso an Jutta Limbach für den Begriff »ambulante Ehe«.